A África de
Richard Francis Burton

Programa de Pós-Graduação em História Social
Universidade de São Paulo
Faculdade de Filosofia, Letras e Ciências Humanas
Série Teses

Universidade de São Paulo
Reitor: Prof. Dr. João Grandino Rodas
Vice-Reitor: Prof. Dr. Franco Lajolo
Faculdade de Filosofia, Letras e Ciências Humanas
Diretora: Profa. Dra. Sandra Margarida Nitrini
Vice-Diretor: Prof. Dr. Modesto Florenzano
Departamento de História
Chefe: Profa. Dra. Marina de Mello e Souza
Vice-Chefe: Profa. Dra. Ana Paula Torres Megiani
Programa de pós-graduação em História Social
Coordenadora: Profa. Dra. Sara Albieri
Vice-Coordenador: Prof. Dr. Marcelo Cândido da Silva

Alexsander Gebara

A África de
Richard Francis Burton

Antropologia, política e livre-comércio, 1861-1865

Copyright © 2010 Alexsander Gebara

Publishers: Joana Monteleone/ Haroldo Ceravolo Sereza/ Roberto Cosso
Edição: Joana Monteleone
Editor assistente: Vitor Rodrigo Donofrio Arruda
Assistente de produção: Patrícia Jatobá U. de Oliveira
Revisão: Neusa Monteferrante/ Flávia Yacubian
Projeto gráfico, capa e diagramação: Marília Reis

Imagem da capa: Sir Richard Francis Burton, contida em *First Footsteps in East Africa; or, An Exploration of Harar*. Londres: Longman, Brown, Green and Longmans, 1856.

CIP-BRASIL. CATALOGAÇÃO-NA-FONTE
SINDICATO NACIONAL DOS EDITORES DE LIVROS, RJ

G262a

Gebara, Alexsander Lemos de Almeida
A ÁFRICA DE RICHARD FRANCIS BURTON: ANTROPOLOGIA, POLÍTICA E LIVRE COMÉRCIO, 1861-1865
Alexsander Lemos de Almeida Gebara.
São Paulo: Alameda, 2010.
258p.

Inclui bibliografia

ISBN 978-85-7939-048-7

1. Burton, Richard Francis, Sir, 1821-1890 – Viagens – África. 2. Antropologia. 3. África, Oeste – Relações exteriores – História – Séc. XIX. 4. Inglaterra – Relações exteriores – História – Séc. XIX. 5. África, Oeste – Política e governo – Séc. XIX. 6. Inglaterra – Política e governo – Séc. XIX. 7. Comércio internacional. I. Título.

10-3347.
CDD: 306
CDU: 316.7

020380

ALAMEDA CASA EDITORIAL
Rua Conselheiro Ramalho, 694, Bela Vista
CEP: 01325-000 São Paulo SP
Tel. (11) 3012-2400
www.alamedaeditorial.com.br

Índice

Prefácio 9

Apresentação 15

1. Burton e suas representações 21

Introdução biográfica 23

Um militar inglês na Índia 27

1850-60: A década de aventuras 35

Burton na África 45

2. Contextualizando o autor e seu espaço 59

Contextualização da relação entre Inglaterra e África Ocidental 61

Contexto das regiões visitadas por Burton na África Ocidental 79

Delta do Níger – Contexto 80

Daomé – Contexto 90

Abeokuta – Contexto 98

Perspectivas de Burton para a atuação inglesa na África Ocidental 107

A posição consular 115

3. O lugar de Burton na Inglaterra 119

Espaços institucionais de circulação dos textos de Burton na Inglaterra 121

Royal Geographical Society 123

Anthropological Society of London 131

Burton e o *Cannibal Club* 137

Estratificação social e representação racial 141

4. O lugar de Burton na África — 149

O período consular de Burton na África Ocidental — 151

Abeokuta — 159

O relato — 166

O trabalho na costa africana — 186

Benim e a montanha do Elefante — 191

O caso Pepple — 195

Daomé — 209

Delta do Níger e Comitê para a África Ocidental — 229

Considerações finais — 237

Mapa — 244

Fontes e Bibliografia — 245

Agradecimentos — 255

A Série Teses pretende colocar à disposição do leitor os resultados de pesquisas desenvolvidas no âmbito do Programa de Pós-Graduação em História Social da Universidade de São Paulo. Anualmente, uma comissão julgadora seleciona para publicação alguns dentre os melhores trabalhos de Mestrado e de Doutorado defendidos naquele ano. Desde 1997, com o apoio da CAPES, vários textos já foram publicados. Promover a divulgação de uma tese ou dissertação é uma iniciativa importante em vários sentidos. Trata-se de um registro da pluralidade de temas e enfoques que o Programa e seu corpo docente desenvolvem. É também uma amostra da maturidade analítica alcançada por seus alunos. Mas, principalmente, a publicação representa para seus autores o coroamento de um percurso de leituras, pesquisa e escrita, e a possibilidade de colocar, em alguns casos pela primeira vez, os resultados de seu trabalho à disposição de um público leitor mais amplo.

O livro ora apresentado permite que as reflexões produzidas pelo novo pesquisador sejam incorporadas aos debates em curso na comunidade acadêmica. Essa é também uma das funções da Série Teses, que tem como objetivo básico a difusão e o enriquecimento do conhecimento produzido na área da História.

Sara Albieri, Coordenadora
Marcelo Cândido da Silva, Vice-Coordenador

Prefácio

A África no Olhar de Richard Francis Burton: Antropologia, Política e Livre Comércio na Costa Ocidental (1861-1865) de Alexsander Gebara é um livro de muitas virtudes e ousadias. Gerado nos quadros da nossa pós-graduação, originalmente como tese de doutorado, o trabalho toma a sério os desafios que hoje enfrenta a historiografia produzida no Brasil para se colocar como parceira igual em debates cada vez mais internacionalizados. À exigência que hoje enfrentamos de estabelecer um diálogo com uma historiografia internacional, mostrando que o historiador brasileiro pode e deve produzir trabalhos sobre outras regiões do globo, acresce-se a tarefa de construirmos, em nosso país, uma historiografia específica sobre as diferentes regiões da África. Como todos sabemos, não obstante a relevância crítica do tema para nós, os estudos africanistas no Brasil, embora comecem a dar sinais de vitalidade, ainda engatinham.

O livro de Alex Gebara enfrenta todos estes desafios. Ao enfocar a atuação do viajante Richard Burton na África Ocidental nos anos de 1861 a 1865, o autor se coloca, em primeiro lugar, na posição de contribuir no campo de estudos sobre a atuação deste que foi um dos maiores viajantes de todos os tempos, campo este, por sinal, bastante volumoso no ambiente acadêmico inglês e norte-americano. Isto porque o período de atuação do famoso viajante inglês escolhido por Alex Gebara, aquele no qual ele desempenhou as funções de cônsul na África Ocidental, é o menos estudado. Considerada com uma fase menor – ofuscada pelas antológicas peregrinação a Meca de 1853 e expedição em busca das nascentes do Nilo de 1856 – o período consular de Burton recebeu pouca atenção de seus biógrafos. De fato, as grandes expedições, elas próprias seguidas pela publicação de relatos de viagem que alcançaram o grande público inglês, além de serem discutidos nas sociedades científicas e aclamados como marcos na literatura de viagem da época, marcaram a trajetória de Burton. Em comparação com estes grandes feitos, o período consular de Burton parece se recolher para as sombras, se caracterizando como uma fase nebulosa.

10   Alexsander Lemos de Almeida Gebara

Mas, não é apenas esta característica do período de Burton na África Ocidental que tem servido para afugentar os pesquisadores. O que parece definitivamente afastar os interessados é o fato de que paira sobre a fase consular, assim como sobre suas publicações do período, principalmente sobre seus livros de viagem Wanderings in West Africa, Abeokuta and the Cameroons Mountains e A Mission to Gelele, um tom profundamente pessimista com relação às possibilidades de "civilização" da África e dos africanos. Segundo seu autor, os africanos, em decorrência da implementação da política não-intervencionista no denominado "interregno anti-imperialista" dos anos de 1840-1860, haviam sido abandonados pelas nações ocidentais, sobretudo pela Inglaterra e por isso estavam sendo engolfados pela mais negra selvageria. Em diapasão contrário ao que se dava na Inglaterra que, na esteira do abolicionismo e do combate ao tráfico de escravos, se propunha a ver no africano "um homem e um irmão" – lembremos aqui da própria militância abolicionista de C. Darwin – assim receitando o comércio lícito e a missão civilizatória, Burton não via saída para a África fora da intervenção e da tutela.

Alex Gebara, no entanto, aproveita este lapso nos estudos de Burton para dar sequência a uma minuciosa releitura de suas obras, tarefa já iniciada em seu trabalho de mestrado. O resultado final é um texto extremamente rico, o qual recupera aspectos, ideias e projetos daquele que foi um dos maiores viajantes do xix, sob nova perspectiva. Pelo feito, o autor deste livro pode se credenciar como o grande especialista em Richard Burton em nosso atual ambiente acadêmico.

Amparado em ampla pesquisa realizada nos arquivos ingleses – sejam eles os papéis do Foreign Office, os relatos de viagem, os artigos e cartas publicados nas sociedades científicas inglesas, seja ao longo da correspondência pessoal de Burton – Alex Gebara faz ressurgir uma posição que apenas em aparência era totalmente contrária à política inglesa do período, que publicamente advogava limitar sua atuação a repressão ao tráfico de escravos pelo esquadra inglesa e ao estímulo ao livre-comércio. Como propõe este livro, a posição de Burton, na verdade, expressava muito bem importantes ideias e posições políticas as quais, de maneira velada, atravessavam os discursos filantrópicos característicos da missão civilizatória e que se tornariam decisivos no final do século xix, com a partilha da África.

Desta forma, o livro que se segue não se resume a apresentar uma abordagem de um dos períodos mais nebulosos da vida e atuação de um dos maiores viajantes do xix. Mais complexo e ambicioso, o livro de Alex Gebara toma o estudo do período

A África de Richard Francis Burton   11

consular de Burton como oportunidade para esmiuçar diferentes feixes de discursos que se entrecruzam na composição dos relatórios diplomáticos e consulares e narrativas diversas – livros de de viagem, artigos antropológicos e geográficos, correspondência pessoal, entre outros papéis – mostrando como estes textos expressavam uma gama de possibilidades de ideias raciais e políticas a respeito dos africanos e de seu destino pós-abolição do tráfico. Sem se deixar iludir por análises superficiais ou receitas analíticas prontas, o livro de Alex Gebara penetra nos desvãos dos textos de Burton mostrando, passo a passo, como foram construídas as narrativas do famoso viajante, tanto em termos contextuais, quanto em termos teóricos.

O pano de fundo para a constituição dos textos de Burton é a colcha de retalhos política dos reinos e cidades das baías de Benim e do Biafra dos anos de 1860, crivados pelos conflitos desencadeados pelas mudanças nas correlações de força ocasionadas pela repressão ao tráfico de escravos e tentativas de abertura dos rios para livre navegação, que visavam o estabelecimento de rotas comerciais estáveis para o escoamento do óleo de palma. No jogo político que ali desenrolava surgem e ressurgem potentados políticos locais como bem mostra Alex Gebara para os casos de Abeokuta e Bonny – os quais não apenas respondem à pressão inglesa como também são capazes de atuar no complicado jogo político de alianças e guerras intestinas, nas quais os ingleses são ora inimigos ora aliados. Neste jogo complicado, os militares e burocratas ingleses alocados na costa ocidental da África pareciam, as vezes, fantoches nas mãos de obscuros chefetes "selvagens" que, ascendiam por meio da manipulação do próprio discurso civilizatório e não-intervencionista destes anos, desencadeando a raiva de orgulhosos ingleses como Richard Burton. Para enfrentar tal petulância, o viajante receitava a intervenção militar, a escravidão e a tutela. Receita, por sinal, que já era subrepticiamente concretizada no próprio período, mas que seria explicitamente adotada, pelas nações europeias , nas décadas seguintes.

Sutilmente conectando a situação política da África Ocidental a uma perspectiva atlântica, este livro sugere temas interessantíssimos para serem aprofundados. Lembrando a conexão da repressão ao tráfico de escravos e das tentativas de advento do comércio livre às conjunturas das Américas, Alex coloca em pauta assuntos virtualmente desconhecidos como projetos de colonização do Caribe e de áreas africanas por companhias comerciais particulares para plantar algodão. Baseados em mão-de-obra africana tutelada ou semi-escravizada, os pro-

12 Alexsander Lemos de Almeida Gebara

jetos advogados por Burton testemunham tentivas de solução para o problema da integração dos trópicos e da "raças inferiores" que ali habitavam no período pós-abolição do tráfico, nos moldes similares ao que foi proposto exatamente nos mesmos anos de 1860 para Amazônia brasileira pelo plenipotenciário norte-americano no Brasil, James Watson Webb. No Brasil, assim como na África Ocidental, o ideário liberal antevia a instalação de companhias comerciais, as quais, por meio da emigração mais ou menos forçada de milhões de africanos ou afrodescendentes, da tutela, da aprendizagem e do livre-comércio pretendiam criar e integrar cinturões tropicais e suas "populações racialmente inferiores" ao livre comércio de produtos tropicais. A certeza de que os africanos e seus descendentes eram, por natureza, talhados para serem escravos ou tutelados dos europeus e que a única maneira de prevenir que os mesmos, em contato com a civilização ocidental, se destruissem pela absoluta falta de ferramentas mentais e emocionais para lidar com conceitos e instituições complexas e abstratas, está na base destes projetos tanto na África como nas Américas.

E aqui tocamos em um dos pontos altos deste livro, isto é a reconstituição do processo de construção de uma abordagem racial e racialista de Burton com relação aos povos da África Ocidental. Em nenhum momento o autor deste livro se deixa seduzir pelas soluções fáceis, que poderiam aconselhar que, frente à dificuldade de desentranhar do caleidoscópio de ideias, posições e autores citados pelo viajante, os quais, muitas vezes, apresentam ideias contraditórias entre si, se buscasse encaixá-lo em alguma das teorias raciais então em voga, desprezando aquilo que não se coaduna como mera indisiocrasia ou contradição de seu autor. Pelo contrário, com objetivo de mapear a construção da ideia de dependência natural e obrigatoriedade da tutela dos africanos, este livro penetra nas contradições que fizeram parte do próprio debate racialista inglês, para encontrar nas sociedades científicas da época – Royal Geographical Society, London Anthropological Society e London Ethnological Society – uma circulação de ideias e pessoas, as quais, embora mostrassem ter abraçado certas posições mais gerais, não deixavam de emitir opiniões contraditórias. Parece que para os coevos, não se colocava a adesão a esta ou aquela ideia – seja o monogenismo, o poligenismo, o hibridismo ou o darwinismo social – como a conversão a um corpo de crenças quase religiosas, mas sim como um campo de possibilidades de expressão de posições ideológicas e projetos políticos, estes sim muito mais coerentes.

A África de Richard Francis Burton   13

No caso de Burton, a análise da construção de suas narrativas elaborada por Alex Gebara, a qual leva em conta seus diferentes destinatários, exemplifica com grande acuidade como este viajante – tomado aqui como exemplo típico dos autores e difusores das ideias raciais do XIX – oscilava entre posições simetricamente contraditórias, sempre em busca de expressar aquilo que seus interlocutores queriam ou, avaliava ele, estavam preparados para ouvir. Burton, longe de ser um mero reprodutor de teorias elaboradas por outrem, sempre se colocou no papel daquele que pela experiência direta do contato, produz os materiais que serão usados pelos homens de gabinete para produzir ou confrontar seus edifícios teóricos com a realidade. Assim, Burton mostrava ser um produtor do discurso racial, ainda mais no sentido de que ele selecionava as tendências e teorias a serem trazidas a tona a depender do tema que ele desejava abordar. Desta forma, se o árabe e o hindu puderam ser bem descritos pelas ferramentas do monogenismo cristão e da filologia difusionista, os africanos ocidentais só se encaixavam nos parâmetros do poligenismo degeneracionista ou no darwinismo social evolucionista.

Na aparente confusão de ideias e teorias adotadas por Burton na análise dos africanos algumas avaliações são surpreendentemente estáveis. A ideia de que mantidas em seu isolamento original, todas as raças possuíam algumas qualidades, mesmo que primitivas. Sendo assim seria o contato com a sociedade europeia – aqui entendido em sentido amplo, tanto como amalgamação social e cultural, como enquanto miscigenação biológica – o grande responsável pela degeneração. Colocados sob pressão de uma civilização adiantada e complexa, os pobres africanos teriam que ser tutelados com mão-de-ferro ou escorregariam para a mais negra barbárie. Em narrativas permeadas de opiniões negativas a respeito da África Ocidental e de seus habitantes, é especialmente notável o desgosto com o qual Richard Burton descreve seus encontros com africanos vestidos à ocidental ou procurando agir como eles. Para Burton, o destino dos africanos deveria se resumir à tutela e ao exotismo e ponto final! Tal posição encontra similaridades a muitas outras que estavam sendo veiculadas no mesmo período em diferentes partes do globo. Na conjuntura das abolições, parece que as sociedades ocidentais sonhavam com um distante passado, verdadeiramente mítico, anterior aos grandes deslocamentos populacionais provocados pelo tráfico de escravos!

Utilizando-se de ampla bibliografia, o autor deste livro mostra com precisão que o discurso de Burton – assim como de outros viajantes e teóricos da raça – só podem ser compreendidas em diálogo com os debates políticos internos aos paí-

14 Alexsander Lemos de Almeida Gebara

ses europeus, debates estes ligados tanto ao papel dos não-brancos nas sociedades ocidentais quanto ao controle das classes operárias e dos pobres em geral. Aquilo que poderia aparecer como uma série de contradições de um mero receptor e divulgador de ideias racias e racialistas, emerge da análise de Alex Gebara como um importante exemplo de produção de uma visão conservadora e autoritária, que viria a ser tornar dominante na Grã-Bretanha nas décadas finais do XIX.

Tomada como modelo, a análise proposta por este livro pode colaborar para ajustar uma série problemas que vêm dificultando nossa compreensão do intrincado problema das teorias raciais e de seus usos sociais. Suplantando uma série de dificuldades teóricas, apresentando excelente pesquisa inédita realizada em arquivos ingleses e trazendo a discussão uma ampla bibliografia tanto em termos das questões do império inglês quanto nos quadros da história da África, este livro certamente aparece como uma importante contribuição aos estudos africanistas no Brasil.

Maria Helena Pereira Toledo Machado
Professora Livre-Docente
Departamento de História
Universidade de São Paulo
Jandira – novembro 2009

Apresentação

[Orientalismo], então permanece como um exemplo da produção de conhecimento como negativa: estereotipando, *Outrizando*, dominadora. A análise do discurso colonial e a teoria pós colonial são assim críticas do processo de produção do conhecimento sobre o outro. Sendo assim, elas produzem formas de conhecimentos elas mesmas, um conhecimento melhor, espera-se...[1]

Segundo Williams e Chrisman, uma das preocupações da análise do discurso colonial, desde o trabalho fundador de Edward Said[2] tem sido demonstrar como os povos "subalternos" ou colonizados foram construídos nas representações realizadas na Europa ao longo do processo de expansão colonial e imperial principalmente durante o século XIX e começo do século XX enfatizando a violência epistemológica presente nessas representações. Ainda segundo eles, muitas vezes a produção cultural dessas regiões "periféricas" é vista como um movimento de *resposta* ao contexto dessa violência. Dessa forma, o problema dessas análises encontra-se no fato de que elas ainda continuam a "posicionar a subjetividade colonial/imperial como tendo uma primazia ontológica e epistemológica", ficando os sujeitos nativos ou subalternos com um papel secundário e apenas reflexivo. Para esses autores:

> O que tem sido menos explorado é a extensão na qual o subalterno pode ter jogado um papel constitutivo mais do que um reflexivo no discurso e na subjetividade colonial e imperial doméstica. Ao invés de ser aquele outro no qual

---

1 Williams, Patrick, and Chrisman, Laura. "Introduction" in: Williams, Patrick, and Chrisman, Laura (eds.). *Colonial Discourse and Postcolonial Theory: A Reader*. Nova York: Columbia University Press, 1994. p. 8.

2 Said, Edward. *Orientalismo*. São Paulo: Companhia das Letras, 1990. Originalmente publicado em 1978.

16   Alexsander Lemos de Almeida Gebara

o colonizador projeta uma subjetividade e um conhecimento previamente constituído, resistências políticas, localizações e presenças nativas precisam ser teorizadas mais a fundo como tendo um papel determinante ou principal nos discursos coloniais, e nas versões domésticas destes discursos. Em outras palavras, o movimento pode ter sido tanto da "periferia" para o "centro" quanto do "centro" para a "periferia".[3]

A proposição é que não se deve pensar em "metrópole" ou "periferia" como locais isolados e opostos de produção de conhecimento, mas como partícipes de um mesmo processo histórico de configuração da conjuntura global contemporânea.[4] A abordagem desta pesquisa preocupa-se com estas questões, uma vez que seus objetivos principais estão voltados para a análise das enunciações de Richard Francis Burton como processos que incorporam esta violência epistemológica. Entretanto, não se trata de "recuperar" vozes nativas ou subalternas nos textos de Burton, mas analisá-los como constituídos dentro de um processo histórico no qual as agências e resistências dos não europeus são parte importante.

Desta forma, é preciso pensar no espaço de produção do conhecimento "ocidental" de maneira ampliada, como um espaço interativo, relacional que se constitui simultaneamente ao processo material de expansão imperial. Ao utilizar este enfoque, a análise do discurso colonial ganha outros contornos. Não mais se limita a demonstrar a violência epistemológica exercida sobre os não europeus, mas ao fazer isto, recupera as experiências de embates, resistências e colaborações oriundas do contato cultural e material que criam as necessidades de representações que constituem o próprio discurso colonial.

Entretanto, nem todo o processo imperial se assentou sobre as mesmas bases materiais. Dessa maneira, embora todas as enunciações imperialistas possam ser comparáveis pelo simples fato de serem imperialistas, elas não respondem unicamente à uma lógica central ou seja, a uma demanda "europeia" de legiti-

---

3 Williams, Patrick, and Chrisman, Laura. *Introduction...*, p. 16.

4 O livro de Gilroy, Paul. *The Black Atlantic, Modernity and double consciousness*. Londres: Verso, 1993. propõe, por exemplo, um novo signo de representação do espaço de produção da "modernidade ocidental" como sendo um navio em movimento, uma vez que representa o trânsito, relações, o contato, simbolizando a interação em detrimento da oposição.

A África de Richard Francis Burton   17

mação, mas emanam da própria situação material de encontros e "trocas" do espaço ampliado de constituição da "modernidade ocidental". Afirmar a "troca" não significa retirar do processo sua característica violenta. Ocorre justamente o contrário, compreender as especificidades locais da produção desse discurso pode informar sobre sua produção em situações materiais de conflito que mostram-se intrinsecamente violentas e que são suprimidas pela retórica moral legitimadora do imperialismo.

Os textos de Burton revelam-se como meios interessantes para analisar esta dinâmica de produção de conhecimento "europeu" sobre o "outro" por que seu autor passou grande parte de sua vida adulta justamente em regiões de contato cultural. Nesse contexto, o período escolhido nesta pesquisa, a sua primeira experiência como cônsul inglês entre 1861 e 1864 na África Ocidental, também mostra-se interessante, pois foi quando, tanto para Burton quanto para a "antropologia" inglesa, cristalizaram-se mudanças na representação dos não europeus, mais especificamente dos africanos, como será possível verificar ao longo do trabalho.

Para a consecução do objetivo, entretanto, tornou-se necessário acessar o maior número possível de textos de Burton, seus relatos de viagem, seus artigos para revistas científicas, a correspondência oficial entre ele e o *Foreign Office*, e finalmente suas correspondências pessoais. Para isto, realizou-se uma viagem de pesquisa de seis meses, para Londres, onde foram lidos os documentos do *Public Record Office* relativos ao período consular de Richard F. Burton na África Ocidental, bem como foi possível ter acesso à uma bibliografia especializada sobre a África e sobre os demais temas desenvolvidos neste livro, em especial na *British Library*. Além disto, outros arquivos também foram brevemente pesquisados, como os *Hougton Papers*, na Biblioteca da Universidade de Cambridge, e também o arquivo da *London Geographical society*.

Outra experiência de crucial importância para o resultado final deste texto foi a participação no *Extended Workshop in Social History*, no CODESRIA (Conselho para o desenvolvimento da Pesquisa em Ciências Sociais em África) entre os dias 5 e 21 de março de 2006 em Dakar. Se não foram discutidos temas diretamente relacionados à esta pesquisa, os debates no CODESRIA fomentaram importantes reflexões sobre as temáticas da história social em produção na África, que preocupam-se muito com questões sobre a configuração de identidades – regio-

18 Alexsander Lemos de Almeida Gebara

nais, étnicas e culturais – em contextos pós-coloniais. As reflexões desenvolvidas durante este evento em Dakar reforçaram a pertinência do estudo dos discursos coloniais quando pensados sob a ótica da interação entre discurso e realidade material na configuração das conjunturas históricas dessas regiões.

O que este trabalho procura, portanto, é analisar os textos de Burton no interior de uma dinâmica de contato, sob ação de diversas linhas de força que interagem na construção dessa dinâmica. Dessa forma, foram levados em consideração o contexto histórico das regiões visitadas e descritas pelo autor; o discurso "científico" geográfico e antropológico "europeu"; a política ou ação política inglesa para a região da África Ocidental no período; a estrutura social inglesa e a posição de Burton, tanto nessa estrutura quanto na burocracia do Estado inglês. Note-se que os elementos estão separados apenas metodologicamente, uma vez que o argumento do livro é de que não são instâncias separadas no desenrolar do processo histórico.

Como pano de fundo desses objetivos, está a análise da obra de Burton como instrumento interessante para enriquecer o conhecimento sobre a história da relação entre a África Ocidental e a Inglaterra. É possível notar, por exemplo, uma história de resistências africanas, mesmo em textos de conteúdo nitidamente eurocêntrico, trazendo a África e os africanos como agentes históricos atuantes para a configuração dessas relações, mesmo que o resultado dessa agência possa ter sido o recrudescimento de políticas de controle direto no final do século xix. Assim, o estudo detalhado da obra de Burton permite, de certa forma, colocar os africanos numa posição de agência que também interfere na configuração da própria imagem da África em construção na Inglaterra, e consequentemente das políticas inglesas para a Região.[5]

Portanto, o livro está dividido em quatro capítulos. No primeiro deles, *Burton e suas representações*, encontra-se uma discussão das representações populacionais do autor em seus relatos nas décadas anteriores ao período especificamente estudado como forma de constituir um importante elemento de comparação e de percepção

---

5 Importante ressaltar aqui que recuperar a agência africana no processo histórico de constituição de um discurso sobre a África não resulta necessariamente numa visão mais otimista ou humanista. De fato, parece ocorrer justamente o inverso. A resistência numa relação de poder tão assimétrica pode resultar numa opressão ainda maior, e num discurso de legitimação desta ação política que representa o africano em tons cada vez mais inferiorizados.

A África de Richard Francis Burton 19

das transformações em suas representações. Ainda no primeiro capítulo, há uma apresentação da cronologia detalhada do período consular de Burton na África Ocidental, entre 1861 e 1865, procurando mencionar as viagens realizadas pelo autor e as atividades desempenhadas por ele enquanto cônsul inglês, bem como uma apresentação das características das principais fontes utilizadas na pesquisa.

O segundo capítulo *Contextualizando o autor e seu espaço*, procura apresentar, de maneira geral, a relação entre a Inglaterra e a África Ocidental no decorrer do século XIX, e um pouco mais detidamente a história das regiões visitadas por Burton nas proximidades da costa africana e o contexto no qual o autor visitou-as. A ideia é mostrar como a atuação inglesa foi parte importante do processo de configuração da conjuntura encontrada pelo autor e de certa forma impôs limites para a sua própria atuação consular. Neste capítulo também procuro discutir quais as perspectivas com as quais Burton parece ter partido para seu posto, mostrando como as suas expectativas foram de certa forma frustradas pelas especificidades da função consular na costa africana naquele momento.

O terceiro capítulo, *O lugar de Burton na Inglaterra*, é uma discussão sobre a *Royal Geographical Society* e a *Anthropological Society of London*, que procura sugerir quais foram os projetos "científicos" dessas sociedades e a sua importância na configuração dos discursos imperiais sobre regiões "periféricas". Burton participou ativamente dos dois espaços de debate científico nas décadas de 1850 e 1860, dessa forma uma avaliação dessas sociedades, bem como da relação do autor com cada uma delas fornece importantes elementos para a compreensão de suas representações no período. Esse capítulo ainda contém reflexões sobre a representação do negro na sociedade britânica procurando mostrar como as imagens das populações africanas podem ser pensadas em relação não apenas com o processo de expansão imperial mas também com transformações internas na estrutura social inglesa na segunda metade do século XIX.

No quarto capítulo, *O lugar de Burton na África*, encontra-se a discussão das representações de Burton propriamente ditas, analisadas em comparação com as contextualizações realizadas até então, quais sejam, a apresentação de sua atuação como cônsul, suas perspectivas para a atuação na função, a relação da Inglaterra com a África Ocidental e o discurso colonial inglês, e enfim, o espaço de publicação e circulação dos textos de Burton e suas afinidades teóricas na década de 1860 do século xix.

Finalmente, resta mencionar que a maior parte das fontes lidas estão originalmente em língua inglesa. As traduções que aparecem citadas no texto foram feitas pelo autor do livro para facilitar a compreensão. Em casos onde a tradução pode apresentar problemas de compreensão, o texto original encontra-se incluído em nota de rodapé.

1. Burton e suas representações

Introdução biográfica

Esta introdução biográfica tem como objetivo apresentar a vida de Richard Burton de maneira a situar melhor o leitor frente às análises posteriores de seus textos. Note-se que este trabalho não intenta dar conta em detalhes da vida do autor, que já foi objeto de uma série de biografias publicadas, algumas das quais serão mencionadas ao longo do texto.[1] Entretanto, alguns episódios e períodos de sua vida serão retomados de maneira mais aproximada em partes subsequentes deste livro sempre que se julgar necessário para uma maior compreensão dos argumentos propostos.

Richard Burton nasceu em Torquay, Inglaterra, em 1821 e foi o primeiro filho de Joseph Burton, tenente-coronel do exército inglês e Martha Baker, de família relativamente abastada embora sem nenhuma titulação de nobreza. A infância de Richard foi marcada pela mobilidade da família: seu pai havia sido afastado da ativa e colocado à meio soldo mesmo antes de seu nascimento por questões políticas, e sua mãe trouxera um significativo dote de 30 mil libras ao casal, de forma que não precisavam permanecer fixos em nenhum lugar.[2] Desta maneira, Burton passou seus primeiros anos viajando constantemente entre França, Itália e Inglaterra, sendo privado de uma formação escolar tradicional ortodoxa comum aos garotos ingleses de sua posição social, recebendo em troca a orientação de tutores. Ele reclamaria da ausência desta formação décadas mais tarde como tendo sido um empecilho à sua carreira diplomática.[3]

---

1 Tais como as de Rice, Edward. *Sir Richard Francis Burton*, São Paulo: Companhia das Letras, 1998; Broadie, Fawn. *The Devil Drives*. Nova York: Norton, 1984 e Burton, Isabel. *Life of Sir Richard Francis Burton*, Londres: Chapman and Hall, 1893.

2 Ver Rice, Edward, *Sir Richard Francis Burton*, São Paulo: Companhia das Letras, 1998. Primeiro capítulo.

3 Na biografia escrita por Isabel, cuja primeira parte é creditada ao próprio Burton, ele menciona que: "... se um pai quer que seu filho o suceda em uma carreira inglesa, ele deve colocá-lo numa escola preparatória, Eton ou Oxford, educá-lo para sua profissão vindoura, e não arrastar sua família pelo

24   Alexsander Lemos de Almeida Gebara

Aos 21 anos, após uma breve e frustrada experiência acadêmica em Oxford, seu pai comprou-lhe um posto de oficial na Companhia das Índias Orientais, tendo assim seguido para a Índia para servir como oficial no 16º regimento nativo de Bombaim.

Burton esteve no continente indiano por cerca de sete anos entre 1842 e 1849 justamente num período de políticas agressivas de anexação por parte da Inglaterra, que ampliava seus domínios na Índia, agregando os territórios de Scind (em 1842) e Punjab (em 1846-49). Foi exatamente para o território de Scind (hoje parte do Paquistão), recém-anexado, que Burton se dirigiu em seus primeiros meses no Oriente.

Durante seus anos na Índia, dedicou-se ao aprendizado de línguas e dialetos locais. Graças a seu conhecimento destes, desempenhou funções de espionagem, imiscuindo-se entre os nativos para conseguir informações para a Inteligência do exército da Companhia. Ainda em território inglês na Índia, Burton tomou contato com preceitos da religião islâmica e aperfeiçoou seus conhecimentos na língua árabe, que seriam importantes para suas futuras viagens à África Oriental e Península Arábica.

Tendo voltado à Inglaterra no final de 1849, por motivos de saúde, não permaneceu por muito tempo na Europa. Na década de 1850, ao passo em que se afastava cada vez mais do serviço oficial da Companhia, Burton aproximava-se da "carreira" de explorador. Nessa década, realizou três viagens, todas financiadas pela *Royal Geographical Society* (RGS) e esteve de licença quase ininterrupta de suas funções oficiais. As duas primeiras viagens nessa década tiveram, portanto, caráter bastante diferente de sua longa permanência na Índia. Viajou disfarçado de muçulmano e despendeu alguns meses em cada uma delas. Na primeira, Burton realizou a peregrinação mais sagrada para os islâmicos em 1853 e, no ano seguinte, partiu para conhecer a cidade de Harar, também grande centro muçulmano e importante entreposto comercial da região oriental africana.[4]

---

continente, sob governantas e tutores, para aprender as linguagens ferinas e tornar-se selvagem (*wild*), e para não pertencer a nenhum lugar em particular...". Burton, Isabel. *Life of Sir Richard Francis Burton*, Londres: Chapman and Hall, 1893, p. 70.

4 Como se tornou praxe para Burton, cada uma de suas viagens deu origem a novos volumes de narrativa, neste casos foram: *Personal Narrative of a Pilgrimage to al Medina and Meccah*. Londres: Longman,

A África de Richard Francis Burton   25

O financiamento da RGS. para essas viagens é bastante esclarecedor quanto aos objetivos explícitos destes empreendimentos, quais sejam, tornar conhecidas regiões estranhas à Europa, preencher vazios nos mapas europeus e possivelmente abrir caminho para o desenvolvimento de atividades comerciais. Além disso, a relação entre a RGS e o Império Britânico são praticamente diretas. Segundo Robert Stafford, "durante todo o século dezenove, a Inglaterra sustentou um programa de exploração científica ligado diretamente com seus interesses comerciais e imperiais".[5]

Ainda da década de 50 do século XIX, Burton realizou uma terceira viagem financiada pela RGS., trata-se da épica e famosa expedição buscando a nascente do Nilo entre 1856 e 1859. Durante o empreendimento, ele penetrou pela região da atual Tanzânia, atingindo o "mar de Ujiji", rebatizado por ele de Lago Tanganika.[6]

No início de 1861, depois de uma breve viagem aos Estados Unidos no ano anterior, casou-se com Isabel Arundell, católica de família tradicional e importantes contatos políticos. Poucos meses depois foi nomeado cônsul inglês em Fernando Pó, permanecendo em suas funções até o ano de 1865, quando foi transferido para o porto de Santos, no Brasil. Este período entre 1861 e 1865, no qual Burton exerceu as atividades consulares na África Ocidental, é de fato aquele para o qual as atenções deste livro estão voltadas. Foram anos de extrema prolixidade na produção escrita de Burton. Além dos extensos relatórios enviados ao *Foreign Office,* que em

---

Brown, Green and Longmans, 1855-1857. e *First Footsteps in East Africa or an Exploration of Harar.* Londres: Longman, Brown, Green and Longmans, 1856.

5 Stafford, Robert. *Scientific Exploration and Empire.* in: The Oxford History of British Empire, vol. 3, Andrew Porter (ed.), Oxford e Nova York: Oxford University Press, 1989, p. 294, minha tradução. Uma discussão pormenorizada sobre a RGS e a relação de Burton com a instituição encontra-se no capítulo 3 desta tese.

6 Desta vez suas aventuras foram compiladas no relato *The lake regions of Central Equatorial Africa, with notices of the lunar mountains and the sources of the white Nile; being the results of an expedition undertaken under patronage of His Majesty's Government and the Royal Geographical Society of London.* Londres: W. Clowes and Sons, 1860.

26 Alexsander Lemos de Almeida Gebara

determinados anos somam mais de 300 páginas, o autor publicou uma série de artigos em revistas científicas inglesas, e mais seis volumes de relatos de viagem.[7] Burton faleceu no ano de 1890, após outras experiências consulares em Damasco e Trieste. Ao longo de sua vida, além das viagens de exploração, dedicou-se em especial ao estudo de línguas não europeias e à tradução de importantes obras literárias para o inglês, entre elas a grande obra erótica oriental *Kama Sutra*, um conjunto de contos hindus denominado *Vikram e o vampiro*, *Os Lusíadas*, de Camões, e muitas outras, incluindo algumas de literatura brasileira como *Iracema* e *O Guarani*.

Com sua morte, sua esposa Isabel, católica fervorosa, trancou-se em seu gabinete pessoal, selecionou grande parte dos seus escritos não publicados e queimou os que foram considerados por ela como agressivos à moral, procurando dissociar a imagem de Burton da literatura erótica oriental.

Neste primeiro capítulo, serão analisadas as descrições populacionais de Richard Burton nas década anteriores à sua estadia na África Ocidental, bem como mencionados alguns elementos de suas referências à população africana durante seu período consular. Estas reflexões são originalmente resultado de uma pesquisa anterior, e foram em grande parte publicadas num artigo.[8] Entretanto, como constituem análises importantes para a compreensão da construção discursiva de Burton sobre as regiões não europeias e sua relação com as ações políticas inglesas para com a África Ocidental, é necessário retomá-las brevemente aqui.

Ainda nesta primeira parte do texto, encontra-se uma apresentação da cronologia detalhada do período consular de Burton na África Ocidental, entre 1861 e 1865, procurando mencionar as viagens realizadas pelo autor e as atividades desempenhadas por ele enquanto cônsul inglês, bem como uma apresentação das características das principais fontes utilizadas na pesquisa

---

7 Os livros e artigos de Burton neste período, bem como os relatórios consulares constituem as principais fontes primarias desta pesquisa e estão elencados no tópico "Fontes e Bibliografia" ao final deste texto.

8 Gebara, Alexsander Lemos de Almeida. "As representações populacionais de Richard Francis Burton – uma análise do processo de constituição do discurso sobre populações não europeias no século XIX". *Revista de História*, n. 149, segundo semestre 2003, p. 181-210.

Um militar inglês na Índia

Como já foi mencionado, Burton esteve na Índia entre os anos de 1842 e 1849 como militar da Companhia das Índias Orientais. Durante o período, como resultado de suas experiências, coletou material para escrever seus dois primeiros relatos de viagem, *Goa and the Blue Mountains*, e *Scinde or the Unhappy Valley*, ambos publicados em 1851.[1]

É com base em um destes textos, *Goa and the Blue Mountains*, que será apresentada a primeira análise de suas descrições populacionais. Para compreender estas representações, entretanto, faz-se necessário recuperar o lugar de autoridade no qual ele se colocou para narrar suas aventuras em terras indianas. E, de fato, pode-se notar, já no primeiro capítulo, a clara delimitação do lugar de todos os envolvidos na dinâmica do relato, quais sejam, os habitantes nativos, o próprio autor e, finalmente, o leitor europeu, mais especificamente inglês.

Burton procurou valorizar sua experiência de cinco anos em terras orientais através da constante referência a elementos do cotidiano na Índia que pareciam soar incompreensíveis ao leitor europeu. De fato, já no primeiro parágrafo do texto pode-se notar claramente esta estratégia. Estando de saída da "pestilenta" Scinde onde estivera a serviço da Companhia, Burton embarca em seu *Pattimar,*

"Seu o quê?

Ah!, esquecemo-nos. A Gôndola e a barca são palavras comuns para seus ouvidos ingleses, o budgerow começa a ganhar familiaridade, mas você está certo, o pattimar requer uma definição."[2]

---

1 Burton, Richard, *Goa and the Blue Mountains*. Londres: Richard Bentley, 1851 e *Scinde or the Unhappy Valley*. Londres: Richard Bentley, 1851.

2 Burton. *Goa and the Blue Mountains...* p. 1.

28   Alexsander Lemos de Almeida Gebara

Ao mesmo tempo em que se aproximava do leitor e identifica-o, tratando-lhe por "você" e dirigindo-se a "ouvidos ingleses", Burton assumia a sua posição privilegiada em razão do conhecimento experiencial do lugar que descreve. Ele faz questão de se mostrar tão próximo da realidade colonial que até mesmo "se esquece" de que o leitor poderia não conhecê-la.

Mais importante, entretanto, para a compreensão das descrições populacionais presentes neste relato é o lugar no qual o autor se colocava frente ao nativo indiano, pois é a partir dele que lhe seria possível construir a ideia de manutenção do império inglês na Índia. E quanto a esta questão, Burton não nos deixa dúvidas. Segundo ele, o domínio inglês nas regiões orientais era um *império assentado na opinião*, ou seja, *"baseado na boa opinião que os nativos têm de nós e na sua má opinião para com eles mesmos".*[3] No texto, portanto, o nativo submete-se ao colonizador; ele não só considera o europeu superior, como também frente a ele cria uma imagem negativa de si mesmo.

A dupla posição de autoridade, em relação ao leitor e à própria população nativa, proporciona as condições para que o autor possa criar seu oriente. O leitor não conhece a Índia, e os indianos reconhecem-no como senhor. Não importa de fato a relação entre a descrição de Burton e a realidade observada, é o autor do texto que domina a cena e confere-lhe significação. A imagem oferecida da população colonial está, certamente, submetida a essas prerrogativas.

Tendo em vista essas colocações, é possível partir para a análise das descrições propriamente ditas. Pode-se perceber claramente em *Goa and the Blue Mountains* três diferentes abordagens quanto à descrição populacional, condicionadas de certa forma pelo próprio itinerário da viagem: a primeira delas diz respeito à população sob domínio português, cujas observações tiveram lugar durante sua passagem por Goa; a segunda aparece quando Burton entra em domínios ingleses; e na terceira pode-se observar a descrição de povos ditos "selvagens", habitantes das *Montanhas Azuis*, lugar onde estava instalado o balneário inglês e onde Burton passou boa parte de seus meses de licença.

Segundo Burton, *"a população de Goa é composta de três elementos heterogêneos, a saber, portugueses puros, cristãos negros e pagãos".*[4] A separação mais clara, e a primeira que aparece, é entre Europeus "puros" e os demais habitantes. A referência aos por-

---

3 Burton. *Goa and the Blue Mountains...* p. 157.

4 Burton. *Goa and the Blue Mountains...* p. 36.

A África de Richard Francis Burton 29

tugueses trata exclusivamente da condenação da política de casamentos inter-raciais.

De fato, a própria adjetivação "puro", que acompanha a separação entre portugueses e demais habitantes, e algumas outras passagens mencionando a degeneração dos mestiços e criticando a política de miscigenação poderiam indicar unicamente uma crítica do resultado "biológico" do cruzamento de "raças", entretanto, uma leitura mais atenta tende a relativizar essa interpretação.

De acordo com as concepções manifestadas por Burton neste momento, mesmo que não houvesse mistura de sangue, havia "*a mistura de ar ou clima, o que vem a ser a mesma coisa*".[5] Sua crítica parece muito mais direcionada à relação de proximidade estabelecida pelo antigo colonizador português com o indiano colonizado – resultado da política de casamentos – do que propriamente à mistura de sangue; ainda mais quando se pensa no caráter do "império de opinião" avalizado pelo autor, que se baseava justamente na demonstração de diferença e superioridade por parte do conquistador europeu.

Seguem-se, na caracterização do autor da população goesa, os outros dois "elementos heterogêneos". Sob a classificação de "cristãos negros", agrupam-se duas ordens diferentes, hindus convertidos e mestiços euro-indianos, e sua descrição se limita a algumas referências à sua feiúra e degradação.[6] Finalmente, a referência aos "pagãos" também se resume a poucas palavras: os hinduístas são fisicamente descritos unicamente por uma menção à pele amarelada, seguida da divisão interna das castas, e, aos muçulmanos, Burton reserva apenas um parágrafo:

> "A população muçulmana em Panjim dificilmente chega a mil. Eles não têm lugar para orar, ainda que sua religião seja agora, como todas as outras, tolerada. A marca distintiva dos fiéis é a longa barba. Eles parecem seres superiores ao lado dos degenerados cristãos nativos".[7]

---

5 Burton. *Goa and the Blue Mountains...* p. 89.

6 Sobre os mestiços, a referência é: "*seria difícil encontrar na Ásia uma raça mais feia ou de aparência mais degradada*", enquanto os cristãos hindus são "*decididamente a raça mais baixa na escala da humanidade civilizada que já tivemos oportunidade de descrever até agora*". Burton. *Goa and the Blue Mountains...* p. 97 e 103 respectivamente.

7 Burton, *Goa and the Blue Mountains...* p. 106.

30 Alexsander Lemos de Almeida Gebara

Notem-se algumas características da divisão realizada por Burton neste primeiro momento, quais sejam: a divisão dos elementos é em si heterogênea, incluindo fatores geográficos (europeus) e religiosos, e não funciona quando se pensa em termos de hierarquia social, pois os mestiços estão presentes em "todas as classes" segundo o próprio autor. Finalmente, não se pode pensar unicamente em critérios "biológicos", pois as descrições físicas são muito reduzidas e carecem de elementos de comparação entre elas.

Esta é uma divisão totalmente exterior aos próprios nativos, sua hierarquia, seus valores e suas auto definições não aparecem. Trata-se de uma divisão totalmente europeia, ou seja, são critérios unicamente europeus que orientam a observação.

O que parece relativamente claro nessa parte do relato é que Burton está traçando um exemplo negativo de colonização ao descrever a situação das regiões coloniais portuguesas no continente. Os ingleses deveriam partir para a conquista efetiva, como vinham fazendo, e não somente dominar as rotas de comércio como fizeram anteriormente os portugueses. A capacidade de conquistar e o reconhecimento dela por parte do nativo são elementos importantes para a manutenção do "império de opinião". O retrato degenerado dos convertidos ao cristianismo serve para corroborar a crítica de Burton à prática portuguesa da conversão praticamente forçada. Mas, principalmente, os ingleses deveriam manter uma segura distância frente aos nativos, para que fosse possível preservar intacta a imagem de superioridade gerada pela conquista. Em passagem mais que reveladora da importância conferida à imagem que o hindu faz do europeu para a manutenção do domínio na região, o autor menciona que "*todos sabem que, se o povo da Índia pudesse ser unânime por um dia, eles poderiam varrer-nos de seu país como poeira frente ao furacão*".[8]

A partir do momento em que Burton entra em domínios ingleses, o tom da descrição muda completamente. Nota-se um interesse muito maior pela compreensão dos valores da população hindu. As descrições, embora continuem exteriores pelo simples fato de que são realizadas por um estrangeiro, buscam recuperar marcos e divisões da sociedade observada. Assim, a história que surge para os leitores não é mais a da conquista, como no caso da região sob domínio português, mas a própria interpretação hindu.[9]

---

8 Burton. *Goa and the Blue Mountains...*, p. 161.

9 Entrando na província de Malabar, Burton resume sua origem da seguinte maneira: "A província, agora chamada Malabar, é parte do Kerula Rayja, o reino de Kerula, uma das dezesseis *deshas* ou regiões,

A África de Richard Francis Burton   31

No momento da descrição populacional, esta mudança parece também evidente, a classificação agora procurava reproduzir a hierarquia social dos próprios hindus, mencionando casta por casta, seus costumes e as suas relações sociais com as outras. É importante notar que as referências às características físicas continuam muito breves e imprecisas, e que a própria definição da Índia como "terra das maravilhas *etnológicas*" é significativa de que sua atenção está voltada apenas para os costumes e crenças da população, e não para suas supostas características "raciais".[10]

A descrição apresentada por Burton da população sob domínio inglês traz, portanto, significativas diferenças em relação àquela sob domínio português. Seu plano de manutenção do domínio inglês na Índia já estava traçado e, como se viu, pautava-se na afirmação de uma boa imagem do europeu por parte do indiano. Nesta parte do livro, Burton dedica-se muito mais à tentativa de compreensão do funcionamento da sociedade do "outro". Embora não esboce nenhuma estratégia de ação para criação de uma imagem positiva do inglês, o esforço de compreensão realizado pelo autor nessas passagens é significativo frente a seu projeto demonstrado anteriormente.

Resta, pois, a descrição dos povos "selvagens" das *Montanhas Azuis*, os últimos descritos pelo autor nesse relato. Novamente, Burton mudou os parâmetros descritivos. Os cerca de 10 mil "selvagens" das montanhas não representavam problema efetivo para as pretensões de domínio inglês, e sua descrição estaria de certa forma livre das preocupações imperiais do autor. Será muito interessante, entretanto, recuperar quais os elementos julgados importantes pelo autor para caracterizar esta população selvagem, para que se possa vislumbrar quais poderiam ser suas filiações teóricas neste momento quanto à concepção sobre populações não europeias.

Mencionar-se-á aqui apenas a descrição dos chamados *Todas*, habitantes mais numerosos e antigos segundo Burton, e aos quais ele dá maior atenção. A sua primeira preocupação foi buscar recuperar a origem desta população e, num debate

---

enumeradas na antiga história hindu como formando a Bharata Khanda, ou terra da Índia. Supõe-se que ela foi coberta pelo mar na sexta encarnação de Vishnu, o qual, em expiação a um matricídio, deu aos brâmanes, particularmente àqueles da tribo monsut, as amplas terras entre Gokarna e Cabo Camorin". Burton, *Goa and the Blue Mountains...*, p. 186. Não interessa o *status* que Burton confere a esta história, aparentemente fabulosa, mas sim o fato de que, de alguma forma, importava recuperá-la.

10 Burton, *Goa and the Blue Mountains...*, p. 212.

32 Alexsander Lemos de Almeida Gebara

com vários outros autores que anteriormente haviam descrito os *Todas* supondo terem eles uma ancestralidade europeia, Burton sugeria contrariamente que:

> Os todas são meros remanescentes das velhas tribos Tamulians, original-mente habitando as planícies, e subsequentemente empurrados às monta-nhas por algum evento, sobre o qual a história é silenciosa. **Nossa opinião é construída sobre a rocha da linguagem.**[11]

A "rocha da linguagem" era esta a única fundação segura para que se pudesse afirmar com certeza a origem de um povo, e a língua dos *Todas,* segundo Burton era uma derivação do sânscrito, assim como o Hindustani. Mesmo a diferença de pronúncia não era o suficiente para ir contra a semelhança entre vocábulos e gramática notada por ele. A rigor, nem as grandes dessemelhanças físicas e de costumes eram argumentos suficientes para desautorizar a sua asserção.

É também digno de nota que, embora não houvesse *"nada em seus costu-mes que não fosse peculiar",*[12] tais como cerimônias de nascimento, costumes infanticidas e poliandria entre outros, Burton consegue traçar uma imagem idealizada do "selvagem":

> Você que perceberia a visão da inocência nômade e da felicidade respeitável e sensata do selvagem – (como) uma doce alucinação que até agora você considerou como o mais louco sonho jamais emitido do portão de marfim – vá, encontre-as nos cantos remotos da terra dos Toda, a fértil, a salubre."[13]

O reverso dessa felicidade poderia ser visto, entretanto, na degeneração oca-sionada pelo contato com populações civilizadas, que geravam a ruína moral dos selvagens, que abandonavam valores como a castidade, sobriedade e temperança e sucumbiam à vícios tais como a luxúria e a ganância.[14] Note-se, entretanto, que a degeneração era ocasionada principalmente pela miscigenação cultural e não física.

---

11 Burton, *Goa and the Blue Mountains...,* p. 342.

12 *Idem, ibidem.*

13 *Idem, ibidem.*

14 Burton, *Goa and the Blue Mountains...,* p. 350.

A busca da origem baseada no instrumento linguístico, "a rocha da linguagem", ou seja, a utilização da linguística comparada no estudo de povos não europeus era característica da corrente etnológica mais influente na Inglaterra nesse período do século xix.[15] Deve-se notar que os elementos recuperados nas descrições populacionais ao longo deste texto foram, em momentos diversos, a origem da população, seus costumes, referências sobre a influência climática na configuração física e moral do povo, entre outros. Isto em detrimento de uma descrição formal mais detalhada, característica de uma antropologia física. A própria utilização do termo "etnologia" e não "antropologia" parece revelador das opções de Burton neste momento.

Sol Tax sugere que se poderia falar de uma "guerra dos trinta anos" na ciência do homem, entre 1840 e 1870, colocando-se de um lado do campo de batalha uma "etnologia", de caráter mais filosófico, histórico, e com uma conotação humanitária e, do outro lado, uma "antropologia" ligada ao desenvolvimento da biologia enquanto disciplina científica.[16] Mesmo que a utilização do termo por Burton pareça ocasional, pois não contém necessariamente a conotação ideológica sugerida por Tax, não deixa de ser interessante notá-lo aqui, pois indica o instrumental descritivo prevalecente na Inglaterra da primeira metade do século xix, já que, segundo vários autores, a etnologia, por sua vez associada à ideia de uma origem única da humanidade, predominava sobre a antropologia física no ambiente intelectual inglês neste período.[17]

---

15 George Stocking sugere que na Inglaterra o termo etnologia estava primeiramente associado ao nome de James Prichard, que defendia ideias monogênicas, e cujo pensamento sobre a origem da humanidade estava bastante influenciado pelo relato bíblico. A filologia comparada era uma de suas principais ferramentas na sua guerra travada contra as concepções poligênicas especialmente influentes na França. Stocking, George. *Victorian Anthropology*. Nova York: The Free Press, 1987, p. 46-77. Uma discussão mais pormenorizada dos preceitos da etnologia e antropologia inglesas encontra-se mais a frente neste texto, no capítulo 3, tópico *London Anthropological Society*.

16 Tax, Sol. "The Settings of the Science of Man", in Tax, Sol. *Horizons of Anthropology*, Chicago: Albine, 1964, p. 15-24.

17 Gould, S. J. *A Falsa Medida do Homem*. São Paulo: Martins Fontes, 1999, Stepan , Nancy, *The idea of Race in Science*. Oxford: MacMillan, 1987, Stocking, George W., *Victorian Anthropology*....

1850-60: A década de aventuras

Em 1853, referindo-se às tribos de beduínos da Península Arábica, Burton qualificava os nativos como "nobres selvagens", cujo caráter era *"um composto verdadeiramente nobre de determinação, gentileza e generosidade"*,[1] ou seja, o "selvagem" puro continuava apresentando características morais valorizadas na Europa. Por outro lado, no final dessa década, em descrição da população da África Centro-oriental (região da atual Tanzânia), a referência a "selvagens" surgia de forma bastante diferente, segundo o autor

> ele parece [...] ao homem civilizado um ser paralógico, – uma mera massa de contradições, seus caminhos não são os nossos caminhos, sua razão não é a nossa razão. Ele deduz efeitos de causas que nós ignoramos.[2]

Há de fato uma grande mudança no juízo do autor para com os "selvagens", que se processa em um período relativamente curto de tempo. A análise das descrições populacionais do autor nos três relatos escritos nessa década, das ferramentas utilizadas por ele para construir a imagem da população descrita, e da própria experiência da viagem podem fornecer algumas pistas para que se compreenda esta transformação.

Quando Burton partiu para a Arábia, seu conhecimento a respeito da região já era bastante vasto, conhecia a língua árabe e os preceitos da religião islâmica com tal segurança que lhe foi possível realizar toda a viagem disfarçado de muçulmano. Edward Said menciona que

---

1 Burton. *Personal Narrative of a Pilgrimage to al Medinah and Mecah.* Nova York: Dover Publications, 1964, vol. 1, p. 86.

2 Burton. *The Lake Regions of Central Africa.* Nova York: Dover Publications, 1995, p. 490.

36   Alexsander Lemos de Almeida Gebara

ele era sobrenaturalmente instruído sobre a que ponto a vida humana em sociedade é regida por regras e códigos. Toda sua vasta informação sobre o Oriente, evidente em cada página que escreveu, revela que ele sabia que o Oriente em geral e o Islã em particular, eram sistemas de informação, comportamento e crença, que ser oriental era saber certas coisas de certa maneira, e que estas, é claro, estavam sujeitas à história, à geografia, e ao desenvolvimento da sociedade em circunstâncias que lhe eram específicas.[3]

A descrição da população da Península Arábica pôde ser realizada pelo autor com base em conhecimentos anteriores que possuía, oriundos tanto de sua experiência de contato com populações muçulmanas da Índia, como de textos orientalistas europeus. De fato, o livro de Burton na Arábia funciona como afirmação da efetividade do conhecimento europeu produzido sobre o Oriente, conferindo à Europa, portanto, um domínio textual efetivo dessas regiões. O próprio fato de ele ter completado a viagem disfarçado de muçulmano e contado sua história confere grande autoridade ao conhecimento orientalista europeu.

A descrição mais estruturada e significativa presente no relato é a que se refere aos beduínos da região próxima a Meca, e está dividida em duas partes principais, a primeira física e a segunda moral, colocadas logo em seguida a uma definição da suposta origem dessa população.[4]

A descrição física assemelha-se a um retrato falado de corpo inteiro. Seria cansativo enumerar aqui todas as partes do corpo descritas pelo autor nessas páginas. Basta notar que praticamente nada é deixado de lado, desde o cabelo, passando por todos os elementos da feição, até as canelas e os dedos. Trata-se, na verdade, da construção de um tipo ideal, pois a impressão é que o autor escolheu um representante da comunidade e descreveu-o com a maior quantidade de detalhes possível. Não se trata de formas mais gerais, mas sim de definições estritas de formato, que

---

3 Said, Edward. *Orientalismo*. São Paulo: Companhia das Letras, 1990, p. 203.

4 A definição da origem dessa população é bastante complexa na argumentação de Burton. Importa entretanto, notar que alguns dos principais instrumentos utilizados por ele para atingir seus objetivos são a história antiga e a Bíblia. Além disso, em uma nota sobre a origem dos egípcios, Burton realiza especulações sobre um possível parentesco entre as línguas semíticas e jaféticas, ou entre o árabe e o latim, por exemplo. Burton, *Personal Pilgrimage* ..., vol. 1, p. 76-81.

A África de Richard Francis Burton   37

não permitem muita variação. Talvez esta tenha sido a estratégia do autor para reforçar a afirmação que vem logo em seguida, de que os beduínos não se misturam com outros povos, pois, após este retrato falado de corpo inteiro, a afirmação subsequente é que *"este é o beduíno, e este ele tem sido por eras".*[5] O passo seguinte para a caracterização do beduíno é a sua descrição moral, por assim dizer. Como já se notou, tratava-se de uma população "nobre", que apresentava qualidades morais elevadas. Características como "generosidade", "determinação", e "gentileza" vêm sempre acompanhadas de uma tentativa de explicação dos fatores que levaram aquela sociedade a apresentá-las.

Uma das razões sugeridas pelo autor que colaboravam para a configuração de uma sociedade "gentil" diz respeito ao lugar da mulher nesta sociedade, e merece atenção aqui, pois permite perceber a criação de um juízo novamente favorável a sociedades "puramente selvagens". Assegurando a existência do sentimento de "amor" entre os beduínos, Burton menciona que a mulher era respeitada e honrada diferentemente da sua posição nas sociedades *semicivilizadas* , pois:

> quando o bárbaro torna-se semibárbaro, como eram os autores clássicos de Grécia e Roma, então, as mulheres caem de sua posição apropriada na sociedade e tornam-se meros artigos de luxuria e afundam na mais baixa condição moral."[6]

A demonstração do cavalheirismo entre os homens e da honra entre as mulheres aparece fortemente assentada sobre exemplos retirados da literatura e da história árabe, numa argumentação que só seria possível a um profundo conhecedor destes dois campos.

Entretanto, apesar de Burton efetuar sua demonstração com base na história e na literatura árabes, é na permanência de costumes ancestrais, e não na sua transformação, que pode ser percebido o valor da pureza de cada *raça*. E os costumes dos beduínos parecem ser tão fixos quanto seu tipo físico. Para Burton, estes costumes e instituições, *"criados pelo seu clima, sua natureza e suas necessidades"*, per-

---

5 Embora de origem mestiça, a conservação de suas características físicas por longo período de tempo, parece conferir certa pureza a sua *"raça"*. Burton, *Personal Pilgrimage* ..., vol. 1, p. 84.

6 Burton, *Personal Pilgrimage* ..., vol. 2, p. 90.

38 Alexsander Lemos de Almeida Gebara

maneciam iguais aos de seus ancestrais, desde uma época anterior a Maomé, e deveriam permanecer *"até que não sobrasse nenhum vestígio da Ka'abah"* (a pedra sagrada do templo de Meca).[7] Notem-se alguns dos elementos utilizados pelo autor para realizar a sua "construção" do beduíno. Primeiramente a utilização do texto bíblico e da linguística como recursos auxiliares na comprovação da origem dessa população, em segundo lugar, a descrição dos costumes com ênfase na explicação das causas e na utilização da literatura e da história árabe como fontes, elementos estes que permaneciam coerentes com a descrição dos "selvagens" das montanhas azuis indianas, embora a caracterização do beduíno apresentasse uma estruturação bastante mais definida.

Antes de se analisar a referência à população centro africana, é importante mencionar outro relato de Burton ainda nesta mesma década, que pode lançar luz sobre a transformação em suas concepções no período.

Em *First Footsteps in East África*, publicado em 1856, resultado de uma viagem ainda em 1854, a descrição privilegiada é a dos Somalis, em um capítulo significativamente intitulado "Os Somalis, suas origens e peculiaridades". Diferentemente dos beduínos ou dos *Todas*, os Somalis não mereciam mais a definição de "nobres", pois:

> Os nativos do país são essencialmente comerciais: eles caíram no barbarismo em razão de sua condição política [...] mas eles parecem conter material para uma regeneração moral.[8]

A estrutura formal da descrição é praticamente idêntica à do beduíno, começando por uma recuperação da origem (neste caso indubitavelmente mestiça), seguida de uma descrição física detalhada e de considerações sobre a moral dessa população.

Dados significativos que aparecem no relato, e que não apareciam nos anteriores, são as primeiras referências a características determinadas pela "raça".[9] Em sua

---

7 Burton, *Personal Pilgrimage...*, p. 84.

8 Burton, Richard. *First Footsteps in East Africa*. Nova York. Dover Publications, 1987. Prefácio p. xxix

9 Como exemplo, numa referência ao cansaço apresentado por seus acompanhantes numa caminhada, Burton afirma: "Eu tive então uma oportunidade de ver quão fraca é a raça somali. [...] Isto não pod

A África de Richard Francis Burton   39

viagem para Meca, em nenhum momento Burton recorreu a características raciais para explicar qualquer peculiaridade dos beduínos. Sua fonte sempre foi outra: a história, ou a literatura, ou mesmo as generalizações orientalistas. Aqui, essas informações não conseguem mais responder totalmente aos seus questionamentos, pois o autor não consegue recorrer às mesmas ferramentas com as quais construíra os beduínos.

Algumas ideias podem ser agrupadas de acordo com as descrições populacionais analisadas até este momento: a busca da origem, assentada, como se viu, em comparações linguísticas (como nos selvagens da Índia); a valorização do elemento cultural puro; a crença na possibilidade de regeneração moral; entre outros fatores, levam a acreditar que Burton estivesse se movimentando dentro de um modelo degeneracionista, no qual o contato parece gerar a degeneração moral.[10] Mesmo no relato sobre a África Oriental, no qual começam a surgir análises baseadas nas características raciais da população, a regeneração moral ainda é possível.

O importante, porém, é notar que Burton parecia realmente pensar ainda dentro de modelos degeneracionistas, uma vez que podia idealizar o selvagem, valorizar suas tradições, e inferir as possibilidades de regeneração. Ainda que se possa avaliar como evolucionista o fato de que ele pensava em estágios de civilização, esse evolucionismo é muito ambíguo e certamente não linear.

Em seu relato sobre a região centro-africana, este modelo parece sofrer alterações significativas. Nada mais havia no "selvagem" que fosse merecedor de admiração, este parecia-lhe um ser incompreensível. Faltavam a Burton os instrumentos dos quais dispunha em maior ou menor grau em suas viagens anteriores, a saber, o conhecimento da linguagem, dos costumes e da história da região descrita. De fato, para Burton a ausência de história é um dos elementos que qualificam a região centro-africana visitada. Em clara oposição à antiguidade e nobreza dos beduínos, ou mesmo à possibilidade de regeneração dos Somalis, os africanos em geral constituíam uma "raça

---

se originar da dieta pobre, pois os cidadãos, os quais vivem generosamente, são ainda mais fracos que os beduínos; é uma particularidade da raça". Burton. *First Footsteps...*, vol. 1, p. 114.

10 De fato, Nancy Stepan sugere que até a década de 50 do século XIX, "tradicionalmente, a degeneração do homem de um estágio originário de civilização era visto como tão provável como seu avanço progressivo". Stepan, Nancy, *The Idea of Race...*, p. 56.

40 Alexsander Lemos de Almeida Gebara

nova", e a etnologia era a "única feição interessante" da África.[11] A "raça" africana era insistentemente classificada como "infantil", "criança", embrionária", entre outros termos, como forma de reafirmar sua crença no estágio de "evolução" daqueles povos.[12] Juntamente com esta nova caracterização do selvagem, surge uma utilização muito mais ampla do conceito "raça" como determinante de características gerais da população. O parágrafo que segue é o primeiro de seu ensaio "*O Caráter do africano oriental*", colocado no final de seu relato, e demonstra bastante claramente algumas das ideias de Burton então:

> O estudo da psicologia na África Oriental é o estudo da mente rudimentar do homem, quando sujeita à ação da natureza material, ele nem progride nem retrocede. Ele pareceria mais uma degenerescência do homem civilizado do que um selvagem erguendo-se ao primeiro passo, não fosse sua aparente incapacidade para o aperfeiçoamento.[13]

O "selvagem" parecia incapaz de aprendizado, e talvez unicamente por esta característica, não poderia mais ser considerado uma degenerescência moral, mas somente um ser infantil, limitado por características intrínsecas à sua "*raça*".

A grande mudança que ocorre neste texto, com relação aos anteriores, é mesmo a classificação do selvagem como criança, e dela derivam uma série de consequências. Uma delas é o surgimento de uma tendência ao poligenismo, pois, para considerar o selvagem africano como "infância" da humanidade, a estratégia de Burton é afirmar que seu intelecto é limitado, portanto intrinsecamente diferente do intelecto do europeu. Outra delas é a adoção de um pensamento de certa maneira evolucionista, condicionado pelas características raciais, especialmente no que diz respeito à limitação do intelecto. Ainda que o pensamento evolucionista esteja em aparente contradição com as tendências poligênicas e afirmações de limites raciais.

A ideia de que havia estágios de civilização diferenciados e que tendiam ao progresso em direção à civilização europeia, barrados, talvez, por características ineren-

---

11 Burton. *The Lake Regions of Central Africa*. Nova York: Dover Publications, 1995, p. 88.

12 *Idem, The Lake Regions...*, p. 491-499.

13 *Idem, Ibidem*, p. 489.

A África de Richard Francis Burton   41

temente raciais, parece estar bastante clara neste momento para Burton, como nos indica esta passagem sobre a essência do fetichismo:

> Por sua essência, portanto, o fetichismo é uma superstição rude e sensual, a fé de um medo abjeto, e de raças infantis que ainda não se elevaram, e são, talvez, incapazes de elevarem-se ao teísmo – a religião de amor e a crença dos tipos mais elevados da humanidade.[14]

A experiência de Burton nessa viagem pode ser resgatada para elucidar as aparentes contradições em suas descrições populacionais. Nessa viagem, Burton esteve doente durante boa parte do tempo, não conseguiu aprender a linguagem dos nativos – que sempre havia sido um dos seus principais instrumentos de coleta de informações em viagens anteriores – e, portanto, tinha grandes dificuldades de comunicação, além de não possuir muitos conhecimentos anteriores das populações presentes nas regiões pelas quais viajava.

As dificuldades de compreensão de Burton em relação ao africano, derivadas das condições adversas da viagem e da ausência de instrumentos linguísticos e históricos, parecem empurrá-lo para explicações antes menos importantes em seu esquema descritivo. Tem-se a impressão de que ele não consegue reproduzir seu esquema degeneracionista e passa a pensar de outras maneiras. Entretanto, ao mesmo tempo em que parece assumir um caráter evolucionista, ao classificar o africano como criança, busca a explicação da sua situação em supostos limites raciais, que o aproxima de concepções poligênicas e, consequentemente, não dinâmicas, mas estáticas quanto ao desenvolvimento ao longo do tempo. Um poligenismo evolucionista parece ser relativamente contraditório, mas é justamente essa contradição que permite representar a ambiguidade do pensamento de Burton nesse momento. Sua própria experiência africana é relativamente contraditória: sua viagem foi ao mesmo tempo um sucesso e um fracasso, pois, embora tenha conseguido atingir o tão desejado "mar de Ujiji", ou Lago Tanganika, como foi rebatizado por ele, não conseguiu demonstrar que era ali a origem do rio Nilo (e, de fato, não era). E embora o relato possuísse o valor de afirmação do poder europeu sobre a região, Burton sentiu na pele todas as dificuldades da viagem, inclusive a desagradável experiência de descobrir que, sem os africanos, não teria sido

---

14 Burton. *The Lake Regions...*, p. 501.

42   Alexsander Lemos de Almeida Gebara

possível a realização do *seu* grande feito, o grande feito europeu, isto é, a tomada de posse simbólica de um dos grandes lagos interiores da África Central.[15]

A esta situação experiencial contraditória, soma-se a dificuldade de compreensão em razão da ausência de elementos que Burton possuía quando de suas outras viagens, a Meca e a Somália, ou seja, do recurso à história, das suas fontes e informantes nativos, e da própria boa vontade que podia ter em relação aos beduínos, em virtude de seu conhecimento.

Nota-se, portanto, uma interferência direta das condições da viagem e das experiências do contato nas transformações das concepções do autor ao longo deste relato. Em experiências anteriores, o conhecimento da língua e, em certa medida, da história das regiões através das quais havia viajado, permitia a Burton um tipo de descrição que não era mais possível na África Central. A situação delicada na qual Burton esteve em contato com os africanos moldou de certa maneira suas concepções a respeito destas populações, da mesma forma que seus esquemas classificatórios e descritivos não serviam mais para representar esta nova experiência.

Seus modelos de descrição populacional continuavam a se alterar, e as contradições presentes em seu livro sobre a África Central repercutiram em seus relatos posteriores, na qual sua posição em relação às populações representadas no texto estava assentada sobre uma outra legitimidade, não mais o militar da Índia, ou o aventureiro europeu da Arábia e da África, mas sim na condição de representante consular britânico.

É justamente sobre o período de Burton como cônsul inglês na África Ocidental, entre 1861 e 1865 que estão centradas as análises deste trabalho. Nesse momento, suas descrições populacionais assumem um tom mais determinista, conferindo à "raça" um papel fundamental na caracterização da população africana. A população "puramente" africana, era retratada em termos dos mais degradantes. Segundo Burton:

> Na sua mais baixa organização, ele é dolicocefálico, tem a mandíbula projetada, a testa retraída, mais escalpo que face, sem barriga da perna, com pele de pepino, calcanhar de cotovia (*lark heeled*), com pés largos amplos e

---

15 Burton menciona sua dependência inegável dos nativos africanos e o processo de negociação no qual cede a suas vontades durante a descrição de um dos principais componentes de sua caravana, o africano Kidogo, que, tendo se recusado a obedecer a ordens, consegue finalmente suas regalias, uma vez que Burton percebe que *"sem eles eu seria forçado a retornar à costa"*. Burton, *The Lake Regions...*, p. 111.

A África de Richard Francis Burton   43

chatos; seu cheiro é fétido, seu cabelo é esturricado e crespo, e seus pelos são como sementes de pimenta. Seu intelecto fraco, moral deficiente, amabilidade forte, temperamento resistente, destrutividade altamente desenvolvida, e sensibilidade à dor comparativamente pouca. Não é de maravilhar-se que os caucasianos ensinam a si mesmos por uma fábula a acreditar que esta raça foi amaldiçoada para ser os serventes dos serventes."[16]

Entretanto, neste trabalho, o escopo do estudo não se limita às descrições populacionais, mas estende-se à representação da África de forma mais geral, levando em consideração também as construções espaciais e as relações políticas entre Inglaterra e a região ao redor do Delta do Níger. Dessa forma, a descrição da população passa a ser analisada em função de uma representação mais ampla que se insere nas esferas do desenvolvimento da relação imperial entre Inglaterra e África e da construção de um conhecimento legitimador destas possíveis aspirações imperiais. Para isso, foi preciso fazer uso de outras fontes, além dos relatos de viagem, quais sejam, os relatórios enviados pelo autor ao *Foreign Office* e suas versões editadas nos *Parliamentary Papers*, seus artigos publicados em revistas científicas na Inglaterra e finalmente, um pequeno conjunto de correspondências pessoais.

Como foi possível observar na apresentação das transformações nos modelos de descrição populacional do autor ao longo das décadas de 1840 e 1850, uma série de elementos interagem no processo de construção de suas representações, desde a posição e os propósitos explícitos assumidos por Burton em cada uma de suas viagens, passando pelo repertório "científico" e cultural europeu manejado por ele, e finalmente pela experiência específica de cada um dos empreendimentos no qual ele esteve envolvido. Entretanto, ainda outros fatores devem ser considerados importantes para a análise mais aproximada de seus textos. No caso específico do período enfocado neste trabalho, será importante notar as nuances das relações políticas e comerciais entre a Inglaterra e a África Ocidental ao longo do século XIX, bem como as estruturas discursivas que acompanham essas relações. Além disto, o momento estudado revela-se importante pois compreende uma série de eventos que tiveram significativa influência na transformação das representações de populações não

---

16 Burton. *Wanderings in West Africa*. Nova York: Dover Publications, 1991, vol. 1, p. 178.

44 Alexsander Lemos de Almeida Gebara

europeias na Europa, tais como a revolta dos cipaios na Índia em 1857, a guerra da secessão nos Estados Unidos no início da década de 1860, a revolta dos afro-descendentes em Morant Bay na Jamaica em 1865, entre outros.[17] Finalmente, não se pode deixar de notar que a produção textual de Burton tem que ser analisada também em função da sua posição social e política no interior da Inglaterra, ou seja, é preciso pensar como suas representações podem estar relacionadas com transformações que colocavam em xeque uma concepção conservadora e aristocrática de estrutura social.[18]

Para a consecução destas análises, faz-se necessário inicialmente apresentar de maneira mais detalhada tanto a experiência de Burton na África Ocidental como as especificidades das principais fontes utilizadas nesta pesquisa, o que será realizado no tópico seguinte.

---

17 Para uma bibliografia que lida com a importância desses eventos nas transformações das representações raciais na Inglaterra na década de 1860 ver McKay, Brenda. *George Eliot and Victorian Attitude to Racial Diversity, Colonialism, Darwinism, Class, Gender and the Jewish Culture and Prophecy*. Lewiston, Nova York, Lampeter: the Edwin Mellen Press, 2003, e Bolt, Christine. *Victorian Attitudes to Race*. Londres: Routlege and Kegan Paul, 1971.

18 Basta mencionar que a Inglaterra passava por profundas transformações sociais desde meados do século XIX, com a revolução industrial, a consequente organização da classe trabalhadora e sua luta pela ampliação dos direitos de igualdade social, tais como o sufrágio por exemplo. A "ameaça" da classe trabalhadora – e de uma nova burguesia financeira e politicamente ascendente – aos valores aristocráticos tradicionais por vezes reforça nos círculos políticos conservadores a sensação da necessidade de controle mais firme das camadas baixas da população. As formas de identificação entre as classes trabalhadoras inglesas e os negros africanos, mais especificamente os escravos, nas representações políticas inglesas na segunda metade do XIX também encontram-se nos livros de McKay e Bolt mencionados na nota anterior, bem como em Lorimer, Douglas. *Colour, Class and the Victorians, English Attitudes to the Negro in the Mid Niniteenth Century*. Londres: Leicester University Press, 1978.

Burton na África

A viagem que tornou Burton famoso como explorador africano foi, sem dúvida, a expedição de busca das origens do rio Nilo. Tratou-se de uma viagem épica. Tendo chegado a Zanzibar em 19 de dezembro de 1856, Burton permaneceu ali até a metade do ano seguinte, período no qual realizou pequenas viagens no interior da ilha. Enquanto aguardava a melhor estação do ano para iniciar a expedição, ele arregimentava carregadores e preparava as provisões. Partiu definitivamente em companhia de John Hanning Speke e do restante da caravana em 27 de junho de 1857 para uma viagem da qual só retornaram 21 meses depois, sem estabelecer definitivamente as origens do Nilo, objetivo principal do empreendimento.

Traçar as origens do Nilo parecia ser à época uma das principais preocupações da *Royal Geographical Society* (doravante mencionada apenas como RGS)[1] A expedição comandada por Burton foi a primeira de uma série de tentativas de resolver a questão, e a sua escolha para liderá-la revela o destaque que o autor adquirira com as viagens anteriores para Meca e para a África Oriental. Entretanto, logo após a viagem, as relações entre Burton e a RGS começaram a tornar-se cada vez mais distantes, principalmente em razão dos embates entre ele e Speke a respeito das considerações sobre a hidrografia do centro do continente africano. Speke retornou antes de Burton para a Inglaterra, supostamente desrespeitando um acordo de cavalheiros feito entre os dois exploradores, de se apresentarem

---

1 Para se ter uma ideia, Ian Cameron menciona que entre 1850 e 1872, houve 14 expedições as quais a RGS financiou totalmente ou nas quais teve participação no financiamento. Destas, oito foram para a África, e cinco delas foram especificamente para tentar estabelecer as fontes do rio Nilo. Cameron, Ian. *To the Farthest End of the Earth: the History of the Royal Geographical Society.* Londres: Macdonald and Jane's, 1980. Ironicamente, a questão só foi resolvida após a expedição de Henry Stanley, em 1872, para encontrar David Livingstone, que não foi financiada pela sociedade.

46 Alexsander Lemos de Almeida Gebara

frente a RGS juntamente.[2] Além disto, as hipóteses de Speke sobre a possível origem do Nilo concordavam com as considerações de Roderick Murchinson que então presidia a sociedade e que foi o homem-chave para o crescimento de sua importância a partir da década de 1850.[3] Mas as discordâncias entre Burton e a RGS não parecem ter sido apenas geográficas. A representação negativa que ele fazia dos africanos no momento – como foi possível perceber no capítulo anterior – também era um fator que causava desagrado na sociedade. É possível inferir, a partir de certas passagens das publicações, que a sociedade tendia a preferir as imagens mais humanitárias destas populações, as quais projetavam a África como "civilizável" e com um futuro comercial sobre a tutela da Inglaterra, sendo esta a opinião de David Livingstone, o mais famoso explorador africano então (ele mesmo um missionário). No discurso presidencial de 1860, a menção à representação de Burton sobre os africanos surge assim:

> A natureza da vida entre os negros da África Oriental tal como apresentada nas páginas do Capitão Burton não falha em deixar uma impressão dolorosa em todos os amantes da raça humana.[4]

Em meio a estas controvérsias na RGS, em abril de 1861, Lord Russell, Ministro das Relações Exteriores *(Foreign Secretary, 1859-65)*, nomeou Burton como côn-

---

2 Rice. *Sir Richard Francis Burton, o Agente Secreto que Fez a Peregrinação a Meca, Descobriu o Kama Sutra e Trouxe as Mil e Uma Noites para o Ocidente.* São Paulo: Companhia das Letras, 1991, p. 325.

3 Murchinson expressou sua concordância com as considerações de Speke no discurso anual da presidência frente à *Royal Geographical Society,* justamente quando condecorava Burton pela expedição. (Murchinson, R. "Presidential Adress", *Journal of the Royal Geographical Society,* 1859, vol. 29, p. xcv). Uma análise mais detida da *RGS* será desenvolvida em outro momento deste texto. Para a influência de Murchinson e sua importância na consolidação da sociedade no período, ver dentre outros: Stratford, Robert. *Scientific Exploration and Empire,* in: *The Oxford History of British Empire,* vol. 3, Andrew Porter (ed.);.Oxford e Nova York: Oxford University Press, 1989, e Driver, Felix. *Geography Militant,* Oxford: Blackwell Publishers, 2001.

4 *Journal of RGS.,* 1860, vol. 30. p. xxiii.

A África de Richard Francis Burton   47

sul britânico para a Baía de Biafra.[5] A partida para a África Ocidental, contudo, demorou algum tempo. Apenas em 24 de agosto deixou Liverpool em direção a Fernando Pó, numa viagem que durou cerca de um mês. Foi nessa viagem de navio que Burton coletou dados para o primeiro de seus relatos publicados sobre a região da África Ocidental.[6]

Os primeiros despachos de Burton na África Ocidental indicam que sua perspectiva era a de continuar realizando trabalhos de exploração. Antes mesmo de deixar a Inglaterra, ofereceu-se para qualquer missão para Daomé que estivesse sendo planejada.[7] Além disto, em uma das primeiras correspondências enviadas de seu posto em Fernando Pó, solicita ao *Foreign Office* o fornecimento de instrumentos, tais como, barômetros para montanha, termômetros, cronômetros, e outros, tradicionalmente usados em viagens de exploração e medição geográfica.[8]

De fato, Burton utilizou seu tempo na costa ocidental africana para satisfazer suas aspirações. Realizou uma série de pequenas viagens que formam o conjunto básico a partir do qual o autor escreveu seus relatórios, artigos e livros sobre a região. De acordo com Newbury:

> Burton usou seu consulado para seus próprios fins [...] No seu caso, os objetivos eram viagem e pesquisa para satisfazer a sua curiosidade de vida inteira sobre "questões de economia social e aquelas observações

---

5 Public Record Office (PRO), FO 2/40, 18 de abril de 1861. Edward Rice considera que Burton não estava muito feliz de partir para seu posto consular, segundo ele, embora não cite a fonte, Burton teria dito: "Eles me querem morto, mas pretendo sobreviver só para dar raiva neste demônios"(Rice, *Sir Richard Francis Burton...*, p. 365). Por outro lado, em carta para Richard Molkton Milnes, Burton manifestou-se interessado em assumir o consulado, pois frente a oferta extra-oficial do cargo para ele, escreve: "*desnecessário dizer que eu aceitei gratamente. Ao cão que ___ as migalhas governamentais deverá agora ser permitido, por uma retribuição do destino, morder com seus molares o pão governamental. Houghton Papers*, Trinity College, Cambridge, Burton à Milnes, 20/03/1861.

6 Burton, Richard. *Wanderings in West Africa*. Londres: Tinsley Brothers, 1863.

7 PRO, FO 2/40, 10/07/1861.

8 PRO, FO 2/40, 08/10/1861. Nos despachos internos do FO o inusitado pedido estabelece a seguinte discussão: "*há precedents para isto? Não, eu acho que seria de objetar ___ que se fornecesse tais coisas aos nossos cônsules*".

48   Alexsander Lemos de Almeida Gebara

fisiológicas, sempre interessantes para a nossa humanidade comum e às vezes tão valiosas".[9]

Dessa forma, aproveitando-se da relativa liberdade desfrutada pelos cônsules ingleses em lugares distantes, ele permaneceu relativamente pouco tempo em Fernando Pó, utilizando todas as possibilidades que dispunha para realizar novas viagens. O trabalho de Burton como cônsul consistia praticamente em supervisionar o comércio entre representantes britânicos e pequenos estados africanos costeiros, além da fiscalização contra o tráfico de escravos.[10] Para isto, no entanto, era preciso visitar pessoalmente as regiões onde o comércio britânico estava concentrado, na foz do rio Níger, os chamados *Oil Rivers*. O problema da disponibilidade de transporte fazia com que as visitas fossem um tanto esporádicas.[11] Burton tinha duas opções de transporte para realizar suas funções: a primeira delas era fazer as visitas aos rios a bordo de algum cruzador do esquadrão britânico de combate ao tráfico escravo, que patrulhava a costa africana desde o início do século,[12] ou então, viajar como passageiro nos navios comerciais de companhias inglesas que serviam à região desde 1852. A preferência de Burton, entretanto, era viajar

---

9 Newbury, C.W. *Introduction* in: Burton, Richard. *A mission to Gelele King of Dahome*. Londres: Routledge, 1966.

10 O papel do cônsul britânico, ao menos em teoria ligado ao comércio, consistia na verdade numa grande variedade de encargos, que modificavam-se conforme a localidade na qual servia. Para um estudo sobre o significado e as condições de trabalho consular, ver Platt, D.C.M. *The Cinderella Service*. Londres: Longman Group Ltd, 1971. Há também um interessante artigo de Sibil Jack que discute a importância da atuação local do cônsul para a configuração das políticas imperiais inglesas (Jack, Sibil. "Imperial Pawns: the Role of the British Consul" in: Screuder, Derick M. (ed.). *Imperialisms*. Canberra: Highland Press, 1991, p. 33-57). Esta bibliografia será analisada posteriormente.

11 A primeira destas visitas foi feita quando ele chegou à costa ocidental, entre 27/09 e 02/10 de 1861. Depois, Burton voltou a percorrer sistematicamente os rios em novembro/dezembro de 1861 e outubro de 1862. Apenas em março e abril de 1864 ele voltou a visitar estes locais. Afora estas ocasiões, aparecem em seus papeis enviados ao *FO* apenas algumas outras visitas pontuais à localidades específicas para resolver problemas comerciais.

12 A importância do Esquadrão africano para a política inglesa na África ocidental não pode ser subestimada, e será discutida nos tópicos seguintes.

A África de Richard Francis Burton 49

em navios da Marinha, pois desta forma, segundo ele, poderia atuar de maneira mais eficaz, já que o medo dos cruzadores ingleses parecia-lhe ser o motor do comércio na costa africana neste período.[13] Contudo, com o passar do tempo Burton foi indispondo-se com os oficiais da marinha inglesa, o que tornava cada vez mais difícil conseguir a disponibilidade de algum cruzador e, consequentemente, mais esparsas suas visitas aos Oil Rivers.[14]

Durante seu período como cônsul, Burton esteve quase tanto tempo fora de sua jurisdição em empreendimentos não oficiais quanto em seu posto ou em missões oficiais. Menos de duas semanas depois de chegar em Fernando Pó pela primeira vez, em setembro de 1861, juntou-se a uma missão que dirigia-se para Abeokuta, principal cidade da população Egba.[15] Apesar da missão ser oficial, Burton foi apenas como acompanhante, sem ter pedido permissão antecipada para o Foreign Office (a partir de agora FO), permanecendo em viagem entre outubro e novembro de 1861.

Depois de retornar à Fernando Pó, e visitar os Oil Rivers, ele partiu para realizar outra viagem extra-oficial de exploração das montanhas de Camarões, ainda em 18 de dezembro de 1861, da qual só voltou novamente ao seu posto em meados de fevereiro do ano seguinte.[16] A viagem seguinte de Burton na costa ocidental africana foi realizada entre agosto e setembro de 1862 para a região da cidade de Benim, nova-

---

13 Desde o princípio de seu período como cônsul na África, Burton requisitou um navio de guerra para ficar a sua disposição, entretanto, o FO nunca o atendeu. O primeiro destes pedidos encontra-se em sua correspondência oficial em PRO, FO 84/1147, 04/10/1861.

14 Alguns despachos entre Burton e Russell discutindo as dificuldades com a disponibilidade de navios de guerra são PRO FO, 84/1176 – 26/09/62, e FO 84/1203, 2/02/63 e 8/05/63. Nestes, Burton solicitava a presença de um cruzador de forma permanente na Baía de Biafra, sob pena de uma revivescência do tráfico escravo.

15 Abeokuta localiza-se onde hoje é a região da Nigéria. A localização aproximada desta cidade e das demais localidades mencionadas neste trabalho podem ser vistas no mapa ao final deste texto.

16 Dessas duas primeiras viagens, resultou uma série de textos, alguns manuscritos e outros publicados. Os primeiro deles foram relatórios manuscritos sobre a viagem para Abeokuta e a subida às montanhas de Camarões enviados para o FO, respectivamente, em novembro de 1861 e fevereiro de 1862. (PRO, FO 84/1176 – 20/11/1861 e 22/02/1862). Além destes, foram publicados nos Proceedings of RGS vol. VI, 1861-1862, uma carta sua sobre a viagem à Abeokuta e um artigo sobre a subida das montanhas em Camarões, (Ascent of the Ogun or abeokuta river, p. 64-66 e Ascent to Cameroon mountains, p. 238-248).

50 Alexsander Lemos de Almeida Gebara

mente sem autorização prévia do FO. Desta vez, Burton argumentou que precisou ir imediatamente para a região para resolver um problema entre um comerciante inglês e os nativos, que haviam atacado um estabelecimento comercial. A permanência de mais de duas semanas no local justificou-se pela necessidade do bloqueio do comércio enquanto a situação não era resolvida. Burton aproveitou este período para visitar as cidades de Benim e Wari, além de escalar uma outra montanha.[17]

Em outubro de 1862, Burton cumpriu uma breve visita ao rio Bonny para resolver problemas comerciais. Fez a viagem em navio da *African Steamship Company*, pois não conseguira um cruzador da marinha. Burton deixou novamente a ilha de Fernando Pó em novembro deste mesmo ano para tirar dois meses de licença na Ilha da Madeira. Entretanto, em correspondência ao FO, alegou que a febre amarela na ilha impediu-o de desembarcar e obrigou seu retorno à Londres, destino final do navio em que estava.[18] A permanência de Burton em Londres durante dois meses, entre o final de 1862 e o começo do ano seguinte, foi de grande atividade pois cuidou da publicação de seus dois relatos já escritos e presidiu a reunião de fundação da *London Anthropological Society*.[19]

Após sair da Inglaterra no final de janeiro, Burton despendeu outros dois meses entre Madeira e Teneriffe, em companhia de sua mulher Isabel, e retornou à Fernando Pó apenas no começo de abril de 1863, totalizando quase seis meses de ausência.

O padrão da atuação consular de Burton foi mantido no ano seguinte. O cônsul continuou a viajar sem autorização do FO, embora com menos intensidade do que o ano anterior. Logo em maio, menos de um mês após ter retornado à Fernando Pó, reali-

---

Burton publicou também um livro relatando as duas viagens conjuntamente, intitulado *Abeokuta and the Cameroons Mountains,* Londres: Tinsley Brothers, 1863.

17 Novamente uma série de manuscritos e publicações seguiu-se à viagem. O relatório para o FO foi o primeiro, ainda em agosto (PRO, FO 84/1176, 26/08/1862) e, em seguida, um artigo chamado *Elephant Mountain,* no *Journal of Royal Geographical Society,* 1863, vol. XXXIII, p. 241-50. Além destes, uma série de cartas em forma de narrativa de viagem foram publicadas anonimamente na *Frasers' magazine of Town and Country,* 1863, vol. 57, p. 135-57, 273-89, 407-22.

18 PRO, FO 2/42 – 17/12/62.

19 Uma apreciação detalhada da *London Anthropological Society* encontra-se no terceiro capítulo deste texto.

A África de Richard Francis Burton   51

zou uma pequena viagem extra oficial para Daomé, que durou cerca de uma semana.[20] Já a ausência seguinte seria bem maior: Burton alegou motivos de saúde e partiu em viagem para o rio Congo, tendo permanecido fora de suas funções entre agosto e outubro de 1863.[21] Quando de sua volta para Fernando Pó, Burton encontrou os despachos de Lord Russell, indicando-o para uma missão oficial em Daomé.[22]

A sua última expedição na África Ocidental teve, desta forma, caráter oficial. Burton partiu para sua missão em dezembro de 1863 e só retornou em fevereiro do ano seguinte.[23] O restante de seu período africano foi gasto em uma sistemática visita ao Delta do Níger, que durou mais de um mês entre março e abril de 1864, quando voltou para Fernando Pó. Enfim, alegando novamente motivos de saúde, Burton encaminhou-se para Tenerife em maio, e depois para Londres, de onde não voltaria mais para a África.

---

20 *Houghton Papers*, Trinity College Cambridge, Burton à Milnes, 31/05/1863. O governo britânico também soube desta viagem uma vez que entre os despachos de Burton encontra-se transcrita parte de uma correspondência particular sua enviada da capital do reino de Daomé, na mesma data daquela enviada à Milnes. PRO, FO 84/1203, 31/05/1963.

21 Estranhamente, o relato resultante desta viagem foi publicado apenas em 1876. Dois relatórios foram no entanto enviados ao FO, em novembro e dezembro de 1863. Há também um artigo publicado que foi resultado de notas recolhidas durante esta viagem, intitulado *A Day Amongst the Fans, Anthropological Review*, 1863, vol. 1, p. 43-54. O mesmo artigo reapareceria letra por letra nas *Transactions of Royal Ethnological Society*, 1865, vol. 3, p. 36-47.

22 PRO FO, 84/1203, 23/06/1863. De fato, Burton recebera o primeiro despacho sobre este assunto ainda em agosto, quando estava à caminho do rio Congo, como atesta sua correspondência em PRO, FO, 84/1203, datada de 15/08/1863. Isto entretanto, não o demoveu de sua expedição que, como se viu, durou até outubro.

23 Dessa viagem originou-se uma nova série de textos. Primeiramente, escreveu o necessário relatório consular, enviado em 23 de março de 1864, quando estava realizando a última visita sistemática aos Rios do Óleo (PRO, FO 84/1221, 23/03/1864). Depois deste pode-se mencionar, os textos apresentados às sociedades científicas, começando por "*Notes of Matters Conected with Dahomans*", *Memoirs read before London Anthropological Society*, vol. 1, 1863-4, p. 308-21 e, no ano seguinte, *The Present State of Dahomey, Transactions of Royal Ethnological Society*, vol. III, p. 400-408. Por fim, ainda resta citar o relato em forma de livro publicado originalmente ainda no final de 1864, *A Mission to Gelele, King of Dahome, with Notices of the so called "Amazonas" the Grand Customs, the Yearly Customs the Human Sacrifices, the Present State of the Slave Trade and the Negro's Place in Nature*. 2 vols., Londres: Tinsley Brothers, 1864.

O período de aproximadamente um ano, entre sua chegada na Inglaterra por volta de agosto de 1864 e sua partida para Santos no Brasil, em junho do ano seguinte, para onde foi transferido, foi bastante conturbado para Burton. Cerca de um mês após sua chegada à Londres, a *Royal Geographical Society* marcou um debate entre Burton e Speke para discutir as questões controversas sobre as nascentes do Nilo, que continuavam dominando a geografia inglesa no período. O debate seria mediado por David Livingstone; porém, na véspera da data marcada, Speke sofreu um acidente e faleceu com um tiro de espingarda auto-infligido.[24] Outros dois episódios marcaram o período de Burton em Londres. O primeiro deles começou a transcorrer ainda em maio de 1864, quando Burton nem mesmo havia chegado à Inglaterra. Tratava-se de um processo envolvendo Burton na venda fraudulenta do brigue *Harriet* de propriedade de William Johnson, um falecido mercador de Serra Leoa. Embora Burton tivesse assinado o recibo de venda, o dinheiro não havia sido enviado aos beneficiários, o que originou uma reclamação ao FO, em março daquele ano, e evoluiu para a abertura de um inquérito interno que só terminaria em 1866. Burton alegava que não havia recebido o dinheiro e que o vice-cônsul em exercício na ocasião da venda deveria ser responsabilizado.[25] Sua assinatura no recibo, entretanto, era bastante comprometedora, e para piorar a situação, William Rainy, o advogado africano que representava os beneficiários da herança, escreveu um panfleto bastante virulento contra as atitudes do cônsul inglês neste caso e, principalmente, contra suas representações negativas dos africanos, em especial dos nativos de Serra Leoa. Este panfleto, publicado em Londres, não apenas contribuiu para reafirmar na Inglaterra a imagem de Burton como descrente das possibilidades

---

24 A maior parte dos biógrafos de Burton, entretanto, rejeita a hipótese de acidente, sugerindo que Speke teria cometido suicídio, com medo de enfrentar o articulado Burton num debate. Ainda segundo seus biógrafos, especialmente Edward Rice e Mary Lovell, este incidente teria causado extremo desgosto em Burton, e o marcado para o resto de sua vida. Rice, *Richard Francis Burton...*, e Lovell, Mary. *A Rage to Life*, Nova York: W. W. Norton, 1998.

25 A venda havia se dado exatamente no período em que Burton estava em Daomé em missão oficial e o comerciante Edward Loughland estava atuando interinamente como cônsul.

A África de Richard Francis Burton   53

de civilização da África, mas apresentava-o como irresponsável no cumprimento de seus deveres consulares.[26]

O segundo episódio foi a sua convocação para depor frente ao Comitê Especial da Casa dos Comuns para assuntos coloniais africanos, no início de 1865. Este comitê foi instalado em razão do fracasso da expedição militar contra os Ashantis no ano anterior, que causara a morte de muitos soldados ingleses, e das crescentes despesas com a administração colonial na costa ocidental africana. Burton foi inquirido sobre a situação das colônias britânicas e sobre as áreas onde o comércio inglês era importante, mas também houve questionamentos sobre sua opinião a respeito do "caráter" do africano, mostrando conhecimento por parte de alguns parlamentares acerca das polêmicas representações de Burton em seus relatos e artigos. As suas respostas pareceram causar certa apreensão por parte dos parlamentares, em especial seu projeto de estabelecer algum tipo de "imigração livre" dos africanos para as colônias inglesas na América.[27]

Entre as décadas de 1850 e 1860, as ideias inglesas sobre a política a ser adotada com relação à África estavam passando por um período de transformações. De uma crença em políticas humanitárias, que propunham a intervenção como forma de "civilizar" os africanos através da cristianização e educação dos nativos, a qual prevalecera durante a primeira metade do século XIX, caminhava-se para o discurso de que o livre-comércio e a intervenção mínima era a forma mais adequada de

---

26 O panfleto de Rainy tem um título auto-explicativo: *The censor censured, or the calumnies of Captain Burton on the Africans of Sierra Leone, refuted, and his conduct relative to the purchase money of the brig Harriet, tested and examined upon official and public documents of unquestionable authority. Also an enquiry into an ordinance, suggested in Captain Burton's book and carried out by Major Blackall, gov of Sierra Leone, which in its operation exhibits a want of confidence in the judicial character of the chief justice of the colony, and which is contrary both to the laws of England and the charter of justice granted to the colony in 1863.....,* Londres: Geo. Chalfont, 1865. O resultado do processo interno foi a condenação de Burton, que teve que pagar a importância relativa à venda do barco aos beneficiários da herança. Um conjunto completo dos documentos referentes ao caso encontra-se no PRO, FO 97/438.

27 Uma análise mais detida da instalação deste comitê, bem como do depoimento de Burton encontra-se no último capítulo deste texto. Os trabalhos completos do comitê, encontram-se em *British Parliamentary Papers*, 1865, vol. 5.

54   Alexsander Lemos de Almeida Gebara

lidar com o continente africano, diminuindo os gastos administrativos e ampliando as remunerações comerciais.[28] Entretanto, mesmo com o discurso do livre-comércio ganhando terreno frente à ideologia humanitária, as ações intervencionistas continuavam a ser adotadas na prática, contando inclusive com anexações territoriais importantes,[29] mostrando dessa forma uma diferença significativa entre o discurso oficial e a prática imperiais inglesas no período. A mudança formal no discurso britânico sobre o modelo de atuação do império necessariamente foi acompanhada por uma transformação nas representações dos africanos em geral. Passava-se na Inglaterra de uma etnologia histórica e linguística, à uma antropologia física e racialista, que seria instrumento ideológico importante na legitimação do domínio colonial de fato, que se estabeleceu no final do século xix em toda a África.

A análise da atuação de Burton num período de reconfiguração das representações sobre o continente africano coloca-se, então, como muito pertinente. Suas concepções sobre os "selvagens", sofreram significativas alterações entre as décadas de 1840 e 1860 como foi possível notar no tópico anterior, e essas alterações esta-

---

28 Para discussões acerca dessas transformações, bem como sobre a atuação prática da Inglaterra quanto à política imperial e colonial, ver dentre outros: Curtin, Phillip, *The image of Africa. British Ideas and Action, 1780 1850*. Londres: MacMillan & Co., 1965; Farnsworth, Susan. *The Evolution of British Imperial Policy during the Mid Nineteenth Century, A Study of the Peelite Contribution, 1846-1874*. Londres: Garland Publishing, 1992; Dike, K. *Trade and Politics in the Níger Delta 1830-1885*. Oxford: Clarendon Press, 1956; Hargreaves, John. *Prelude to Partition of West Africa*, Londres: MacMillan, 1966; McYntire, W. *The Imperial Frontier in the Tropics, 1865-75, a Study o British Colonial Policy in West Africa, Malaya and the South Pacific in the Age of Gladstone and Disraeli*. Londres: MacMillan, 1967; Nzemeke, Alexander, *British Imperialism and West African Response, the Níger Valley 1851-1905*. Paderborn: Schöning, 1982; Parsons, Timothy. *The British Imperial Century, 1815-1914*. Oxford: Rowman and Littlefield Publishers, 1999.

29 Para notar as ações intervencionistas, ver principalmente Dike, *Trade and Politics...*, e Biobaku, *The Egba and their Neighborhood, 1842-1872*. Oxford: Clarendon Press, 1957; Hargreaves, John, *Prelude to partition of West Africa...*; Newbury, C. W. *The Western Slave Coast and its Rulers, European Trade and Administration Among the Yoruba and Adja Speaking Peoples of South Western Nígeria Southern Dahomey and Tog.*, Oxford, Clarendon Press, 1961.

A África de Richard Francis Burton   55

vam claramente ligadas, tanto ao repertório científico/cultural inglês, quanto às experiências específicas de contato com as regiões periféricas.[30] O enfoque deste trabalho está nas relações entre as imagens discursivas produzidas na Inglaterra a respeito da África Ocidental e as ações políticas inglesas para a região. Dessa forma, é preciso pensar os enunciados de Burton e suas representações como partícipes da constituição do discurso sobre o continente africano na Inglaterra, ou seja, como essas representações se articulam dentro de discursos mais amplos produzidos, por exemplo, por disciplinas científicas tais como a geografia e a antropologia.

Por outro lado, também é necessário refletir sobre a relação entre os textos de Burton e própria ação política imperialista inglesa na África, mostrando como há uma clara conexão entre as opiniões e sugestões políticas do autor e suas enunciações nos mais variados registros, desde suas cartas pessoais, passando por seus relatórios consulares e pelos relatos de viagem, trazendo assim, a ideologia política do autor para a arena da análise de suas representações.

Os escritos de Burton mostram-se como lugares privilegiados para estudar as relações apontadas acima uma vez que o autor esteve ligado à várias instâncias da produção de conhecimento sobre a África durante o período analisado. Foi membro da burocracia imperial na função de cônsul britânico na Baía de Biafra, participante das sociedades geográfica e antropológica inglesas e, finalmente, foi também renomado escritor de relatos de viagem. Desta forma, o autor esteve relacionado à esfera oficial da administração inglesa, ao campo científico de produção de conhecimento sobre a África, e ao público inglês, um pouco mais amplo, de leitores de relatos de viagem.

A riqueza de seus escritos também se deve ao fato de Burton ter sido um homem de considerável erudição, que se movimentava no interior de um vasto repertório de representações, desde a filologia comparada até a frenologia e antropologia física.

Estas múltiplas facetas de Burton, ampliam as possibilidades de análise, uma vez que se pode comparar, tanto formalmente, quanto em termos de conteúdo, diferentes esferas de sua produção textual, quais sejam, os relatórios consulares enviados ao FO, os artigos científicos e os relatos de viagem. As diferentes fun-

---

30 Para uma apreciação sobre as transformações nas descrições populacionais de Burton, ver: Gebara, Alexsander. "A Experiência do Contato, As Descrições Populacionais de Richard Francis Burton", *Revista de História*, n. 149, 2003, p. 181-210.

56 Alexsander Lemos de Almeida Gebara

ções e propósitos destes textos, bem como seus variados espaços de circulação e públicos-alvo, geram características distintas em cada tipo de enunciado, que analisados comparativamente podem auxiliar na avaliação das concepções e projetos de Burton para a África Ocidental.

Via de regra, como se pôde notar na apresentação biográfica do período africano de Burton, seus textos passavam por diferentes registros. Em primeiro, os próprios cadernos de anotação de Burton aos quais infelizmente não foi possível ter acesso.[31] Em segundo, os relatórios consulares, os quais, por sua vez, eram editados e apresentados anualmente ao parlamento inglês pelo próprio secretário de relações exteriores.[32] Em seguida, geralmente eram escritos os artigos para as sociedades científicas. Estes textos são claramente baseados nos relatórios enviados ao FO, entretanto, apresentam diferenças conforme o caráter da sociedade em questão.[33] Tais diferenças mostram, portanto, as variações na concepção de ciência para o autor. Um estudo mais detalhado do conteúdos dos artigos aponta não apenas para a relação de Burton com estas sociedades, mas também com conceitos de "conhecimento científico" e "administração imperial", os quais estão intimamente ligados para o autor e para as sociedades científicas de forma geral.

Finalmente, frente à análise destes textos, um estudo dos relatos de viagem de Burton pode mostrar como as representações presentes nestes são "construções", que compreendem um jogo de representações no qual estão presentes as opções políticas de Burton, suas concepções de ciência, as ideias que relacionam "conhecimento" e "poder" e suas preocupações com o mercado editorial. Um estudo deste corpo de fontes revela como textos formadores da opinião pública, em maior ou menor grau, estão diretamente ligados à experiência de seu autor nas regiões de

---

31 Na verdade, não foi possível encontrar estes *notebooks*. Aparentemente eles foram perdidos, ou estão em coleções particulares às quais não tive acesso.

32 As diferenças entre os relatórios originais e os editados e apresentados nos chamados *Parliamentary Papers* mostram o cuidado com o qual o FO montava "seu" próprio discurso para legitimar ou explicar sua atuação direta na África.

33 Neste trabalho, foram analisados principalmente textos enviados à *Royal Geographical Society, London Anthropological Society,* e *Royal Ethnological Society.*

A África de Richard Francis Burton 57

contato e a sua participação na configuração das atitudes do governo inglês para com a África no período.

Para uma análise efetiva das fontes, entretanto, fazem-se necessárias considerações, ainda que breves, sobre a relação da Inglaterra com a África Ocidental ao longo do século XIX, bem como uma apresentação mais detida dos lugares nos quais Burton viajou e atuou como cônsul britânico na África Ocidental. Estes são os objetos da próxima parte deste trabalho.

2. Contextualizando o autor e seu espaço

Contextualização da relação entre Inglaterra e África Ocidental

O termo África Ocidental tem um significado relativamente estrito para a Inglaterra. Longe de representar toda a costa atlântica africana, os documentos ingleses do século XIX referem-se apenas à algumas regiões específicas, sobre as quais a influência britânica se fazia sentir, quer sob a forma de território ocupado ou como local de alguma importância comercial.

De fato, no início do século XIX, não haviam muitas possessões inglesas na região. Serra Leoa, a primeira colônia africana do século, foi fundada em 1808, quando o governo britânico tomou para si o trabalho de administração de um assentamento pre-existente. Os primeiros assentados haviam chegado ao local por volta de 1787, como resultado do esforço da Inglaterra de retirar os ex-escravos da América do Norte, que haviam fugido de seus senhores para juntarem-se ao exército britânico durante a guerra de Independência, entre 1775 e 1783, e que encontravam-se em situação de extrema pobreza na Europa.

Entretanto, apesar do financiamento do governo britânico, o objetivo inicial explícito do assentamento, tal como projetado pelo abolicionista Granville Sharp, era de estabelecer uma comunidade com autogoverno, completamente independente, tanto política quanto economicamente, da Inglaterra. O fracasso nos primeiros anos, bem como nas seguintes tentativas de estabelecer uma colônia como empreendimento comercial durante a década subsequente, levou finalmente o governo inglês a assumir o controle da região após a abolição do tráfico escravo em 1807. Serra Leoa foi a partir de então uma das principais bases do esquadrão britânico de combate ao tráfico de escravos que operou na costa africana ao longo de praticamente todo o século XIX.[1]

Segundo Curtin, o fracasso do estabelecimento de Serra Leoa como um assentamento africano autogovernado, oriundo das concepções humanitárias de seus idealizadores, teve como consequência uma mudança inicial nas prospecções bri-

---

[1] Fyfe, Christopher "Freed Slave colonies in West Africa", in: Flint, J. (ed.) The Cambridge History of Africa, Cambridge: Cambridge University Press, 1976, p. 170 e seguintes.

62   Alexsander Lemos de Almeida Gebara

tânicas a respeito das possibilidades "civilizacionais" africanas ainda no alvorecer das ideologias filantrópicas relacionadas à África. De acordo com este autor,

> A mudança na atitude humanitária entre 1788 – 1808 foi de um ponto de vista apenas uma mudança súbita no balanço de opiniões, mas suas consequências foram mais sérias. Um dos poucos grupos na Bretanha que havia se esforçado para compreender e defender a cultura africana passou para a oposição. A garantia restante de igualdade espiritual não foi suficiente para prevenir uma mudança mais ampla na opinião Britânica nos círculos não humanitários, onde a promessa e implicação de igualdade espiritual não tinha tanto peso.[2]

Mas não era apenas à Serra Leoa que se restringia a atenção da Inglaterra no início do século XIX. Postos comerciais britânicos encontravam-se dispersos por toda a costa e datavam do auge do tráfico escravo. Entretanto, a relação comercial era em grande parte uma iniciativa que não demandava interferência importante do governo inglês neste momento. Durante boa parte da primeira metade do século XIX, o padrão comercial continuou nos mesmos moldes do tráfico de escravos. A forma básica de funcionamento dessas relações era o estabelecimento de fortificações na costa, nas quais uma pequena quantidade de europeus comprava a mercadoria africana em troca de bens manufaturados europeus – principalmente armas de fogo – e de aguardente e fumo oriundos da América. Essas fortificações, algumas sob controle do estado britânico e outras totalmente privadas, não tinham nenhum direito de propriedade estabelecido sobre o solo no qual estavam edificadas, ao contrário, pagavam pelo direito de utilização do espaço preservando de certa forma a "soberania" africana sobre a terra. A relação entre as partes comerciantes, neste sentido, não implicava em nenhuma deferência especial por parte dos africanos e parecia representar uma atividade de interesse de ambas as partes negociantes.[3]

---

2 Curtin, Philip. *The Image of Africa. British Ideas and Action, 1780 1850*. Londres: MacMillan &co 1965, p. 139.

3 Esta relação, como se verá, tornar-se-ia mais complexa com o aumento da pressão inglesa para fim do tráfico e com as transformações internas nos estados costeiros africanos em busca de mante

A África de Richard Francis Burton   63

Após a abolição do tráfico escravo pela Inglaterra em 1807, teve início a atuação de um esquadrão da marinha britânica na costa africana, que em meados do século passou a influenciar na dinâmica comercial estabelecida. Segundo Philip Curtin, a ação da marinha inglesa teve início durante as guerras napoleônicas, apreendendo navios inimigos, escravistas ou não. Quando, porém, encontravase escravos a bordo, estes eram enviados para serem libertos em Serra Leoa. Depois do final da guerra na Europa, devido a grupos de pressão humanitários e interesses de liberais radicais, a Marinha britânica continuou atuando – com a criação oficial do esquadrão da África Ocidental em 1827 – cada vez com mais intensidade, até a década de 1860. Além do combate ao tráfico, a marinha inglesa seria com frequência empregada, principalmente a partir da década de 1940, como instrumento de coerção contra estados costeiros africanos em favor de comerciantes ingleses na região – entre a Costa do Ouro e a ilha de Fernando Pó, um pouco abaixo da embocadura do rio Níger.

A relação inglesa com a África Ocidental, nas primeiras décadas do século XIX, tinha como principais elementos a colônia de Serra Leoa, a atuação da marinha britânica em combate ao tráfico escravo e o chamado "comércio lícito" – principalmente de óleo de palma (azeite de dendê) – que tentava substituir o tráfico escravo do século anterior. Apesar disso, Curtin argumenta que o interesse britânico na região tendeu a diminuir cada vez mais após o final do século 18, até o ápice do desinteresse marcado pelo relatório do comitê parlamentar da Casa dos Comuns sobre a política para a África Ocidental, em 1830. O relatório apresentava conclusões que aconselhavam a retirada total da população britânica em Serra Leoa, mantendo um mínimo de pessoal para a administração. Assim, além da própria Serra Leoa, e de algumas fortificações mantidas pelo governo na Costa do Ouro até 1828, apenas o esquadrão de combate ao tráfico continuava como parte realmente ativa do estado britânico na região.[4]

---

o comércio escravo ou de adaptarem-se às novas demandas europeias. Sobre as transformações nestas relações comerciais, ver, dentre outros: Dike, *Trade and Politics...*, Law, R. *From slave trade to 'legitimate' commerce, the commercial transition in nineteenth century West Africa.* Cambridge: Cambridge University Press, 1995. Manning, Patrick, "Slaves, Palm Oil, and Political Power on the West African Coast". *African Historical Studies,* vol. 2, n. 2, 1969, p. 279-288.

4 Curtin, Philip. *The Image of Africa...*, p. 140-177.

64 Alexsander Lemos de Almeida Gebara

Apesar deste aparente pequeno interesse, diversas expedições ao interior, por via fluvial, foram realizadas, quase sempre por oficiais britânicos, nas primeiras décadas do século. Essas expedições, juntamente com a atuação da marinha na costa – apesar desta nem sempre ter acontecido em termos amistosos – iniciou uma interação entre ingleses e nativos, que fica clara no resultado da expedição dos irmãos Lander em 1830 a qual finalmente resolveria a questão geográfica sobre o curso do rio Níger. Segundo Nzemeke, não fosse a cooperação dos chefes africanos locais, com fornecimento de animais de carga e até mesmo barcos para os membros da expedição, não teria sido possível a consecução dos objetivos planejados. E esta colaboração, por sua vez, só aconteceu devido ao intercurso prévio entre ingleses e africanos.[5]

Esta determinação mais exata do curso do Níger pela expedição dos irmãos Lander, embora não tenha influenciado imediatamente o governo, deu início a uma série de expedições privadas com objetivos comerciais. Tal como a da *African Inland Commercial Company*, que, como o nome já explica, tinha interesse em desenvolver o comércio no interior. Financiada por Macgregor Laird, a companhia demonstrou a navegabilidade do rio em 1832-1833 por barcos à vapor construídos especificamente para a tarefa, mas a mortalidade entre os europeus foi assustadora, e em termos comerciais a expedição fracassou, não conseguindo estabelecer os resultados que esperava. Outra expedição comercial foi realizada em 1835 sob comando de um mercador inglês, que já atuava na costa africana, chamado John Beecroft. Novamente, o curso do rio foi navegado por vapor inglês, confirmando a possibilidade de tal navegação. Entretanto, o sucesso comercial esperado através do intercurso com o interior novamente mostrou-se impossível neste momento.[6]

---

5 Nzemeke, A. *British Imperialism and African Response, the Níger Valley, 1851 – 1905*. Paderborn: Schöning, 1982, p. 41. Apesar desta "colaboração", houve ao menos uma tentativa por parte de um chefe africano de impedir o prosseguimento da viagem dos Lander. Mbaeyi, Paul Mmega. *British Military and Naval Forces in West African History 1807-1874*. Londres: KOK Publishers, 1978, p. 21. descreve o ataque na foz do Níger com canoas de guerra nativas. Dike, por sua vez, argumenta que os chefes africanos costeiros, que serviam de intermediários entre os europeus e o interior africano, buscavam impedir sempre que possível a penetração para o interior, como forma de manter seu mercado. Dike K. O. *Trade and Politics...*

6 Curtin, Philip. *The Image of Africa...*, p. 297-299.

A África de Richard Francis Burton   65

Mas as falhas nas expedições para o interior não retiram a crescente importância que a região do Delta do Níger assumiu no comércio com a Inglaterra. O comércio de óleo de palma apresentou grande desenvolvimento durante o período, apesar de a região continuar sistematicamente comerciando também em escravos. Após uma significativa, porém breve, queda nos anos seguintes à sua abolição pela Inglaterra, o tráfico continuaria forte ao menos até o início da década de 50.[7] Segundo K. Dike, os antigos escravistas ingleses possuíam muito capital investido na região do Delta – com navios, barracões e crédito aos chefes africanos locais – para cogitarem abandonar a costa. A busca por outras mercadorias comerciáveis durou algum tempo, mas ainda na segunda década do século, começaram as importações mais significativas de óleo de palma. Graças à crescente demanda de óleo na Inglaterra para lubrificação de máquinas, o produto atingiu preços interessantes no mercado e o crescimento das transações com esta mercadoria foi muito grande, passando de um incipiente volume, em 1813, para quase 14 mil toneladas em 1834, num valor aproximado de 450 milhões de libras.[8]

De fato, as expedições planejadas para o interior africano via rio Níger, na década de 1830, tinham por objetivo explícito de seus promotores difundir o co-

---

7 De acordo com Lovejoy e Richardson, uma crise se fez presente no comércio de escravos, na região das Baías de Benim e Biafra, na década seguinte à declaração do final do tráfico na Inglaterra, tendo ambos, o preço e a quantidade de escravos embarcados, caído pela metade. Entretanto, uma recuperação nas duas estatísticas para níveis equivalentes aos do final do século XVIII completa-se ainda na década de 1820 e permanece relativamente estável até a década de 50. Lovejoy P.; Richardson, D., *The Initial Crisis of Adaptation: the Impact of British Abolition on the Atlantic Slave Trade in West Africa*. In: Law, R. From Slave Trade to 'Legitimate' Commerce, the Commercial Transition in Nineteenth Century West Africa, Cambridge: Cambridge University Press, 1995, p. 32-56.

8 Dike, K., *Trade and Politics...*, p. 47-64. A questão, contudo, é relativamente controversa. Estudos mais recentes demonstram que o comércio de óleo de palma já tinha alguma importância no século XVIII, sendo utilizado como alimento nos navios escravistas. Além disto, segundo Martin Lynn, a estrutura do comércio de óleo de palma era exatamente a mesma do comércio escravista anterior, sendo realizado pelas mesmas pessoas e apresentando "os mesmos mecanismos de comprar e vender, a mesma utilização de unidade de medida (*unit of account*), o mesmo processo de barganha, a mesma dependência nos atravessadores costeiros (*brokers*), e o mesmo uso da consignação de mercadoria (*trust*) aplicado para ambos, escravos e óleo de palma" Lynn, M., *The West African Palm Oil trade in the Nineteenth Century and the 'Crisis of Adaptation'*. In: Law, R. From Slave Trade to 'Legitimate' Commerce, the Commercial Transition in Nineteenth Century West Africa, Cambridge: Cambridge University Press, 1995, p. 57-77.

66   Alexsander Lemos de Almeida Gebara

mércio no interior do continente, associando-se às ideologias humanitárias com forte influência política no governo inglês do período, que sugeriam que a "civilização" da África se daria através da presença do comércio europeu juntamente com a influência da pregação cristã. Porém, a possibilidade da consecução destes objetivos contrariava os interesses dos mercadores de Liverpool estabelecidos no Delta, bem como dos governantes locais, que funcionavam como atravessadores entre os comerciantes europeus e os centros produtores do interior, numa configuração oriunda do comércio escravo nos séculos anteriores e que, ainda segundo Dike, tinha sido o próprio motor econômico da reestruturação destes pequenos estados costeiros.

Segundo Curtin, a influencia humanitária, entretanto, ganhava força na Inglaterra especialmente no decorrer do período entre 1830 e 1850. Desde 1836, a visão humanitária tomaria conta do *Colonial Office*, grande parte em razão da atuação de James Stephan, como subsecretário permanente. Stephan já tinha uma história de combate ao tráfico desde a década anterior, e permaneceria no posto pelos 11 anos seguintes, até 1847.

Assim, a pressão humanitária ecoava nos altos quadros da administração, ao mesmo tempo em que também estava presente no parlamento uma forte tendência liberal, que via no livre comércio as oportunidades para desenvolver, cada vez mais, a potencialidade econômica britânica e apregoava uma interferência cada vez menor do estado nas relações comerciais, à exceção do tráfico escravo.

Além disto, um período longo de paz para a Inglaterra, entre o fim das guerras napoleônicas, em 1815, e a guerra da Crimeia, na década de 1950,[9] tornava possível colocar em prática o policiamento naval na costa africana e oferecia tempo para a diplomacia britânica trabalhar em busca de tratados internacionais de combate ao tráfico.[10] Na conjuntura, em oposição ao pequeno número de súditos britânicos brancos assentados em toda a costa, que não ultrapassava 300 homens, o contingente do esquadrão naval africano chegava a ter em seus quadros entre 1500 homens.

Desta forma, num contexto de forte influência humanitária e abolicionista, atuação do esquadrão africano, ideologia liberal e relativa tranquilidade internacional,

---

9 Com exceção talvez da Guerra do Ópio com a China no início da década de 1840.

10 Curtin, Philip. *The Image of Africa...*, p. 289 e seguintes.

A África de Richard Francis Burton   67

Thomas Fowell Buxton apresentou ao parlamento, em 1839, seu plano para minar o tráfico atlântico de escravos.[11] O plano de Buxton argumentava que apenas a atuação do esquadrão de combate ao tráfico estava sendo insuficiente para conter o aumento do fluxo escravista para a América. Suas sugestões de atuação tinham um caráter relativamente intervencionista, que recomendava a interferência direta e presencial do governo inglês no estímulo ao desenvolvimento comercial e agrícola, em conjunto com a presença do esquadrão e, enfim, a presença efetiva da atividade missionária como forma de auxiliar na cristianização. O caráter intervencionista da proposta de Buxton encontrou oposição no governo, e mesmo dentro do *Colonial Office*. James Stephan, apesar de abolicionista, era abertamente contrário à qualquer intervenção na África e dizia, ainda em 1840, que se a Inglaterra "pudesse adquirir o domínio de todo aquele continente [África], não seria mais do que uma possessão sem valor".[12]

Entretanto, o plano, apesar de ter sofrido algumas modificações, foi aprovado no parlamento tendo conseguido o importante apoio de Russell – um dos principais quadros do partido Whig e secretário do *Colonial Office* entre 1839-41 e entre 1846-52. Uma expedição foi organizada para fazer o reconhecimento da região do Níger e estabelecer o contato a partir do qual seria estruturada a ação governamental inglesa nos tópicos mencionados por Buxton em sua proposta, quais sejam, de desenvolvimento agrícola, comercial e de atividades missionárias. Assim, a expedição partiu em 1841, ainda durante o governo liberal de Melbourne como primeiro ministro (1839-41).

Ainda segundo Curtin, o resultado deste empreendimento foi algo contraditório. Apesar da expedição ter conseguido realizar praticamente todos os objetivos de mapeamento e coleta de dados aos quais se dispusera, a mortalidade europeia continuava muito alta. Em meio aos trabalhos da expedição, caiu o gabinete de Melbourne e assumiu Peel como primeiro ministro com Edward Henry Stanley – político conservador – no *Colonial Office* (1841-46), que estavam muito menos dispostos a sustentar qualquer ação intervencionista na África. Como resultado desta mudança na posição do governo, e da alta mortalidade nos primeiros meses

---

11 A apresentação do projeto de Buxton está baseada principalmente no livro de Curtin, *Image of Africa...*, especialmente no capitulo 12, "A Era da Expedição do Níger".

12 *Apud* Hargreaves, John. *Prelude to Partition of West Africa* ..., p. 38.

68   Alexsander Lemos de Almeida Gebara

da expedição, foi ordenado que todos retornassem à Inglaterra, antes da conclusão planejada para o ano seguinte.

Esta interpretação da expedição do Níger – apresentada por Curtin como o acontecimento-chave para compreensão da atuação e desenvolvimento da política inglesa com relação à África Ocidental na metade do xix – enfatiza o papel das pressões humanitárias realizadas pelos abolicionistas na Inglaterra, que paradoxalmente atuavam em conjunção com ideais liberais. O paradoxo deve-se ao fato de defenderem a "intervenção" como instrumento para estabelecimento do "livre-comércio". Segundo William Green, entretanto, Curtin não dedicou a devida atenção a um lobby muito mais poderoso no parlamento de então, qual seja, o dos proprietários de terras e investidores nas colônias inglesas na América.[13] Diferentemente da África Ocidental, a população europeia nas colônias americanas era significativa, e o investimento de capital também. Com relação às colônias americanas, o escrúpulo filantrópico teria sido importante sim, mas na década anterior, que culminara com a proibição do trabalho escravo em 1833. O projeto ideológico humanitário por trás da abolição da escravidão nas colônias era a defesa de que um aumento de produtividade nas possessões inglesas produtoras de açúcar, movidas à trabalho livre, serviria de exemplo para as regiões que continuassem escravistas.

O fracasso da experiência com trabalho livre nas colônias inglesas na América, com a queda de produtividade e de competitividade no mercado internacional de açúcar foi o que, segundo Green, fez Buxton voltar sua atenção para a África, e mais especificamente para o tráfico escravo. Mas mesmo dentro da *Anti Slavery Society,* a opinião não foi unânime a favor do plano intervencionista de Buxton. Um amplo setor da sociedade defendia "seus compromissos com princípios morais, religiosos e *pacíficos* contra o plano", baseado em ação repressora do esquadrão naval de combate ao tráfico e em tratados *forçados* com os pequenos estados africanos.[14]

---

13 Green, William. "The West Indies and British West African policy in the Nineteenth Century – A Corrective Comment". *The Journal of African History,* vol. 15, n 2, 1974, p. 247-259.

14 Green, W. *The West Indies...,* p. 254. O argumento é que ações intervencionistas do esquadrão africano, e mesmo a aceitação de financiar o plano da expedição de Buxton é mais credor da pressão pelo combate ao tráfico por parte dos fazendeiros nas Índias Ocidentais do que ideologias filantrópicas

A África de Richard Francis Burton   69

A despeito de quais tenham sido as motivações do governo para financiar e susten-tar a expedição para o Níger, o empreendimento parece ter tido consequências impor-tantes para a relação Inglaterra-África Ocidental. Apesar do resultado oficial ter sido considerado um fracasso em razão da alta mortalidade, o volume de dados amealhados pelos membros da expedição proporcionou um conhecimento muito mais detalhado sobre o Delta do Níger e as regiões à margem do rio para o interior, em especial sobre assuntos comerciais e a estrutura política das comunidades nativas. Este maior conhe-cimento estimulou novos empreendimentos comerciais ao longo de toda a década de 1840, bem como um aumento expressivo das atividades missionárias não apenas no Delta do Níger, mas em toda a costa entre Serra Leoa e Camarões.

O aumento de relações comerciais e missionárias da Inglaterra na costa ocidental africana levaria finalmente o *Foreign Office* a indicar um cônsul para a região em 1849, estabelecido na ilha de Fernando Pó. Não por acaso, o nome escolhido foi John Bee-croft residente na ilha, que já atuava como comerciante e tinha conhecimento pessoal, devido ao intercurso comercial, de boa parte dos chefes africanos mais influentes na região do Delta do Níger e circunvizinhanças. Beecroft tinha começado a atuar em Fer-nando Pó ainda em 1829, e tornara-se nas palavras de Dike, "uma verdadeira instituição na Baía de Biafra". Ele fez parte de várias das expedições particulares de exploração das redondezas desde a década de 1830 além de ter participado da própria expedição governamental em 1841, e tinha sido apontado governador da ilha de Fernando Pó pela Espanha, quando esta resolveu reassumir a sua soberania em 1843.

Significativamente, a sua nomeação como cônsul em 1849 continha um pará-grafo riscado por Lorde Palmerston, então no *Foreign Office*. O parágrafo excluído era o seguinte:

> O governo de sua majestade ao estabelecer este consulado nas Baías deBe-nim e Biafra não tem intenção de procurar ganhar possessões, quer por com-pra ou de outra forma, de qualquer porção do continente africano nestas partes, e nas ilhas vizinhas.[15]

---

influentes no parlamento inglês. De qualquer forma, o próprio Green sugere que o governo de Mel-bourne passava por um momento de fragilidade e necessitava do apoio de humanitários e radicais no parlamento, acedendo à proposta de Buxton para granjear este apoio.

15 Dike, *Trade and Politics...*, p. 95.

70   Alexsander Lemos de Almeida Gebara

A atuação de Beecroft nos anos seguintes revelou, de fato, uma faceta bastante agressiva quanto à interferência nos assuntos internos dos pequenos estados costeiros e suas adjacências. Ainda em 1849, o recém-nomeado cônsul Beecroft foi em missão para o reino de Daomé, visando conseguir um tratado com rei Gezo para pôr fim ao tráfico escravo, o que não conseguiu.

Entretanto, segundo Curtin, a "ação decisiva" aconteceu em 1851: um ataque do esquadrão naval britânico ao porto de Lagos e a substituição do rei local por um mais amigável à Inglaterra.[16] Lagos era o porto de escoamento mais fácil para os produtos de Abeokuta, pois este podia ser efetivado via rio Ogun, que ligava o interior à costa. Entretanto, a intensa atividade escravista ali impedia este escoamento, obrigando que este tivesse que ser realizado por outros portos, especialmente Badagri, implicando num deslocamento muito mais difícil.[17]

Por volta dessa época já havia um intercurso relativamente grande entre os Egbas de Abeokuta e a Inglaterra, em razão do estabelecimento, desde 1842, de missões evangélicas naquele local. A gota d'água para a decisão da intervenção foi a reclamação do reverendo Henry Towsend, que perguntava se poderia a Inglaterra "ficar apenas olhando os barracões de escravos serem preenchidos com cristãos, que se tornaram verdadeiros amantes do evangelho inglês?". Towsend foi o encarregado de fundar a primeira missão anglicana em Abeokuta, no interior da África Ocidental, e exerceu grande influência na relação entre esta cidade e a Inglaterra nas décadas de 1840-50. Desta forma, nas palavras de Curtin:

> A despeito de quão firmemente o governo (britânico) tenha decidido em 1842 retirar-se do Níger, dentro de uma década eles estavam firmemente estabelecidos na Baía de Benim.[18]

---

16 Importante lembrar que apesar de contar com a força de um cruzador de guerra a vapor, neste caso o navio *"Bloodhound"*, a deposição de Kosoko, governante de Lagos, não se deu sem resistência. Smith, Robert. "The Lagos Consulate, 1851-1861: An Outline. *The Journal of African History*, vol. 15, n 3, 1974, p. 393-416. Mais a frente este episódio será discutido com um pouco mais de vagar.

17 Newbury, C. W., *The western Slave Coast and its Rulers...*, p. 49 e seguintes.

18 Curtin, Philip. *The Image of Africa...*, p. 315.

A África de Richard Francis Burton   71

O que se depreende da relação entre a Inglaterra e a África Ocidental no período que antecede à década de 1850 é que, ao mesmo tempo em que transparece uma falta de interesse no discurso oficial britânico para intervir ativamente na região, é perceptível uma política prática que caminhava para uma intervenção cada vez maior. Esta prática se coaduna em grande parte, embora não totalmente, com a ideia das forças políticas humanitárias e abolicionistas, que exerciam grande pressão sobre a opinião pública inglesa no período.

Ao mesmo tempo, ações particulares ou de firmas de comércio, sem suporte oficial do governo, realizavam expedições constantes ao interior africano, especialmente via rio Níger, o que começou a criar certa animosidade para com os chefes costeiros e comerciantes ingleses remanescentes do tempo do comércio escravista que se aproveitavam da estrutura longamente estabelecida. Estes comerciantes eram secundados por missionários que começavam a se estabelecer na costa e em alguns lugares no interior, em especial entre os Egba, cuja capital era Abeokuta.

Nos anos seguintes, o parlamento e o discurso oficial do governo britânico continuaram pregando uma interferência cada vez menor na África, discurso este facilitado inclusive pela diminuição da importância da "bancada humanitária" na política inglesa.[19] Com o final da predominância humanitária, o projeto político liberal da "Escola de Manchester" assumiu proeminência no parlamento. Segundo esta perspectiva, o livre-comércio era a forma mais adequada de lidar com questões internacionais em geral. Entretanto, não se pode afirmar que esta política de livre-comércio fosse totalmente não intervencionista. Embora parlamentares liberais radicais, como Richard Cobden, por exemplo, argumentassem que os gastos coloniais eram despesas desnecessárias e, portanto, que as ações anexacionistas deviam ser evitadas a todo

---

19 Segundo Curtin, "a dominância humanitária na política britânica chegou ao fim" justamente no início da década de 1850. Curtin, P. *The Image of Africa...*, p. 317. A política humanitária tradicionalmente aparece associada com objetivos intervencionistas ao menos no curto prazo, como força importante no parlamento. Como foi possível perceber, entretanto, há críticas a interpretações sobre a importância da influência da filantropia britânica anti-escravista no discurso oficial do governo inglês (Green, *The West Indies and British West African policy...*) o que parece corroborar com a enunciação de uma política não intervencionista para a África Ocidental mesmo antes da década de 1850.

Alexsander Lemos de Almeida Gebara

custo, os mesmos frequentemente defendiam que a Inglaterra utilizasse a força para compelir estados relutantes a aderirem às propostas comerciais inglesas.[20] A discussão da historiografia é bastante ampla sobre um suposto interregno "anti-imperialista" britânico, entre as décadas de 1840 e 1860, resultante desta orientação liberal. Segundo Susan Farnsworth, a interpretação ortodoxa que caracteriza o período como sendo marcado por um sentimento predominantemente anti-imperialista não se sustenta.[21] Desde a década de 1950, com o artigo clássico de Gallagher e Robinson, *Imperialism of Free Trade,* historiadores vêm argumentando sobre a continuidade de expansão imperialista, ainda que não sob a forma de anexações territoriais diretas, mas apenas com a ampliação da esfera de influência econômica britânica, baseada na superioridade do comércio, da indústria e do sistema financeiro da Inglaterra.[22] Entretanto, desde a década de 1830 até a de 1860, a dinâmica de atuação da Inglaterra pareceu ser cada vez mais intervencionista para a região da África Ocidental. Inúmeros exemplos de atitudes nesse sentido podem ser mencionados, tais como a troca forçada do regente de Bonny Town em 1837,[23] e seguidas demonstrações de força por parte do esquadrão ocidental no Delta do Níger nos anos seguintes; pode-se lembrar também a deposição de Kosoko, em Lagos, em 1851, e a anexação definitiva da localidade depois de uma década. Além disto, a política de favorecimento dos Egbas em Abeokuta, durante a década de 1850 – contando inclusive com o fornecimento de armas de fogo e treinamento

---

20 Segundo Timothy Parsons, neste período, "*Politicos britânicos eram continuamente forçados a comparar o uso da ação militar com a economia forçada trazida pelos seus compromissos com baixas tarifas e comércio livre*". Parsons, Timothy. *The British imperial century....* p. 16.

21 Farnsworth, *The Evolution of British Imperial Policy During the Mid Nineteenth Century, a Study of the Peelite Contribution, 1846-1874.* Londres: Garland Publishing, 1992, introdução.

22 John Gallager e Ronald Robinson, "Imperialism of free trade", *The Economic Historic Review,* second series, vol. VI, n. 1, 1953. Farnsworth também menciona outros desenvolvimentos desta controvérsia historiográfica, e acaba por concluir que a tese da continuidade do imperialismo no século XIX tornou-se a interpretação mais aceita (Farnsworth, *The Evolution....*).

23 Este episódio será discutido no último capítulo deste livro. A cidade de Bonny, no Delta do Níger foi a primeira a sofrer diretamente com a presença do esquadrão britânico de combate ao tráfico. Não por acaso, tratava-se da localidade onde o volume de comércio de óleo de palma era mais significativo em toda a costa africana. Dike, K. *Trade and Politics ....*

A África de Richard Francis Burton   73

para o exército da cidade – também denota uma atitude bastante intervencionista, assim como a ampliação territorial na Costa do Ouro e nos arredores de Serra Leoa ao longo da década de 1860.[24] Apesar disto, em especial a partir do final da década de 1850, a política oficial do *Colonial Office* manteve-se, no mínimo relutante quanto a novas anexações coloniais por parte da Grã-Bretanha. Em 1859, o Duque de Newcastle assumiu o *Colonial Office*, posto no qual permaneceu até 1864. Embora tivesse nuançado suas opiniões, totalmente contrárias à qualquer forma de anexação territorial, expressas durante sua participação na mesma secretaria de governo em 1853, ele continuava bastante relutante quando o assunto era o aumento das responsabilidades coloniais britânicas.[25] Em um memorando do *Colonial Office*, de fevereiro de 1861, Newcastle reconhecia na questão da região da África Ocidental uma "tendência inevitável para a extensão da fronteira".[26] Contudo, e apesar desta tendência, recomendava que o processo deveria ser retardado o máximo possível. Sua relutância em permitir que a Inglaterra efetuasse qualquer interferência na África permaneceu inalterada durante o período de sua participação no governo. Isto fica claro nos termos de um despacho enviado em 1864 para o governador de Lagos, região que, como se viu, passava por profundas transformações devido a um grande aumento da presença britânica. Repreendendo o Governador Freeman, Newcastle escreveu:

> ... o que eu tenho tentado tão frequentemente mostrar a vocês, minha desaprovação de todos os esquemas de interferência com as tribos vizinhas sem

---

24 Estes são apenas alguns exemplos de intervenção direta, que resultaram algumas vezes inclusive em anexação territorial. Esta forma de atuação, entretanto, não parece ter se restringido à África Ocidental, Brantlinger menciona uma série de outras anexações no período, considerado por muitos como antiimperialista, mencionando, por exemplo, Nova Zelândia, Kabuan, Natal, Pundjab e Sind, e Hong Kong. Brantlinger, Patrick, *Rule of Darkness. British Literature and Imperialism, 1830-1914.* Ithaca: Cornell University Press, 1988. Segundo Timothy Parsons: "*A despeito desta resistência oficial de adquirir novas dependências, o império britânico cresceu a uma taxa de aproximadamente 100.000 milhas quadradas por ano no período do meio do século dezenove*". Parsons, *The British Imperial Century...*, p. 18.

25 Farnsworth, *The Evolution of British Imperial Policy...*, p. 113-118.

26 PRO, CO 48/117, *apud* Farnsworth, *The Evolution...*, p. 142.

74 Alexsander Lemos de Almeida Gebara

necessidade absoluta; e eu, desta forma comunico meu comando positivo de não se engajar em nenhuma hostilidade, exceto em auto-defesa, sem permissão obtida previamente do Secretário de Estado.[27]

Mas, a despeito desta relutância do *Colonial Office* as intervenções continuavam. Entre as razões pode ser mencionada a diferença de posicionamento de diversos setores do governo inglês, em especial as atitudes um tanto agressivas do Visconde Palmerston (Henry John Temple – Primeiro-Ministro 1859-65) e John Russell (Secretário do FO 1859-1865).[28] Palmerston, sem dúvida, era um político agressivo. Embora não defendesse diretamente a ampliação territorial, era adepto da "política do barco de guerra" para quando fosse necessário fazer prevalecer os interesses ingleses. Para ele, o desenvolvimento das relações com a África Ocidental parecia importante e em memorando de abril de 1860, considerava que o comércio com a região:

> é um objeto o qual deve ser perseguido ativa e perseverantemente, mas não pode ser realizado sem um esforço físico para a proteção daquele comércio. Pode ser verdade em um sentido que o comércio não pode ser forçado por balas de canhão, mas por outro lado o comércio não pode florescer sem segurança, e esta segurança frequentemente pode ser inatingível sem a exibição de força física."[29]

Por sua vez, Russell advogava uma intervenção maior do que Newcastle estava disposto a admitir na região. Em seguidas correspondências, enviadas ao secretário do *Colonial Office* entre fevereiro e junho de 1861, Russell afirmava que "a cidade e a ilha

---

27 *Idem*, p. 177.

28 McIntyre cita inclusive um despacho de Russell já do início de 1864 no qual ele se mostra preparado para autorizar uma "intervenção limitada" em Abeokuta. Este autor também sugere que um ponto de inflexão na política do *Colonial Office* pode ser vislumbrado no mesmo ano, com a saída de Newcastle e a entrada de Cardwell. Este último inclusive admitia intervenção "mais enérgica" na guerra no interior da região Ioruba em caso de falha nas tentativas de negociar paz. McIntyre, W. D., "Commander Glover and the Colony of Lagos, 1861-73". *The Journal of African History*, vol. 4, n. 1, 1963, p. 57-79.

29 *Apud* Hargreaves, *Prelude to the Partition...*, p. 37.

A África de Richard Francis Burton   75

de Lagos devem ser tomadas como possessão pelo governo britânico" também sob justificativas de desenvolver o comércio e principalmente de acabar com o tráfico escravo.[30] W. McIntyre sugere que, além das pressões de outros setores do governo, ainda havia a agência de diversos elementos, que acabavam por influenciar a ação britânica na questão das colônias, e da consequente expansão territorial. Segundo ele, eram peças importantes deste jogo também grupos de pressão dentro e fora do parlamento, que tinham interferência significativa na opinião pública,[31] e, principalmente, os governadores das colônias, oficiais menores e comissionados nas regiões coloniais. A atuação destes representantes do Estado britânico nas regiões de fronteira parece muito importante e, segundo este autor, seria difícil supervalorizá-las. Em especial as condições de comunicação entre o governo central e seus representantes distantes conferia uma certa "liberdade" de ação para estes últimos. Para a África Ocidental no período em que Burton esteve presente, o tempo entre a saída de um despacho e o recebimento de sua resposta pelo cônsul girava em torno de 70 dias, podendo chegar até a quatro meses. Ainda segundo McYntire, "*sua técnica era ir além de suas instruções e reportar fait accompli, o que era então usualmente aprovado*".[32] Esta forma de atuação levou a Inglaterra a assumir posturas muitas vezes contrárias às políticas oficialmente divulgadas pelos Secretários de Estado, e um caso específico, acontecido entre 1863 e 1864, tornou ainda mais acalorados os debates parlamentares sobre as questões coloniais, especialmente sobre a região da África Ocidental.

Neste caso, o governador da Costa do Ouro excedeu as instruções de Newcastle de apenas entrar em conflito armado com os povos vizinhos, quando se tratasse de fato da defesa do território colonial. Ele se engajou numa campanha mal planejada e fracassada contra Ashanti, o que, antes mesmo de qualquer batalha, resultou na morte de grande parte das forças inglesas, devido a doenças tropicais. A repercussão na opi-

---

30 Newbury, C.W. *British policy towards West Africa, Selected Documents, 1786-1874*, Oxford: Clarendon Press, 1865, p. 426.

31 Segundo este autor, estes grupos de pressão eram principalmente compostos de representantes de comerciantes ou de instituições humanitárias, mas, muitas vezes, usavam argumentos uns dos outros, conforme o tema em debate. (Mcyntire, W. David, *The Imperial Frontier in the Tropics, 1865-75, a Study of British Colonial Policy in West Africa, Malaya and the South Pacific in the Age of Gladstone and Disraeli*. Londres: Macmillan 1967, p. 37-42).

32 McYntire, *The Imperial Frontier...*, p. 43.

76   Alexsander Lemos de Almeida Gebara

nião pública foi grande e montou-se um comitê na Casa dos Comuns para discutir a questão da atuação britânica na África Ocidental.[33] O comitê proposto no final de 1864 por C.B Aderley[34] foi instalado no início do ano seguinte, com ele mesmo na presidência. A instalação deste comitê contou com o apoio de Lord Stanley, futuro secretário do FO , entre 1866 e 1868. Os argumentos de Adderley apontavam para o desperdício de dinheiro e vidas inglesas na África Ocidental, para o sustento de colônias que não apresentavam nenhum desenvolvimento significativo, e que desta forma deveriam ser deixadas de lado pela Grã Bretanha. Lord Stanley era ainda mais radical. Num momento em que as influências filantrópicas e humanitárias já haviam diminuído muito dentro do parlamento, e no qual os discursos mais assentados nos determinismos raciais começavam a prevalecer, ele afirmava, defendendo a retirada de soldados ingleses da costa ocidental africana:

> Eu não acredito que há um ano, ou mesmo um mês que se passa no qual o serviço naquela costa não põe fim a alguma vida entre nossos oficiais os quais, medidos por qualquer padrão racional de comparação, vale mais do que a existência meramente animal de toda uma tribo africana.[35]

Após ouvir o depoimento de várias pessoas relacionadas à região, Burton entre elas, o relatório que Adderley apresentou para votação no comitê apontava para uma mudança efetiva da política britânica para a região. Sugeria a unificação do governo de toda a região sob um só comando em Serra Leoa, a diminuição de

---

33 Para uma descrição mais detalhada da questão desta campanha e da postura defensiva do *Colonial Office* , ver Farnsworth, *The Evolution...* , p. 190-193 e Hargreaves, *Prelude to the Partition...*, p. 62-64.

34 Adderley foi um parlamentar com longa história relacionada aos assuntos coloniais na Casa dos Comuns. Havia sido secretário de governo para a reforma colonial em 1849, e apregoava a economia nos gastos imperiais, sugerindo que as colônias deviam ser auto-suficientes. Desta forma, posicionava-se contrariamente aos interesses humanitários e filantrópicos da primeira metade do xix, argumentando que *"as colônias que são sugeridas ao país pelos filantropos equivocados de Exeter Hall não tem justificativas evidentes"* apud Hargreaves, *Prelude to the Partition...*, p. 67.

35 *Apud* Hargreaves, *Prelude to the Partition...*, p. 68. Ainda segundo Hargreaves, Stanley mostrava-se profundamente cético ao interrogar as testemunhas que depunham no comitê, em especial quanto ao "dever moral" da Inglaterra para governar as regiões em questão.

A África de Richard Francis Burton   77

gastos, a futura transferência da administração para os nativos, visando a retirada total da Inglaterra da região, recomendando, de maneira expressa, a não aquisição territorial. Entretanto, o texto final, que foi aprovado continha alterações significativas, especialmente quanto à transferência do poder aos nativos e exceções à regra de não aquisição territorial. Neste último caso, o texto alterado dizia que:

> ... esta política de não ampliação não admite nenhuma exceção, com respeito a novos assentamentos, *mas não pode resultar em uma proibição absoluta de medidas as quais, em casos peculiares, podem ser necessários para uma administração mais eficiente e econômica dos assentamentos que nos já possuímos.*[36]

Enfim, eram as divisões internas no governo britânico e a influência de políticos importantes como Palmerston e Russell, embora já no fim de suas carreiras, que resultavam em brechas como estas nas determinações parlamentares e que, juntamente com as dificuldades de comunicação, continuavam a permitir certa "liberdade de ação" dos representantes oficiais britânicos nas regiões periféricas e coloniais. O grau destas "liberdades", entretanto, estava determinado pelo cargo ocupado pelo representante oficial e pelas especificidades da localização geográfica e política dentro da estrutura do império inglês. Na costa ocidental africana, um governador tinha poderes suficientes para, por exemplo, organizar uma campanha militar à revelia do governo central, como se viu no caso do governador da Costa do Ouro e a campanha contra Ashanti. Já um cônsul estava sujeito a limitações, como a disponibilidade de transportes e da presença do esquadrão naval, além da limitação de suas próprias funções, que circunscreviam-se – em teoria, ainda que não na prática – quase exclusivamente à organização e regulamentação comercial. Apesar disto, poderia ser influente na configuração final da política imperial britânica para a região sob sua jurisdição, mesmo que de maneira indireta.

Para procurar compreender as possibilidades de ação dos cônsules na região – e desta forma, particularmente de Burton e o processo de construção de suas representações – é preciso dedicar atenção a uma série de elementos que compõe o quadro conjuntural dentro do qual estão dadas estas condições de atuação. Em

---

36 Hargreaves, *Prelude to the Partition...*, p. 77, grifos meus.

78 Alexsander Lemos de Almeida Gebara

primeiro lugar, é preciso apresentar as especificidades das localidades nas quais Burton esteve e que são analisadas aqui – quais sejam, o Delta do Níger, Abeokuta, e Daomé —, bem como fazer algumas considerações sobre a posição do cônsul dentro da estrutura administrativa do império inglês. Finalmente, para o caso de Burton, é preciso refletir sobre os espaços de circulação de sua produção textual, uma vez que estando limitadas suas possibilidades de agência executiva, como se verá, a representação textual foi o principal instrumento do autor na tentativa de configuração de uma determinada política inglesa para a África Ocidental. A seguir, portanto, encontra-se uma contextualização das principais regiões visitadas por Burton, durante sua estadia na costa africana, entre 1861-1865.

Contexto das regiões visitadas por Burton na África Ocidental

Retomando brevemente o tópico anterior, foi possível perceber que as relações comerciais entre Inglaterra e África Ocidental eram oriundas do tempo no qual os ingleses eram uma parcela importante dos comerciantes de escravos. Em 1807, no entanto, o tráfico escravo foi proibido para súditos ingleses. A partir desta data, foi sendo gradativamente incrementado o chamado "comércio lícito", e o artigo principal de importação inglesa passou a ser o óleo de palma. A mudança no produto, entretanto, não acarretou nenhuma transformação na forma do comércio, que continuava funcionando inicialmente nas mesmas bases do século XVIII, quais sejam, o processo de barganha, a dependência dos atravessadores costeiros entre os mercadores europeus e as regiões produtoras no interior, e inclusive, a permanência das mesmas firmas de comércio em grande parte dos casos.

A campanha para o final do tráfico escravo na Inglaterra que resultou na sua abolição e, posteriormente, a movimentação política para o final da escravidão nas possessões inglesas tiveram forte penetração de ideologias humanitárias. Essas correntes de pensamento filantrópicas que dominaram grande parte do ambiente parlamentar inglês durante a primeira metade do século XIX, defendiam a intervenção direta na África para tutelar o desenvolvimento do continente em direção à civilização, incentivando o comércio, a agricultura e a atividade missionária.

Por volta da década de 1850, entretanto, o discurso do livre-comércio começava a ganhar influência no parlamento e segundo Curtin, como já foi visto, a "dominância humanitária na política britânica chegou ao fim" justamente nesta década.[1] De acordo com as concepções dos defensores do livre-comércio, a intervenção e os gastos oriundos de ações intervencionistas deveriam ser mínimos.

---

1 Curtin, P. *The Image of Africa...*, p. 317.

80   Alexsander Lemos de Almeida Gebara

Entretanto, na prática, a atuação política e militar direta continuou acontecendo ao longo dos anos seguintes.

Uma contextualização das regiões nas quais Burton esteve atuando durante sua permanência na região pode mostrar como estas interferências inglesas influenciaram de forma direta na conjuntura encontrada por seu cônsul no início da década de 1860, e ajudar a compreender melhor suas representações. Para isto, serão apresentadas nos próximos tópicos as regiões do Delta do Níger, Daomé e Abeokuta. A primeira delas representa os limites da jurisdição consular de Burton e foi fonte de relatórios detalhados de sua parte, e as duas últimas são os locais nos quais Burton realizou as duas viagens que resultaram nos dois principais relatos e em uma série de artigos publicados pelo autor no período.

Delta do Níger – Contexto

O objetivo desta pesquisa não é realizar um trabalho de avaliação bibliográfica exaustiva sobre a África. Trata-se apenas de apresentar o contexto histórico geral da formação e das dinâmicas políticas e sociais das regiões visitadas por Burton durante seu período consular, com uma atenção um pouco mais detida nas transformações internas das sociedades em questão, que datam do período de transição entre o fim do tráfico escravo e o aumento do volume do comércio de óleo de palma. Desta forma, a contextualização da região do Delta do Níger, por exemplo, parte do trabalho clássico de K. Onukwa Dike, *Trade and politics in the Níger Delta*, e amplia a discussão recorrendo a outros textos quando necessário.[2]

---

2 Dike, K.O. *Trade and Politics...*. O livro de Dike, de 1957, é considerado um ponto de inflexão na historiografia da África. Segundo Ebere Nwaubani, Dike foi o primeiro a observar o período entre o fim do tráfico escravo britânico e o início do colonialismo formal, na década de 1880 na história da atual Nigéria como um "processo sistemático de um imperialismo (econômico) europeu 'informal' para o controle (colonial) formal". Entretanto, Dike, apesar de recorrer inclusive a fontes e tradições orais, continuou em alguns pontos pautando a história da África a partir de marcos europeus, como por exemplo, datando as primeiras migrações para o Delta do início do século xv (e do intercurso com a Europa) e sugerindo que a organização interna das sociedades do Delta era reflexo das demandas atlânticas. Nwaubani, E. "Kenneth Onwuka Dike 'Trade and Politics', and the Restoration of the African in History", *History in Africa*, vol. 27, 2000, p. 229-248.

A África de Richard Francis Burton   81

De acordo com Alagoa, o início do povoamento da região costeira do Delta pode ser localizado por volta do século XII, através de migrações das regiões interiores próximas. Concomitantemente a esta migração, houve também a mudança na organização produtiva da tradicional vila fazendeira do interior para as vilas de pescadores no litoral. Esta transformação das comunidades teria ocorrido em razão das diferenças geográficas entre as regiões.[3]

De fato, apesar de datar de cerca de três séculos antes o início mais significativo do povoamento, Alagoa também concorda que o adensamento desta população ocorreu através de migrações sequenciais, especialmente a partir do século XV. Contudo, a maior antiguidade do povoamento da região permitiu à Alagoa considerar que a configuração das instituições de governo e organização das sociedades do Delta fossem também anteriores ao contato comercial com os europeus e às demandas atlânticas, e que as transformações das "vilas" em "cidades-estado" fossem mudanças oriundas do comércio interno de longa distância, e não do comércio atlântico.[4]

A unidade política básica no interior eram as 'vilas fazendeiras'. A autoridade maior era conferida à assembleia geral, na qual todos os membros masculinos adultos da comunidade tomavam parte. Esta assembleia era presidida pelo mais velho dos membros da linhagem fundadora da vila, intitulado "*Amanyanabo*". Além da autoridade da assembleia, várias linhagens familiares compunham a estrutura hierárquica da vila. O pertencimento à determinada família era importante porque o direito sobre as terras cultiváveis residia, justamente, na linhagem.[5] Cada uma das vilas era totalmente autônoma, não havendo autoridade política geral sobre elas.

Com a mudança para as regiões costeiras, algumas transformações tiveram lugar. A presidência da assembleia não recaía mais necessariamente sobre o membro mais velho, embora o cargo continuasse a ser privilégio da linhagem fundadora. Entretanto, a organização produtiva não se baseava mais na terra cultivável, pela simples razão da escassez deste recurso nos mangues costeiros. As novas fontes produtoras, quais sejam, rios e riachos próximos à vila eram explorados de for-

---

3 Alagoa, E.J., "The Development of Institutions in the States of the Eastern Níger Delta." *The Journal of African History*, vol. 12, n. 2, 1971, p. 269-278.

4 Alagoa, E. J. *The Development of Institutions...*, p. 269.

5 Alagoa, E. J. *The Development of Institutions...*, p. 270.

82　Alexsander Lemos de Almeida Gebara

ma comunal, o que ampliou a solidariedade interna das vilas, ao mesmo tempo em que diminuiu a importância da restrição das linhagens, tornando mais fácil a inclusão de novos membros. Outra transformação também deriva da relação com os recursos naturais, a saber, a ampliação das estruturas de defesa resultante das constantes brigas e embates entre as vilas pelo domínio dos rios e riachos.

Desta forma, ainda segundo Alagoa:

> ... podemos vislumbrar os estados como resultante de uma das vilas pescadoras gradualmente construindo uma dominância sobre seus vizinhos. Tal comunidade tornou-se o centro de população, de comércio, riqueza e poder.[6]

O argumento de Alagoa é que as instituições que conformavam estes pequenos "estados" já estavam consolidadas antes do advento do comércio atlântico, num momento no qual o comércio interno com o interior era mais importante, e estabelecido por aquelas antigas vilas que conseguiram organizar-se internamente o suficiente para constituir relações com comunidades produtoras do interior e assegurar domínio sobre as rotas de comércio. Desta forma, quando se deu o início da demanda atlântica, eram estas localidades que estavam prontas para envolverem-se nesse novo tipo de comércio.[7]

Obviamente, conforme a intensidade do comércio atlântico aumentou, as transformações internas nas sociedades costeiras do Delta também aceleraram. Estas mudanças se deram, de maneira geral, em dois aspectos: o primeiro deles foi o aumento das funções do *Amanyanabo* (rei), que passou a controlar os interesses econômicos do Estado, bem como a organização geral de sua defesa; o segundo foi no sistema das linhagens ("*House sistem*"), tornando-as intimamente ligadas ao comércio. A escolha dos chefes das "linhagens" passou a seguir critérios econômicos, o recrutamento de membros externos tornou-se cada vez mais comum – mesmo que constituídos de escravos – e importante para o fortalecimento da "linhagem",

---

6 *Idem*, p. 272.

7 *Idem*, p. 273.

A África de Richard Francis Burton   83

e enfim, o controle sobre seus membros passou a ser cada vez mais forte.[8] Esta dinâmica sugere que a densidade populacional continuou a aumentar durante o período do tráfico atlântico. Entretanto, estes novos afluxos de população seriam constituídos, em sua grande maioria, por escravos, em parte para suprir a demanda atlântica e em parte para agregar poder às casas instituídas.

Segundo Dike, é importante notar que uma parcela desta população imigrante não escrava estabeleceu-se um pouco mais para o interior, de onde passaram a atuar como atravessadores no comércio do interior africano com a costa.[9] Esta parte da população, denominada *Aros*, assumiu grande importância, uma vez que dominavam as instituições religiosas e eram temidos por quase toda a população costeira.

Como resultado do desenvolvimento do comércio atlântico e das ondas migratórias sequenciais, a região do Delta do Níger tornou-se um num espaço bastante povoado. Constituiu-se então uma região especializada no comércio, com um excedente populacional que veio a suprir parte da demanda escrava com o incremento do tráfico atlântico, principalmente a partir do século XVII.

Apesar da maioria da população e da língua utilizada na maior parte das cidades serem de origem Ibo, segundo Dike, a "população que surgiu desta mistura de povos não era nem Efick, Ibo, ou Ibibio". Seriam um povo à parte, que havia resultado do encontro cultural das tribos do interior com as comunidades costeiras.[10] Por esta razão estas comunidades não se identificavam pela origem, mas sim pela continuidade de coabitação numa mesma região, adaptando, com o passar do tempo, as organizações anteriores em estruturas que possibilitavam o desenvolvimento comercial nos moldes do tráfico atlântico ao longo dos quase três séculos de sua existência.[11]

---

8 *Idem*, p. 274-275.

9 Dike, *Trade and Politics...* , p. 16.

10"Eram um povo à parte, o produto do encontro de culturas do hinterland tribal, e da comunidade atlântica, à ambas as quais pertenciam." Dike, *Trade and Politics...*, p. 30. O termo tribal foi utilizado por Dike, no original.

11 Certamente as variações étnicas geravam outros tipos de configuração de identidades bastante mais complexas, entretanto, o objetivo aqui é apenas explicar a organização política e econômica, que duran-

84   Alexsander Lemos de Almeida Gebara

A estrutura fundamental da organização social no Delta do Níger era, portanto, o chamado *"house sistem"*. Este "sistema de linhagens" tornou-se como se viu, ao mesmo tempo, uma cooperativa de comércio e uma instituição de governo local. Cada unidade era formada pela família estendida do seu "chefe", que tinha poderes soberanos sobre os outros membros e representava a "linhagem" na assembleia da cidade, além de agregar também seus escravos, que nas maiores delas variavam entre 300 e mil. Era parte desta estrutura também a constituição de uma força militar, baseada em canoas de guerra.[12] Uma mudança significativa resultante da dinamização do comércio foi justamente a característica de abertura destas linhagens, ou *"casas"*, a membros exteriores, com intuito de fortalecer o seu poder econômico e militar. As possibilidades de ascensão social pareciam ser bastante amplas, com ex-escravos podendo ascender inclusive a posições de comando militar.[13]

Segundo Lovejoy e Richardson, outro importante evento para a reconfiguração do Estado na região do delta do Níger foi a guerra entre Bonny e os Andoni, na virada do século XVII para o XVIII. Teria sido neste momento, devido à uma aceitação mais ampla da centralização do poder em razão do período de guerra, que a linhagem *perekule* (*pepple*) assumiu o poder, e desde então, o cargo de *Amanyanabo* ficaria restrito aos seus descendentes. Foi também como consequência da ascenção dos Pepple ao poder que tornou-se possível aos escravos tornarem-se cabeças de "casas".

Ainda de acordo com estes autores,

> ...depois da guerra de Andoni, a "casa" evoluiu para uma unidade comercial quase militar centrada nas canoas que caracterizavam o artesanato do delta, sua liderança sendo formada por mérito tanto quanto pela ancestralidade. Tal concentração de autoridade política e meritocracia crescente

---

te este tempo esteve imposta a diferentes etnias possivelmente presentes numa mesma cidade.

12 Estas "'canoas de guerra" levavam entre 80 e 140 guerreiros armados e muitas vezes uma arma de calibre grande na proa da embarcação. Segundo Mbaeyi, chegavam a impressionar europeus ainda no século XIX. Mbaeyi, Paul, M. *British military and naval forces...*, capítulo 1.

13 Alagoa, *Development of Institutions....*p. 273.

A África de Richard Francis Burton 85

foram feições visíveis da vida política e econômica que distinguiam Bonny de Old Calabar.[14]

À despeito da centralização maior em Bonny, a organização era semelhante no interior próximo a costa e, segundo o autor, as populações Ibo interioranas dominavam – além das atividades religiosas – a captura e distribuição de escravos, o que fazia com que predominassem politicamente sobre as cidades costeiras, dependentes deste fornecimento. Este equilíbrio político seria transformado somente pelo aumento da importância do óleo de palma em detrimento do escravo, a partir da década de 30 do século xix.

Discussões ulteriores na historiografia econômica da África não parecem contradizer esta interpretação, embora apresentem algumas diferenças com relação à análise de Dike, especialmente no que diz respeito à diminuição do tráfico escravo na década de 1830. Os mesmos Lovejoy e Richardson encontraram, de fato, uma crise no comércio escravo na região das baías de Benim e Biafra, mas localizam-na apenas na década posterior à proibição do tráfico pela Grã-Bretanha, e depois apontam para um preço e volume relativamente constantes até ao menos a década de 1850.[15] De fato, estes autores notam uma mudança apenas no sentido do comércio, sugerindo que a demanda no interior africano teria aumentado e este seria um dos fatores influentes na manutenção do preço, mesmo com a oferta de escravos tendo crescido nas décadas de 1830 e 1840, devido à desintegração do Império Oyo e também à situação de guerra endêmica no interior em razão da expansão do estado muçulmano Fulani.

---

14 Lovejoy, P. And Richardson, D. "'This Horrid Hole': royal authority, commerce and credit at Bonny, 1690-1840", *Journal of African History*, 45, (2004), p. 385. Há críticas reconhecidas pelos próprios autores à ideia de que a guerra promoveu a centralização política em Bonny. Susan Hargreaves por exemplo, sugere que ainda no século xviii, outra linhagem, os Awusa, ainda tinha participação no governo. Entretanto, eles preferem concordar com J. Alagoa, enfatizando a centralização do poder nas mãos dos Pepple ainda no século xvii. De fato, segundo o relato de J. Barbott, já na virada do século xvii para o xviii, os pepple regulavam o comércio entre africanos e europeus em Bonny.

15 Lovejoy, P and Richardson, D. *The initial "crisis of adaptation"....*

86   Alexsander Lemos de Almeida Gebara

Por sua vez, Martin Lynn aponta para uma continuação da estrutura de comércio entre os africanos da costa e os mercadores ingleses durante o período.[16] Durante a década de 1830, outro fator começou a intervir mais ativamente na correlação de forças políticas na região do Delta do Níger, qual seja, o esquadrão britânico para a África Ocidental e a consequente política britânica de imposição de tratados contra o tráfico de escravos junto aos chefes locais. A primeira interferência significativa seria na cidade de Bonny – que concentrava a maior parte do comércio regional, tanto de escravos, quanto de óleo de Palma – durante a invasão do porto da cidade para aprisionar navios negreiros espanhóis, em janeiro de 1836.[17]

A situação política em Bonny era relativamente complexa. Em 1830 havia morrido o rei Opobu Pepple, que como se viu era necessariamente pertencente à linhagem Pepple. Segundo Dike, seu filho William Pepple, ainda não tinha idade suficiente para assumir as funções, tendo assumido em seu lugar um regente temporário, que era ex-escravo da casa Pepple, chamado Madu. Quando este morreu três anos depois, tal era o controle do estado que ele havia desenvolvido, que seu filho, Alali. foi quem assumiu em seu lugar. As opiniões estavam divididas em Bonny, por um lado, uma elite de linhagem que defendia a permanência de Pepple no poder e, por outro, a massa da população escrava, ou ex-escrava, tendia a identificar-se com Alali.[18]

De fato, há grande controvérsia sobre a polarização entre uma suposta elite de linhagem e a "massa" escrava da população proposta por Dike, que inclusive nomeia um de seus capítulos como "revoltas escravas". De acordo com a interpretação do antropólogo G. I. Jones havia, na própria lógica de constituição das diferentes "casas", um padrão de segmentação, que levava então a enfrentamentos e contradições. Desta forma, quando se leva em conta este padrão de segmentação, em conjunto com a lógica de incorporação de escravos, pode-se concluir que as disputas não eram exatamente entre escravos e livres, mas entre os diferentes segmentos

---

16 Lynn, Martin, "The West African Palm Oil trade in the nineteenth century and the "crisis of adaptation"" In Law, R. *From Slave Trade to "Legitimate" Commerce, the Commercial Transition in Nineteenth Century West Africa.* Cambridge: Cambridge University Press, 1995.

17 A Inglaterra havia assinado um tratado com a Espanha no ano anterior, que lhe permitia a apreensão de navios escravistas espanhóis.

18 Dike, *Trade and Politics...*, capítulo 4.

A África de Richard Francis Burton   87

surgidos à partir da fragmentação das "casas", que se reforçavam, assim, com um contingente de escravos "incorporados".[19] Mas, de fato, quando da invasão do porto de Bonny pelos navios britânicos, Alali reagiu, aprisionando o comandante do navio e exigindo explicações.

A consequência desse acontecimento foi a pressão realizada pelo esquadrão contra Bonny nas semanas seguintes e a interferência direta na política local, forçando a assinatura de um tratado de proteção da vida e propriedade britânica, depondo o regente anterior (Alali) e instaurando o rei William Pepple em seu lugar, que se viu posteriormente obrigado a fazer concessões às pretensões políticas britânicas. Desta forma, logo a seguir, em 1839, houve a assinatura de um novo tratado, com intuito de por fim ao tráfico escravo, assegurando o pagamento de 2 mil dólares por ano pela Inglaterra à Bonny, durante 5 anos, como forma de recompensa.

Divisões internas de opinião no FO, entretanto, fizeram que as responsabilidades inglesas no tratado não fossem cumpridas e esta continuou sendo a tônica das relações durante a década seguinte. A Inglaterra continuava procurando fazer tratados com estados locais visando tornar "legal" a atuação do seu esquadrão na costa (somente em Bonny, três diferentes acordos foram assinados entre 1839 e 1848), e as divisões internas nas sociedades costeiras africanas resultavam, ora num sentimento profundamente anti britânico, e ora na solicitação de apoio para manutenção de poder de determinados grupos.[20]

De qualquer forma, as relações comerciais continuavam acontecendo nas mesmas bases de antes, como descritas por Martin Lynn, ou seja, pelos antigos es-

---

19 Nwaubani, E. *"Kenneth Onwuka Dike 'Trade and Politics'...* De qualquer forma, o próprio Nwaubani menciona que Jaja, um ex escravo Ibo, que havia alcançado a liderança da "casa Anna Pepple", liderou uma cisão na cidade de Bonny em 1869, fundou uma nova cidade, a qual deu o nome de Opobu, levando consigo 14 das 18 antigas "casas" de Bonny. Assim, fica claro que não era impossível alguém de antecedentes escravos assumir a posição de comando em uma "casa" no Delta Oriental do Níger. De qualquer forma, o que importa aqui, mais do que a possível oposição escravos x livres, é o fato de que havia uma complicação na questão sucessória neste momento, o que é, isto sim, indiscutível. Tal complicação ganhou ainda outros ares com a agência do esquadrão britânico sobre a política local, como se verá.

20 Dike, *Trade and Politics...*, capítulo 4. Este foi o caso de Pepple na década de 1830, que utilizou-se da pressão britânica para retomar o poder em Bonny.

88 Alexsander Lemos de Almeida Gebara

cravistas, numa espécie de oligopólio das companhias de Liverpool e baseado no conhecimento pessoal dos grandes comerciantes africanos na costa. A diferença era que os comerciantes ingleses podiam recorrer ao suporte do braço armado do estado britânico na região, o esquadrão africano, especialmente depois de 1849, com a instalação do primeiro consulado para as Baías de Benim e Biafra. Isto mudava a correlação de forças no comércio, pois desde o tempo do tráfico escravista inglês este estava baseado numa relação de igualdade entre as partes comerciantes, sendo de fato o lado mais fraco até então o dos comerciantes europeus, que não tinham direito sobre a terra nem estrutura de defesa com a qual pudessem fazer frente aos estados costeiros.

Novas transformações aconteceram na década seguinte, graças a fatores como instalação de estabelecimentos de comércio com residentes permanentes que facilitavam a captação e estocagem da mercadoria vinda do interior. Além disto, também foi importante a fundação de casas de comissão, que forneciam adiantamentos a comerciantes fixos na região em troca do direito de revender a produção na Europa. Finalmente, a principal delas foi a fundação da *African Steamship Company*, firma de navegação a vapor de McGregor Laird, em 1852. Esta companhia tornou o frete muito mais barato e permitiu a entrada de pequenos comerciantes no negócio de óleo de palma, antes reservados a grandes firmas, dada a necessidade de capital investido nos navios que faziam a transferência da produção para a Europa.[21] Em 1856, apenas 4 anos após a fundação da companhia, havia mais de 200 firmas de comércio atuando na região, onde antes apenas algumas dezenas atuavam.

Some-se a isto a afluência de pequenos comerciantes africanos de Serra Leoa,[22] desejosos de participar do comércio. O resultado foi uma verdadeira "guerra" entre comerciantes das grandes firmas de Liverpool, que praticamente mono-

---

21 Lynn, *The West African Palm Oil Trade...* , p. 66. Ver também do mesmo autor "From Sail to Steam: the Impact of the Steamship Services on the British Palm Oil Trade with West Africa, 1850-1890. *The Journal of African History*. Vol. 30, n. 2, 1989, p. 227-245.

22 Boa parte destes pequenos comerciantes eram ex-escravos capturados pelo esquadrão naval britânico e libertados em Serra Leoa e algumas vezes seus descendentes. Ver Lynn, Martin. "Technology, Trade and a 'Race of Native Capitalists': The Krio Diaspora of West Africa and the Steamship, 1852-95". *The Journal of African History*, vol. 33, n. 3, 1992, p. 421-440.

A África de Richard Francis Burton 89

polizavam o comércio da região, desde o período do tráfico escravo, e pequenos comerciantes interessados em participar do rentável negócio do óleo de palma. Estes últimos, por sua vez, ofereciam preços melhores pelos carregamentos do interior e "cortavam" a relação de crédito (*trust*) entre as firmas maiores e os atravessadores africanos. Os encarregados das grandes firmas recorriam sempre que possível ao cônsul instalado em Fernando Pó, e o padrão geral de atuação destes tendeu a ser, entre o final da década de 1850 e começo da seguinte, sempre em favor dos grandes mercadores e contrário aos pequenos e, muitas vezes, aos próprios chefes comerciantes africanos.[23]

Havia ainda uma outra condição que significou uma grande mudança nas relações comerciais na região e um desafio à proeminência das cidades costeiras, qual seja, o incentivo do Estado inglês para a realização da comercialização direta com o interior, procurando evitar o papel dos atravessadores dos africanos da costa, o que fez com que estes continuassem tentando resistir ao máximo à penetração europeia.[24]

Foi neste contexto de profunda transformação econômica e das relações de poder entre a Europa e os estados costeiros africanos – que internamente também refletiam as pressões políticas e transformações econômicas em curso – que Burton foi indicado cônsul Fernando Pó, em abril de 1861. Sua indicação foi para substituir o cônsul Thomas Joseph Hutchinson que tradicionalmente colocava-se ao lado dos representantes das firmas de Liverpool e que foi

---

23 Dike, *Trade and Politics...*, p. 122 e seguintes. Estas atuações referem-se principalmente ao cônsul Hutchinson, anterior à presença de Burton no consulado. Em determinada situação, após uma reclamação de retornados de Serra Leoa sobre a interferência consular em favor dos mercadores de Liverpool, em despacho interno do *Foreign Office*, Clarendon escreveu: "*Em que bases o cônsul interferiu? Os mercadores sabem dos riscos que correm com o sistema de crédito, e não seria melhor deixá-los resolver seus próprios problemas com os nativos até que o FO permita ao cônsul intervir?*" Apud Dike, *Trade and Politics...*, p. 123.

24 Há episódios nas correspondências entre Burton e o *Foreign Office* nas quais fica relativamente clara esta resistência por parte dos africanos. Alguns destes episódios serão discutidos posteriormente.

90 Alexsander Lemos de Almeida Gebara

destituído de seu cargo por suspeitas de defender estes interesses em troca de proveito pecuniário próprio.[25]

Daomé – Contexto

A historiografia costuma datar o surgimento do reino de Daomé por volta do século XVII, com o estabelecimento de uma população na região posteriormente identificada como capital do reino, Abomé, a cerca de 150 quilômetros da costa africana. Os primeiros habitantes eram aparentemente conectados à população Ioruba, sendo que, segundo Argyle, é clara a influência Ioruba na cultura de Daomé.[26] A partir de cerca de 1625, começou uma expansão da influência dessa população sobre as regiões adjacentes, devido à anexações territoriais, configurando um estado militarizado e de poder centralizado que estendia seus domínios sobre comunidades menores.

Antes do início da expansão, a economia de Daomé caracterizava-se pela agricultura baseada na produção familiar. A estrutura da sociedade incorporou uma nova classe de comerciantes com o início do intercurso com as caravanas do interior e com o advento do comércio atlântico, ao mesmo tempo em que o Estado desenvolvia funções de regulador das atividades comerciais, junto com sua característica primeiramente militar.[27]

Mas a atuação do Estado tornou-se mais forte quando a economia voltou-se para a exportação atlântica de escravos, ainda no século XVII. No decorrer dos séculos seguintes, a expansão daomeana continuou como forma de sustentar a exportação de escravos e de conseguir melhores meios para a consecução deste objetivo. No século XVIII, após seguidas anexações territoriais, o Estado atingiu uma saída para o mar, anexando a cidade de Uidá, em 1727. Esta expansão tornou-se

---

25 Ver Newbury, C.W. "Introduction". In: Burton, Richard. *A mission to Gelele King of Dahome*, Londres: Routledge, 1966.

26 Argyle, W. J. *The Fon of Dahomey, a History and Ethnography of the Old Kingdom*. Oxford: Clarendon Press, 1966.

27 Manning, Patrick, *Slavery, Colonialism and Economic Growth in Dahomey, 1640-1960*. Cambridge: Cambridge University Press, 1995, p. 8.

A África de Richard Francis Burton   91

possível graças à estrutura centralizada do poder no Estado, e à falta de organização militar unificada por parte das outras comunidades africanas locais.[28] Uidá era uma cidade na qual traficantes de escravos já estavam firmemente estabelecidos desde o século XVIII. Isto fez com que o Estado de Daomé passasse a participar mais diretamente da relação comercial escravista da costa atlântica africana.[29] O objetivo comum de sustentar o tráfico escravo, por sua vez, implicou num intercurso cada vez mais próximo entre fornecedores daomeanos e escravistas europeus. Estas relações que alinharam comerciantes europeus com Daomé, resultaram numa dinâmica de mútuo auxílio para a manutenção da cidade sob domínio do Estado africano.

Por outro lado, a expansão em direção ao leste foi barrada em razão dos limites do então poderoso Império Oyo. Na metade do século XVIII, Daomé tornou-se tributário de Oyo, pagando um "imposto" anual em troca da não intervenção nas guerras expansionistas de Daomé em outras direções.[30]

Também ao longo do século XVIII, a administração do Estado começou a complexificar-se, com a criação de vários cargos administrativos, em razão da dificuldade de governar um território expandido. Foi criado o cargo de Yevogan, autoridade do estado em Uidá, e cuja função era mediar a relação entre Daomé e os comerciantes brancos. Além deste, cargos de conselheiros e administradores também foram criados, como os de Migan e Mehu. O primeiro, uma espécie de ministro que, entre outras funções, arbitrava entre os pretendentes ao trono qual

---

28 Argyle, *The Fon of Dahomey*.... capítulo 2, "o século 18".

29 Segundo Soumonni, a *"conquista desse porto pelo reino escravagista e expansionista do Daomé, em 1727, viria a confirmar sua posição inicial de principal porto do tráfico negreiro na região"*. Soumonni, E. *Daomé e o mundo Atlântico*. Sephis/Ceao, 2001. Segundo o autor, isto independente da razão pela qual a cidade de Uidá foi conquistada. Duas interpretações paradoxais se interpõem a respeito deste tema, uma delas sugere que a conquista foi para por fim ao tráfico de escravos e a outra, sugere que o Daomé pretendia justamente ampliar o controle sobre este. Para esta discussão ver Law, R. "Dahomey and the Slave Trade: reflections on the historiography of the rise of Dahomey", *Journal of African History*, 27, 1986, p. 243-244.

30 Yoder menciona que esta limitação imposta pela proeminência do Império Oyo também influenciou na relação entre Daomé e o tráfico escravo no final do século XVII. Yoder, John. "Fly and Elephant Parties: Political Polarization in Dahomey, 1840-1870. *The Journal of African History*, vol. 15, n. 3, 1974, p. 417-432.

92 Alexsander Lemos de Almeida Gebara

deveria ser o próximo rei, e o segundo exercia uma função administrativa, recebia os estrangeiros em Abomé e atuava como tesoureiro do Estado.[31] Essas transformações criaram uma aristocracia africana bastante influente que exerceu papel fundamental na política interna de Daomé no século xix, em especial nas relações entre o Estado e as pressões inglesas para o fim do tráfico e dos sacrifícios humanos, mais especificamente a partir de 1849, quando do envio da primeira missão inglesa – composta pelo cônsul Beecroft e pelo tenente Forbes – à capital para discutir essas questões.

Segundo Yoder, além dessa aristocracia administrativa, em grande parte ligada ao Rei, havia também uma outra esfera de determinação das políticas adotadas pelo estado de Daomé ao longo do século xix, qual seja, uma espécie de assembleia que reunia-se durante os chamados "costumes" anuais (*Xwetanu*),[32] que eram celebrações político-religiosas reunindo grande parte das lideranças regionais do reino de Daomé. Algumas das muitas atividades desenvolvidas durante as cerimônias eram reuniões destas lideranças regionais com a "aristocracia administrativa" e até mesmo uma parcela de elementos de menor expressão, como alguns guerreiros, coletores de impostos, entre outros.[33]

Além dessas "funções legislativas", o *Xwetanu* contava com uma série de outras atividades cerimoniais, como sacrifícios humanos, representações de batalhas, desfiles das riquezas do Estado, entre outras, que eram supostamente uma homenagem do atual regente ao regente anterior morto e a seus antepassados. Na interpretação de Yoder, estas cerimônias funcionavam como propaganda das políticas desenvolvidas pelo rei no ano anterior sendo que, quanto maior a "magnificência" apresentada, maior o prestígio e a influência do regente sobre o Estado como um

---

31 Argyle, *The Fon of Dahomey....* capítulo 2, "o século 18".

32 Yoder, *Fly and Elephant Parties...* Robin Law menciona que o artigo de Yoder é um estudo que se refere à ideologia política de Daomé sem dar a devida importância a fatores religiosos. Law, Robin. "My Head Belongs to the King: On the Political and Ritual Significance of Decapitation in Pre Colonial Dahomey". *The Journal of African History,* vol. 30, n. 3, 1989, p. 399-415. Entretanto, apesar disto, o artigo de Yoder mostra-se interessante ao demonstrar, mesmo que a partir de testemunhos europeus, as funções políticas dos "costumes" anuais.

33 Yoder, *Fly and Elephant Parties...,* p. 418.

A África de Richard Francis Burton   93

todo.[34] O *Xwetanu*, portanto, funcionava como um período crucial em várias esferas, ou seja, na determinação das políticas internas e externas a serem adotadas pelo estado durante o ano, na legitimação e na construção da imagem do regente frente à população e à "aristocracia", nas configurações das instituições religiosas, entre outras. Dessa maneira, o período dos costumes anuais era, com certeza, a parte mais importante do ano para as instituições daomeanas. Apesar de praticamente não haverem descrições desses "costumes" nos séculos XVII e XVIII, parece claro que ao longo do século XIX eles foram crescendo em importância e complexidade, tornando-se, cada vez mais, alvo da curiosidade de visitantes europeus, que eram induzidos a visitarem o reino justamente durante estes períodos.[35]

Daomé iniciou, desta forma, o século XIX como um Estado militarizado, centralizado, mas com o poder real em parte controlado por uma aristocracia que ocupava cargos administrativos importantes,[36] e com sua economia fortemente assentada no tráfico de escravos. Entretanto, discussões historiográficas sobre o papel da exportação de escravos na economia total de Daomé têm demonstrado que outros setores, como o da produção agrícola camponesa, teriam sido mais importantes do que o próprio rendimento do comércio escravo para o Estado como um todo, a ponto de Manning afirmar que o valor da remuneração com a exportação de escravos era mesmo inferior ao das outras produções em Daomé.[37]

De qualquer forma, os rendimentos do tráfico continuavam sendo importantes para a manutenção do Estado. Além disto, interpretações como a de Robin Law, por exemplo, enfocam não apenas a questão econômica – através da mensuração da participação dos rendimentos do tráfico escravo – mas questões culturais, que surgem como importantes para a manutenção da faceta militar do Estado de Da-

---

34 Yoder, *Fly and Elephant Parties...*, p. 421.

35 Sobre o aumento da complexidade das cerimônias, ver: Bay, Edna. "On the Trail of the Bush King: a Dohomean Lesson in the Use of Evidence", *History in Africa*, vol. 6, 1979, p. 1-15.

36 Sobre a relação entre Gezo e esta "aristocracia", e a relativa limitação do poder real em Daomé ver: Adeyinka, A. "King Gezo of Dahomey: A Reassessment of a West African Monarch in the Nineteenth Century". *African Studies Review*, vol. 17, n. 3, 1974, p. 541-548.

37 Manning, P. *Slavery, Colonialism...*, p.12.

94   Alexsander Lemos de Almeida Gebara

omé.[38] Law nota que a tradição militarista era uma característica importante da cultura regional, e as constantes guerras ligavam-se, por um lado, ao comércio escravo e, por outro, à manutenção dos sacrifícios humanos.[39] As condições pareciam ser propícias para a manutenção das tradições, em especial nas primeiras décadas do século XIX, uma vez que a demanda de escravos na América era bastante grande, e comerciantes escravistas já estavam há longo tempo estabelecidos na região costeira, concentrados em grande parte em Uidá. A estas circunstâncias, somava-se a derrocada do Império Oyo que, a partir de 1820 não só deixou de ser importante exportador, mas passou a fornecer um estoque potencial de fácil acesso para as incursões guerreiras escravistas de Daomé.

Segundo John Yoder, a derrocada do Império Oyo teve repercussões bastante importantes nos rumos do Estado de Daomé. No final do século XVIII, os líderes políticos de Daomé, encabeçados pelo regente Adandozan, haviam limitado o envolvimento com o tráfico escravo em razão da tentativa das elites de evitar antagonizar com o Império Oyo, uma vez que este era o maior exportador regional. Entretanto, com o enfraquecimento e consequente início do desmembramento do império, a pressão interna pela retomada do tráfico escravo no Daomé foi muito grande, e acabou resultando em um golpe de estado contra Adandozan em 1818, praticado pelo príncipe Madagungung, que passou a utilizar o nome "Gezo" depois que se empossou Rei.[40] O golpe teve também o importante apoio financeiro de comerciantes escravistas de Uidá, obviamente interessados no aumento do fluxo de sua "mercadoria'" do interior para a costa. Entre estes comerciantes, o principal deles era Francisco Félix de Souza. Em troca da ajuda fornecida, Francisco recebeu de Gezo o privilégio de negociar em nome do rei em Uidá – tendo sido criado para ele o título de "Chachá" – e passou a rivalizar em poder com o administrador "oficial" de Daomé na costa, o Yevogan. Segundo Law, entretanto, esta relação entre Gezo e Francisco de Souza

---

38 Law, Robin. "The Politics of Commercial Transition: Factional Conflict in Dahomey in the Context of the Ending of the Atlantic Slave Trade". *Journal of African History*, n. 38, 1997, p. 213–233.

39 De acordo com Robin Law, *"Daomé era um estado guerreiro, com um ethos militarista profundamente arraigado, que desdenhava a agricultura."* Law, *The Politics of Commercial transition...*, p. 215. Também Hargreaves sugere a importância cultural principalmente dos sacrifícios humanos. Hargreaves, *Prelude to the Partition...*, p. 125.

40 Yoder, *Fly and Elephant Parties....*

A África de Richard Francis Burton   95

criou uma dependência do primeiro por crédito e aportes financeiros realizados por Souza em Daomé, dificultando ainda mais o abandono da posição escravista, mesmo sob pressão intensa da Inglaterra.

Por outro lado, ao mesmo tempo que aprofundava laços com o comércio de escravos depois da posse de Gezo, Patrick Manning sugere que Daomé entrou, a partir de 1840, numa "era agrícola". A relação comercial com a América restringia-se neste momento à venda de escravos, uma vez que as bebidas e tabaco brasileiros, que antes eram utilizados como moedas de troca por escravos na região, foram substituídos por destilados europeus e tabaco norte-americano. Dessa forma, enquanto comerciantes escravistas na costa passaram a comprar e produzir óleo de palma para negociar com ingleses em troca das mercadorias demandadas no interior, os próprios africanos também passaram a produzir mais óleo para o comércio. De fato, a sugestão de Manning é que foi apenas uma adaptação de uma atividade já existente, ampliando a produção de óleo no interior, através da manutenção de parte dos escravos como trabalhadores na cultura e extração deste produto, como resultado do aumento da demanda.[41]

Finalmente, fatores como a morte de Francisco Félix de Souza em 1849, a diminuição sensível na demanda atlântica de escravos a partir do começo da década de 1850, a intervenção inglesa em Lagos em 1851 – e a consequente relação mais próxima entre Inglaterra e Abeokuta como se verá no próximo tópico – fizeram com que Daomé ficasse relativamente isolado.

Na conjuntura da derrocada do Império Oyo, Daomé passou a exercer certa hegemonia na região. Entretanto, outra das consequências desta derrocada – qual seja, o surgimento da cidade Egba de Abeokuta e seu rápido desenvolvimento – começou a representar uma incipiente ameaça à esta posição. Debates internos em Daomé sobre a posição do Estado frente à política inglesa de combate ao tráfico e aos sacrifícios humanos configuraram uma divisão política na elite influente no governo. As duas facções políticas que surgiram destes debates têm sido chamadas de *Elefantes* e *Moscas*. Os Elefantes passaram a questionar a política que Gezo começou a praticar desde o início da década de 1850, que visava uma aproximação com a Inglaterra. Ao mesmo tempo, nutriam uma oposição cada vez maior contra Abeokuta, identificada por eles como aliada da Inglaterra e nova ameaça à he-

---

41 Manning, *Slavery, Colonialism...*, p. 51.

96   Alexsander Lemos de Almeida Gebara

gemonia regional daomeana.[42] Em resposta a esta situação de arrocho do tráfico escravo e pressão inglesa, Gezo começou a mudar as suas políticas internas, aceitando em 1852, após meses de bloqueio naval inglês ao comércio na costa, um termo de intenções com a Inglaterra para banir o tráfico de escravos no futuro. Esta atitude diminuiu muito a intensidade de expedições militares, reduziu também o número de sacrifícios humanos e procurou desenvolver ainda mais as plantações reais de óleo de palma, bem como taxar a produção existente, como forma de recuperar a remuneração do Estado.[43] O partido dos *Elefantes* passou a opor-se a este procedimento, organizando-se para se contrapor às vontades de Gezo. Como resultado, mesmo antes da morte do Rei, Daomé retomou, no âmbito externo, sua "vocação" guerreira em novas expedições para o oeste, inclusive contra Abeokuta e, no âmbito interno, passou a conter insatisfações quanto às possíveis transformações nas cerimônias anuais. Esta parcela da aristocracia que visava a retomada das tradições, especificamente dos sacrifícios humanos, estava organizada em torno de Badahun (que viria a ser Gelele), filho de Gezo e pretendente ao trono.

Apesar das políticas de Gezo terem sido elaboradas para acalmar os ânimos dos ingleses, e colocar-se ao lado de um importante parceiro comercial, em especial no caso do óleo de palma, também pode-se vislumbrar estratégias de Daomé para manutenção da soberania e do poder regional. Entre essas estratégias, a data das visitas de representantes europeus, sempre coincidentes com o *Xwetanu*, parece ser uma delas. Como se viu, este era o período de reunião das principais forças de Daomé em um mesmo lugar, e de demonstração de suas riquezas e poderio militar. Os europeus durante essas visitas ficavam muito limitados pelas ações daomeanas, tendo sua mobilidade restringida, cumprindo protocolos bastante longos e sendo praticamente obrigados a presenciar os tão odiados sacrifícios humanos.[44] Gezo, e depois seu filho

---

42 Law, *The Politics of Commercial Transition...*, e Yoder, *Fly and Elephant Parties...*. Novamente há divergência entre as interpretações destes dois autores, Law não utiliza esta oposição como sinônimo de escravistas e não escravistas, da forma como Yoder o faz. De qualquer forma, Law também admite uma divisão política na elite daomeana especialmente depois de 1852, quando as políticas de Gezo começaram a mudar em favor de acordos com a Inglaterra.

43 Law, *The Politics of Commercial Transition...*, p. 223-225.

44 Hargreaves sugere exatamente isto, dizendo que: "...*mesmo a prática de deter visitantes europeus em Abomé e compeli-los a testemunhar os sacrifícios humanos aos deuses nacionais pode ter tido um objetivo*

A África de Richard Francis Burton   97

Gelele, regentes sob os quais as visitas europeias multiplicaram-se, ampliaram muito a duração destes "costumes". Obviamente, as razões para o incremento dos "'costumes" não podem ser reduzidas à relação entre Daomé e Inglaterra. Uma explicação bastante complexa encontra-se no instigante artigo de Edna Bay, *On the Trail of the Bush King*.[45] Sua interpretação é de que Gezo tendo sido usurpador, não poderia ter realizado homenagens ao rei anterior (Adandozan) que era seu irmão e que inclusive continuou vivo durante boa parte de seu reinado. Desta forma, realizava as cerimônias tradicionais aos antepassados reais, e criou uma nova forma de homenagem, na qual retomava o papel (e o nome) que tinha quando era príncipe e prestava, desta forma, homenagens diretas ao seu pai, dobrando a duração do festival.[46] Esta tradição teria sido seguida por Gelele, entre outras razões, pelas pressões culturais que tendiam a fazer permanecer as alterações nas festividades. Mas havia também uma razão política, qual seja, o aumento da permanência da corte junto ao rei durante o festival possibilitava o aumento do poder e influência política do rei sobre seus "principais".[47] Entretanto, a permanência maior da corte na capital, parece ter funcionado de maneira reversa no final do período regencial de Gezo, agrupando em torno de Gelele como se viu, uma parcela conservadora da elite local que pressionava pela mudança das políticas externa e interna de Gezo.

Finalmente, com a morte de Gezo, em 1858, Gelele venceu as disputas para tornar-se rei de Daomé, com a ajuda e suporte desta parte "conservadora" da política daomeana. Apesar de Gelele não ter desfeito totalmente as reformas de seu pai, mantendo a produção e exportação de óleo de palma, ele retomou de forma

---

prático a preencher por desencorajar visitantes e reforçar a reputação nacional de 'selvageria'". Hargreaves, *Prelude to Partition...*, p. 18. Embora ele ressalte que não é possível explicar todas as ações daomeanas do ponto de vista político, nota esta possível função estratégica da permissão das visitas justamente nestes períodos.

45 Bay, Edna. *On the Trail of the Bush King...* O artigo busca demonstrar como as descrições dos costumes realizadas por viajantes europeus no século XIX são na verdade muito mais referenciadas umas nas outras, do que propriamente na realidade observada. Além disto, procura ler à contrapelo estas descrições e analisá-las em confronto com tradições orais para propor uma explicação para a complexificação dos "costumes" durante os reinados de Gezo e Gelele.

46 Bay, Edna. *On the Trail of the Bush King...*, p. 11-13.

47 Bay, *On the Trail of the Bush King...*, p. 12.

98   Alexsander Lemos de Almeida Gebara

agressiva as incursões guerreiras nos arredores e procurou reavivar as tradições de sacrifícios humanos, que embora diminuídas, não tinham sido extintas no final do governo anterior.

Foi para apresentar um pedido sobre o fim de ambos, tráfico de escravos e sacrifícios humanos, que Burton foi indicado para sua missão frente ao rei Gelele, em 1863, no mesmo momento em que se reafirmava estas tradições. O relato de Burton sobre a visita à Daomé é fonte muito citada pela historiografia, considerado bastante acurado em suas descrições do *Xwetanu*. Por outro lado, Burton foi um dos europeus que mais manifestou incômodo com a situação "subordinada" na qual encontravam-se os visitantes durante estes períodos de celebração.[48] Suas opiniões sobre a política britânica na região, expressas em seus relatórios consulares e em seu relato de viagem sobre Daomé refletem essa complexa situação pela qual passava a política interna daomeana, bem como sua própria experiência durante a estadia no local.

Como forma de compreender a configuração do discurso de Burton sobre a região e a população, e suas propostas para a África Ocidental, a última parte deste texto traz uma análise mais detalhada dos relatos, relatórios consulares e da relação do viajante com o FO.

Abeokuta – Contexto

Diferentemente de Daomé que tem sua expansão datada ao menos do século XVII, ou das cidades do Delta do Níger, cuja origem tem sido datada por volta do século XII, a história de Abeokuta é mais recente e costuma ser datada com mais precisão, como tendo sido iniciada por volta do ano de 1830. O surgimento da cidade, pode ser considerado como um dos resultados da dissolução do Império Oyo na década anterior, que teve consequências importantes sobre toda a região Ioruba, e mesmo as adjacentes, como pode-se notar no desenvolvimento do reino de Daomé.

Segundo G. Oguntomisin, várias foram as causas que contribuíram para a derrocada do Império Oyo, entre elas lutas internas pelo poder e, principalmente, a *Jihad* dos Fulani, que localizavam-se ao norte das fronteiras do império e passaram a invadir e dominar as cidades Ioruba, assumindo o controle de Ilorin em primeiro lugar, de onde continuaram a expansão em direção ao sul. Esta invasão Fulani por sua vez

---

48 A postura de Burton, segundo Newbury este autor foi "um desastre nas relações Anglo-Fon". Newbury, *Introduction...*, p. 23.

A África de Richard Francis Burton   99

provocou o deslocamento do exército Oyo também para o sul, causando a destruição e a fuga da população das cidades pelo caminho, entre elas a população Egba.[49]
Este "grande movimento populacional" em direção ao sul transformou a geopolítica
regional, remodelando cidades antigas e dando origem a assentamentos completamente novos, reformulando ao mesmo tempo as estruturas básicas tradicionais de
governo das populações Ioruba de acordo com as novas circunstâncias.[50]

O conjunto da população Ioruba apresenta uma clara afinidade de elementos
culturais, linguísticos e religiosos, além de compartilharem tradições comuns sobre
sua origem. Apesar disto, essa população pode ser dividida em vários subgrupos
(Oyo, Ijebu, Ife, Owu, Egbado, Egba, e Awori), que nunca estiveram reunidos sob
um governo único.[51] Antes do século XIX, entretanto, as organizações políticas das
diferentes cidades Ioruba, também apresentavam alguns elementos comuns, quais
sejam: a instituição monárquica; a sucessão hereditária ao trono; indicação para
cargos políticos pelo parentesco mais do que pelo mérito; natureza essencialmente
civil do governo e salvaguardas adequadas contra autocracia e despotismo.[52] Dessa
forma, as populações Egba que compunham a maior parte do contingente populacional presente na fundação de Abeokuta, apesar de terem vivido anteriormente
em cidades diferentes, possuíam um substrato cultural comum – língua, tradições

---

49 Oguntomisin, G. O. "Political Change and Adaptation in Yorubaland in the Nineteenth Century". *The
Canadian Journal of African History*, vol. 15, n. 2, 1981, p. 223-237.

50 Oguntomisin menciona três tipos de cidades resultantes deste movimento populacional: a primeira
delas era composta por soldados oriundos do antigo exército Oyo que tomaram algumas cidades onde
se estabeleceram; a segunda delas eram cidades que receberam influxos populacionais muito grandes, formadas por grupos com identidades predefinidas por sua localidade de origem, tornando-se
complexas reuniões de várias cidades em uma; e enfim, as cidades cujas localidades eram totalmente
novas, como Abeokuta por exemplo, que também contavam com populações diversas, embora aparen-
tadas que desenvolveram organizações políticas próprias a partir dos elementos culturais preexistentes.
Oguntomisin, G. *Political Change and Adaptation...*.

51 Palinder-Law, Agneta. *Government in Abeokuta, 1830-1914, With Special Reference to the Egba United
Government 1898-1914*. Tese de Doutorado, Universidade de Götemborg, 1973, p. 2.

52 Atanda, J. A. "Government of Yorubaland in Pre-colonial Period", *Tarik*, vol. 4, n. 2, 1973. p. 1-9.

100 Alexsander Lemos de Almeida Gebara

religiosas, economia principalmente agrícola – que formaram um ponto de partida para a organização da nova cidade.[53]

As organizações sociais destas populações eram semelhantes aos demais grupos Ioruba, baseadas em comunidades familiares patrilineares, com relativa autonomia. A relação entre estes grupos era mediada por sociedades religiosas chamadas *Ogboni*. Supostamente, todos os homens adultos faziam parte desta sociedade, que era bastante hierarquizada e a ascensão aos postos mais altos dava-se através da idade e riqueza de seus participantes.

Esta sociedade tinha funções reguladoras, determinava penas aos criminosos e efetuava julgamentos de disputas eventualmente ocorridas entre os diferentes grupos familiares. Além disso, tinha função de eleger o chefe principal da cidade, intitulado *Oba*. As ações deliberadas pela sociedade Ogboni, eram executadas por outra sociedade religiosa conectada a esta, chamada *Oro*.[54] Além destas, cada uma das diferentes populações Egba tinha uma estrutura militar, de menor importância antes das guerras do início do século XIX, chamadas *Olorogun*, que desempenharam um papel fundamental, como se verá, no desenvolvimento de Abeokuta.

Como foi possível notar, o acontecimento-chave para o surgimento de Abeokuta foi a situação de guerra generalizada com a dissolução do Império Oyo, das quais uma das consequências foi o desalojamento das populações Egba, as quais sob a liderança militar de Sodeke, fugiram em direção à costa. Neste percurso encontraram, a cerca de 100 quilômetros do litoral, uma localização relativamente bem protegida e conseguiram, a partir dali, resistir as tentativas de invasão para, enfim, fundarem Abeokuta.

A população que originalmente encontrava-se em Abeokuta não se fundiu numa única comunidade. Ao contrário, continuou como um compósito das diversas subdivisões dos Egbas, que com o tempo foram se instalando em localidades específicas dentro da cidade, recriando suas próprias sociedades Ogboni, e elegendo seus próprios Oba. Além disto, outras populações, mesmo as que não eram de origem Egba, também se juntaram à cidade tornando ainda

---

53 As populações Egba são apresentadas no plural pois contém também vários subgrupos tais como *Ake, Oke, Ona,* e *Agura.* Palinder Law, *Government in Abeokuta...,* p. 2.

54 Palinder-Law, *Government in Abeokuta...,* p. 6, Gailey, Harry. *Lugard and the Abeokuta Uprising, the Demise of* Egba *Independence.* Londres, Frank Cass, 1982. p. 7.

A África de Richard Francis Burton   101

mais complexa a correlação de forças internas à Abeokuta. Segundo Biobaku, a política de Sodeke era a de admitir qualquer refugiado durante a era de "anarquia e irrupção", que havia dominado a região naquele período, com objetivo de tornar a cidade cada vez mais forte.[55]

Com o fortalecimento da cidade, expedições militares começaram a partir para as regiões adjacentes, especialmente para o sul, visando assegurar uma rota de comércio para a costa. Como resultado – além do estabelecimento de uma rota de saída para o mar via Badagry – muitos cativos de guerra foram trazidos para a cidade, onde passaram a ser considerados escravos domésticos sendo incluídos nos diversos grupos familiares.

No final da década de 30, Abeokuta estava configurada, portanto, como uma cidade bastante populosa e forte, e a sua fama espalhara-se por toda a região, atingindo inclusive a região da costa, onde alguns serra-leoneses já atuavam como mercadores. Tais mercadores fizeram esta informação alcançar Freetown, e alguns habitantes dali, de origem Egba, começaram a migrar para o interior, para se instalarem em Abeokuta. Estes habitantes eram em sua grande parte egbas que haviam sido capturados e embarcados como escravos no auge da dissolução do Império Oyo, mais tarde recapturados pelo esquadrão britânico e deixados em Serra Leoa. Segundo Biobaku, a "sociedade heterogênea" que se formava apenas era sustentada pela forte personalidade e liderança de Sodeke. Graças a ele, os egba assumiram "uma posição dominante no interior próximo a Lagos" numa região que seria de grande importância para os desenvolvimentos políticos das décadas seguintes.[56]

A situação de guerra quase ininterrupta, durante a primeira década de existência de Abeokuta, acabou resultando, de acordo com Oguntomisin, no desenvolvimento de formas institucionais de governo relativamente diferentes daquelas tradicionais anteriores à dissolução do Império Oyo. A principal característica ressaltada por este autor sobre estas transformação é a grande predominância das instituições militares, as chamadas Olorogun sobre as civis, as já mencionadas Ogboni.[57] Apesar

---

55 Biobaku, *The Egba and Their Neighbors...*, p. 18.

56 Biobaku, *The Egba and Their Neighbors...*, 26.

57 Oguntomisin, *Political Change and Adaptation...*, 229. De fato, este autor sugere que a proeminência das estruturas militarizadas foi uma feição de praticamente todas as comunidades na região Ioruba pós

102   Alexsander Lemos de Almeida Gebara

de Biobaku, creditar a manutenção da unidade em Abeokuta à figura de Sodeke, Oguntomisin argumenta que, de fato, o que ocorreu foi que a necessária presença e organização do aparato militar durante estes primeiros anos fez com que as Olorogun tivessem sucesso em desenvolver uma organização central que englobava as diversas estruturas militares das diferentes populações da cidade, enquanto as Ogboni não conseguiram o mesmo objetivo.[58] Desta forma, uma Olorogun central ficou sob comando de Sodeke. A proeminência dessa estrutura militar sobre as organizações civis conferiu o caráter expansionista de Abeokuta, mesmo quando as suas fronteiras deixaram de ser realmente ameaçadas.[59]

Na estrutura política e social de Abeokuta, a interferência inglesa começou a se fazer sentir, ainda que de forma indireta, a partir de meados da década de 1840. De fato, já se notou que ainda no final da década anterior, havia se iniciado um movimento de migração de serra-leoneses cristianizados de origem Egba para Abeokuta, e com isto as sociedades missionárias não tardaram em segui-los, com objetivo de fundar missões permanentes no local. Os primeiros visitantes com este intuito foram muito bem recebidos por Sodeke – que, aparentemente, vislumbrava no intercurso com a Inglaterra a possibilidade do fortalecimento de uma hegemonia regional. Desta forma, Henry Towsend aceitou a incumbência de estabelecer uma missão da Church Missionary Society, e acompanhado de Samuel Crowther, inaugurou-a em 1846.[60]

---

derrocada do Império Oyo, em razão da insegurança generalizada decorrente desta conjuntura.

58 De fato, uma reunião das Ogboni só veio a acontecer depois da morte de Sodeke.

59 Oguntomisin. *Political Change and Adaptation...*, p. 230. Apesar disto, o autor enfatiza que não se tratava de um despotismo militar, uma vez que apesar da proeminência, as Olorogun ainda tinham certos limites de ação frente às Ogboni, especialmente em situações internas.

60 Henry Towsend foi o primeiro missionário a estabelecer-se em Abeokuta. Ele permaneceu na cidade durante as décadas seguintes servindo como forma de interlocução entre os Egbas e a Inglaterra, frequentemente clamando pela ajuda inglesa para a sustentação da facção civil e anti-tráfico escravo da cidade. Biobaku, *The Egba and Their Neighbors...*. Crowther, por sua vez, cresceu em Serra Leoa, filho de pais *Egbas*, estudou na Inglaterra e tornou-se o primeiro bispo negro anglicano da história. Ele defendia a penetração da cultura europeia como forma de "civilizar" os africanos, de acordo com sua própria experiência. Por outro lado, ele defendia também que uma vez educados, os africanos deviam estar

A África de Richard Francis Burton 103

Entretanto, no momento da fundação da missão, uma disputa sucessória em Lagos resultou na expulsão do então governante Akintoye, que mantinha boas relações com os ingleses e aparentemente não se opunha ao fim do tráfico. O líder escravista Kosoko teve sucesso em alcançar o poder, e o rei anterior fugiu para Abeokuta, onde os ânimos também estavam divididos.

A morte de Sodeke, em 1845, levou a uma disputa interna que resultou em uma postura diferente dos líderes militares e civis. Apati, o líder militar, colocou-se ao lado do novo governo de Lagos, demandando a cabeça de Akintoye, refugiado em Abeokuta. Por outro lado, o líder civil mais proeminente, Okukenu, forneceu asilo a Akintoye, desafiando a autoridade de Apati.[61] Dividiu-se então a cidade em duas facções que podiam ser caracterizadas por anti e pró-escravistas, e por consequência anti e pró-missionários e ingleses.[62] Mas a influência de Okukenu não foi suficiente e o antigo regente de Lagos foi obrigado a sair da cidade e refugiar-se em Badagry. Por outro lado, depois deste episódio, houve uma vitória da facção favorável à instalação das missões em Abeokuta, que tornou possível a fundação da primeira delas, como se viu, em 1846. Este episódio teve repercussões significativas na história regional. A presença de missionários em Abeokuta tem sido considerada como um elemento muito importante na dinâmica política da cidade, especialmente a partir da década de 1850. Segundo Earl Phillips, os missionários

---

em posições de controle na África. Herskovits, Jean. "The Sierra Leoneans of Yorubaland", in: Curtin, Phillip, *Africa and the West*, Madison: University of Wisconsin Press, 1972.

61 *Okukenu* era o *Oba* da população *Ake*. Em 1854, ele assumiu o título de *Alake*, teoricamente um governante civil que unificava as *Ogboni*. Entretanto, relatos contemporâneos, Burton entre eles, sugerem que *Okukenu* mantinha apenas o título, mas não dispunha de poder de fato para exercer a função.

62 Biobaku, *The* Egba *and Their Neighbors...*, p. 33. De qualquer forma, segundo este autor, o partido escravista parecia estar ganhando força neste momento em Abeokuta. Interpretações mais recentes, no entanto, sugerem que a questão não era exatamente de uma oposição entre escravistas e não escravistas, sendo que Kosoko não era bem-visto pelos ingleses em razão de "*sua determinação em excluir os mercadores europeus do comércio entre Lagos e o hinterland Ioruba próximo*". Nwaubani, E. "Kenneth Onwuka Dike, 'Trade and Politics" and the restoration of African History", *History in Africa*, vol. 27 (2000), p. 229-248. p. 234.

104   Alexsander Lemos de Almeida Gebara

não apenas assumiram um papel de crescente influência em Abeokuta mas, com os contatos influentes da Church Missionary Society em Whitehall, o governo britânico por quinze anos apoiou ativamente o movimento Egba em direção ao mar e promoveram sua tentativa de atingir a hegemonia na região Ioruba. [63]

Junto com este apoio à proeminência regional de Abeokuta, a interferência de interesses britânicos tendeu a alterar o equilíbrio político da cidade em favor dos governantes civis. Como exemplo desta interferência, pode-se mencionar o fato de Towsend, que esteve em Abeokuta desde 1846, ter retornado para a Inglaterra dois anos depois, com uma carta das autoridades civis de Abeokuta, solicitando a ajuda inglesa no combate ao tráfico, para a instalação de escolas e também para abrir a navegação do rio Ogum até a costa – cuja foz era controlada por Lagos – como forma de incrementar o comércio.[64] A carta refletia exatamente o desejo dos missionários em Abeokuta de uma intervenção ativa da Inglaterra para a proteção da cidade e sustentação de seu governo civil, favorável à sua presença.

A interferência inglesa aumentou ainda mais quando da indicação de John Beecroft como cônsul para as baías de Benim e Biafra em 1849. Em correspondência com Palmerston, então no FO, Beecroft sugeriu, no início de 1851, que Lagos era realmente a posição principal na costa, a partir da qual era possível concretizar várias intenções inglesas, quais sejam, acabar com o tráfico escravo na região, fortalecer a facção anti-escravista em Abeokuta e, portanto, o trabalho missionário desenvolvido ali, além de ampliar a participação inglesa no comércio.[65] De fato, a intervenção in-

---

63 Phillips, Earl, "The Egba at Abeokuta: Acculturation and Political Change, 1830-1870". *Journal of African History*, vol. 10, n. 1, 1969, p. 117-131. p. 121.

64 A questão do fluxo de mercadorias no rio Ogum neste momento, além de pequenas guerras expansionistas de Abeokuta, diz respeito a disputas internas. A organização comercial tradicional da cidade, *Parakoyi*, forçou a parada do comércio pelo rio lutando desta forma contra a interferência cada vez maior dos *Saros* – imigrantes serra-leoneses – que começavam a dominar grande parte do mercado, graças as suas conexões com os missionários ingleses, e consequentemente com o consulado inglês em Lagos. Phillips, *The Egba at Abeokuta...*, p. 123.

65 Biobaku, *The Egba and Their Neighbors...*, p. 41.

A África de Richard Francis Burton   105

glesa em Lagos ocorreu no final daquele ano. A substituição do regente local, Kosoko, por outro mais amigável aos ingleses foi efetivada para cumprir estes objetivos.[66] A dinâmica da relação entre Inglaterra e Abeokuta durante a década de 1850 caracterizou-se por uma constante ajuda europeia para a consolidação da cidade africana como maior poder no interior próximo à costa de Lagos, e contou inclusive com o envio de armas e treinamento de guerra para evitar uma derrota durante as tentativas de invasão daomeana. Isto ocorreu apesar de esporádicas suspeitas de que a facção escravista em Abeokuta manejava para exportar escravos por outros portos que não Lagos.[67]

Com o consulado britânico estabelecido em Lagos, comerciantes de óleo de palma começaram a afluir e estabelecer-se na cidade, principalmente para realizar negócios com Abeokuta e o interior. Pouco tempo depois, a partir de 1852, a *African Steamship Company* começou o serviço de vapores entre a costa africana e Inglaterra. Lagos era uma das paradas, e com isto, pequenos comerciantes serra-leoneses passaram a dirigir-se também para a cidade de Lagos.[68] Lagos era considerado o "porto de Abeokuta", e o aumento do fluxo comercial era um dos objetivos explicitamente perseguidos pelo governo inglês. De acordo com a concepção dos missionários e filantropos ingleses, o aumento do "comércio lícito" era uma das formas de diminuir o tráfico escravo e desenvolver a 'civilização' na África.

No final da década de 1850, entretanto, Abeokuta envolveu-se numa guerra regional com a cidade de Ibadan. As motivações não parecem claras na historiografia. Segundo Biobaku, questões sobre a manutenção da proeminência regional

---

66 É importante ressaltar que a substituição do regente em Lagos não se deu de maneira tranquila. Houve bombardeamento da cidade pelo navio inglês "Bloodhound", com Beecroft e Akintoye à bordo. Kosoko resistiu o quanto pode em fortificações no litoral, e finalmente fugiu para uma localização próxima, de onde continuou resistindo. Sobre a resistência, ver Smith, Robert. "The Lagos Consulate, 1851-1861: an Outline" *The Journal of African History*, vol. 15, n. 3, 1974, p. 393-416.

67 Novamente é importante lembrar que a polarização entre os egbas não é tão simplista quanto a expressa por escravistas x não escravistas, aproximando-se muito mais de uma disputa pelo poder internamente, com o apoio dos ingleses jogando um papel decisivo. Desta forma, a facção que eventualmente granjeasse o apoio inglês frequentemente se comprometia, ao menos em parte, com os ideais ingleses de por fim ao tráfico atlântico de escravos, surgindo assim, nas fontes, como anti-escravista.

68 Smith, R. *The Lagos Consulate...*, p. 401.

106 Alexsander Lemos de Almeida Gebara

eram as mais importantes para os africanos. Observadores europeus contemporâneos, inclusive Burton, creditavam as escaramuças à questões sobre o domínio de rotas comerciais. Mas, de fato, a guerra diminuía o fluxo de comércio do interior, em grande parte pela ação de Abeokuta, que bloqueava rios e outras rotas, impedindo a cidade de Ibadan de comercializar com a costa. Essas ações resultaram no início do acirramento dos ânimos entre os Egbas e os representantes governamentais ingleses na costa. Esta animosidade aumentou ainda mais quando a Inglaterra assumiu formalmente o controle de Lagos tornando a cidade uma colônia *de facto* e gerando apreensão em Abeokuta pelo receio de uma possível intervenção inglesa também ali. Outro resultado desta intervenção foi o início da diminuição da influência missionária na cidade, que atingira seu ápice durante a década anterior.[69]

Em busca de retomar o fluxo comercial, a atuação dos governadores britânicos em Lagos, a partir de 1861, assumiu características cada vez mais intervencionistas, a despeito da resistência oficial do *Colonial Office* em permitir esta interferência direta em localidades fora da jurisdição de Lagos.[70] Desta forma, Burton esteve visitando aquela cidade num contexto de reequilíbrio interno do governo em Abeokuta. Esta cidade então presenciava uma disputa pelo poder que pode ser expressada de maneira relativamente simplificadora para os propósitos deste texto, como ocorrendo entre as facções civil e militar, anti e pró-escravistas (com demandas missionárias em favor da primeira), e do aumento importante da intervenção direta da Inglaterra na região (anexação formal de Lagos, ampliação territorial formal em seus arredores, entre outras).

Enfim, uma vez esboçadas as conjunturas das regiões nas quais Burton esteve, e sobre as quais escreveu durante os primeiros anos da década de 1860, o próximo passo deste trabalho é uma apresentação da perspectiva com a qual Burton vislumbrava sua atuação consular a partir de suas propostas para a política britânica nas regiões por ele visitadas, tendo em mente as políticas "oficiais" apresentadas anteriormente. Em seguida, procurar-se-á compreender o significado da própria posição consular britânica em regiões distantes da metrópole imperial.

---

69 Biobaku, *The Egba and Their Neighbors...*, capítulo 6.

70 Um interessante artigo que avalia a atuação dos governadores de Lagos em assuntos e guerras internas durante a década de 1860 é: McIntyre, W. D. *"Commander Glover and the Colony of Lagos"*.

Perspectivas de Burton para a atuação inglesa na África Ocidental

Além de utilizar seu período na África Ocidental para realizar viagens de exploração, Burton aparentemente vislumbrava o trabalho de cônsul mais como uma agência de intervenção efetiva em favor dos interesses britânicos, do que apenas como um mediador comercial. Esta perspectiva pode ser percebida em grande parte de seus relatórios durante o início de sua permanência na região. Logo em seus primeiros despachos surgem constantes solicitações para o envio de um cruzador, para ficar a sua disposição. Depois de realizar a primeira visita aos "Rios do Óleo" à bordo de um navio da *African Steamship Company*, ainda no final de 1861, Burton mencionou em despacho para o FO a "necessidade" de contar com um barco de guerra sob seu comando.[1] Em janeiro do ano seguinte, o autor voltou a mencionar a importância dos cruzadores para organizar o comércio na região do baixo Níger. Segundo ele:

> As vilas hostis são em número de cinco ou seis [...] elas irão requerer alguma coerção. [...] Isto pode ser facilmente conseguido por dois barcos de guerra. Com tais navios, eu poderia ir até lá em julho próximo e garantiria que depois de seis meses nenhum tiro seria disparado novamente no baixo Níger.[2]

Desta forma, Burton propôs uma missão ao FO, qual seja, destinar dois cruzadores para uma patrulha constante do Delta do Níger, com intuito de coa-

---

1 PRO, FO 84/1147, 04/10/1861. Russell, então Ministro de Relações Exteriores (*Foreign Office Secretary*) em despacho interno também já revela qual imagem fazia de seu cônsul, manifestanto, "*grandes dúvidas sobre o discernimento do Capitão Burton. Eu acredito que [...] isto pode nos colocar em sérios problemas*". PRO, FO 84/1147, 14/11/1861.

2 PRO, FO 84/1176, 14/01/62.

108 Alexsander Lemos de Almeida Gebara

gir os nativos locais à aceitar as práticas comerciais inglesas. Importante notar aqui que o propósito da requisição dos navios britânicos pouco tem a ver com o tráfico de escravos, função oficial da patrulha naval inglesa na costa, que nesta época estava praticamente extinto. Quando da proposição desta missão, Burton ofereceu-se também para supervisionar a preparação dos navios, desde a colocação de armamentos até a organização das cabines. A suposição de que o cônsul teria poderes para interferir até mesmo na organização funcional de navios da marinha demonstra a importância conferida por ele ao posto consular, em seu período inicial na África.

Em vários de seus despachos é possível notar qual o padrão considerado ideal por Burton, no que diz respeito à atuação consular na costa ocidental africana: à bordo de um navio de guerra, o cônsul deveria impor as condições inglesas de comércio frente a chefes e comunidades nativas, através da demonstração de força.[3] Um dos casos relatados por Burton em sua correspondência com o FO serve como um exemplo deste padrão de atuação. Em fevereiro de 1862, ele precisou realizar duas visitas à Bimbia, próxima do rio Camarões, para obter a restituição de algumas cabeças de gado roubadas da missão local. Supostamente, o roubo havia sido efetuado por súditos do chefe local designado como "*Dick Merchant*". Na primeira destas visitas, Burton estava à bordo de um baleeiro britânico que, segundo ele, não estava devidamente provido de armamentos. Como resultado, segundo o seu despacho, *Dick Merchant* não apenas recusou-se a receber o cônsul, mas os ingleses foram forçados à se retirar frente à 200 nativos armados que recusaram qualquer tipo de negociação.[4]

Já na segunda visita, menos de uma semana depois, o cônsul estava à bordo do mesmo baleeiro, porém acompanhado de um cruzador inglês. Desta vez, as coisas aconteceram de forma bem diferente. De acordo com Burton, ele e sua comitiva desembarcaram:

---

3 PRO, FO 84/1176, 01/03/1862, 22/05/1862, 18/12/1862, entre outros. Nestes despachos, Burton narrou acontecimentos nos quais descreve o padrão de atuação mencionado acima. A frequência da necessidade da coação dos nativos por barcos de guerra britânicos entretanto, revela uma forte resistência africana à dinâmica comercial que vinha sendo imposta pela Inglaterra.

4 PRO, FO 84/1176, 01/03/1862.

A África de Richard Francis Burton   109

...exatamente como fizemos anteriormente. Desta vez encontramos o chefe sentado sob a usual *palaver tree*. Como eu recusei um aperto de mãos com ele, ele ajoelhou frente a mim, e mostrou o mais profundo arrependimento movido pelo medo. No final de uma hora, ele e seus principais homens tinham assinado quadro artigos, dos quais o original está anexado. Comandante Parry então os gratificou com uma descarga de Howitzer e Rockets, e a sensação criada garante a minha crença de que esta parte da costa estará pacífica por algum tempo.[5]

Como se nota na passagem acima, o chefe africano, antes desafiador, mostra-se, no texto de Burton, profundamente arrependido frente à possibilidade de ter sua cidade atacada por um cruzador britânico. Além disto, o efeito de coação causado pela demonstração do poderio bélico do navio, através da descarga dos canhões, fez Burton garantir que a paz reinaria na localidade, ao menos por algum tempo. De fato, não é possível afirmar com certeza se os eventos aconteceram exatamente desta forma, mas é importante notar como o próprio Burton descrevia a situação.

A resposta do FO à este despacho de Burton foi positiva. Russell escreveu afirmando que aprovava a atuação de Burton principalmente por ter tido que recorrer apenas à demonstração de força, e não ao seu uso de fato.[6] Desta forma, parece que Russell estava de acordo com a utilização de navios do esquadrão africano para a coação dos pequenos estados nativos costeiros.

Entretanto, o projeto de Burton para o desenvolvimento comercial e aumento da influência britânica na região não se limitava à enquadrar as comunidades costeiras à lógica comercial inglesa. Ele acreditava que a rentabilidade do comércio da África Ocidental seria muito maior se a Inglaterra pudesse comerciar de forma direta com o interior, em especial através do rio Níger, segundo ele, "*the highroad to Central Afri-*

---

5 PRO, FO 84/1176, 01/03/1862. Negritos meus.

6 PRO, FO 84/1176, 23/04/62. As palavras de Russell no despacho são: "*O resultado é o mais satisfatório para o Governo de Sua Majestade, no sentido que foi atingido sem ter que usar de fato o recurso da força.*".

110   Alexsander Lemos de Almeida Gebara

can exploration".[7] A interferência direta no interior da África, entretanto, não parecia seduzir o FO tanto quanto a coação naval costeira. É possível perceber a resistência do governo inglês em participar de ações militares no interior pelo tratamento dispensado aos despachos de Burton, nos quais ele sugere essa necessidade.

O relatório de Burton sobre a viagem à Abeokuta, por exemplo, apresenta passagens nas quais o autor sugere a intervenção direta inglesa para resolver os problemas comerciais na localidade. Como se viu, Abeokuta estava em guerra com Ibadan o que diminuiu o fluxo comercial do interior para a costa. Segundo Burton, esta guerra era um problema "desprezível e prejudicial" aos intentos ingleses. A solução, em sua concepção, seria uma intervenção militar direta inglesa por terra, para forçar os termos de um tratado de paz entre as duas regiões beligerantes. Ainda segundo Burton, os Egbas haviam aprendido a respeitar os ingleses como marinheiros, mas nunca tinham visto uma atuação terrestre da Inglaterra. Desta forma, em sua opinião, uma expedição deveria ser organizada com oficiais ingleses e um corpo de cavalaria e artilharia composto por nativos de outras regiões.

> Com tal força, poderíamos facilmente [?] sobre o país para manter a paz e compelir suas tolas guerras a [?] a tratos pacíficos.[8]

A atuação inglesa no interior proposta por Burton implicava, pois, na presença de um exército terrestre comandado por oficiais ingleses, o que demandava necessariamente gastos para a manutenção desta força. Além disto, devido ao clima "mortífero" da região, era necessário que se constituísse um posto de recuperação de saúde para os oficiais. Neste sentido, o projeto de Burton completava-

---

7 PRO, FO 84/1176, 14/01/62. Há também outros despachos que mencionam a ideia de realizar a exploração do interior da África através do comércio direto, em especial um, escrito no final de seu período consular, PRO, FO 84/1221, 14/04/1864. A ideia da penetração ao interior para comerciar diretamente com as comunidades produtoras não é apanágio de Burton. De fato, desde as expedições Níger acima na década de 1830, esta ideia era uma constante. O governador Freeman, de Lagos, e seu substituto frequente, tenente Glover, apregoavam a mesma política para a região Ioruba. McIntyre, W. D., *Commander Glover and the Colony of Lagos...*

8 PRO, FO 84/1176, 20/11/1861.

A África de Richard Francis Burton   111

se com a ocupação de alguns pontos de altitude elevada, onde o clima era mais ameno, a exemplo do que já acontecia na Índia britânica.[9] Projeto bastante semelhante de ação militar no interior reaparece em um dos últimos relatórios de seu período consular na África Ocidental. Trata-se do despacho sobre sua viagem à Daomé, entre o final de 1863 e o começo de 1864. Neste texto, Burton enuncia claramente a proposta de uma invasão por terra à Daomé com objetivo de forçar o rei a deixar de comerciar em escravos. Em primeiro lugar, ele afirma a facilidade de ocupar Uidá[10] e logo depois, sugere a possibilidade de penetrar até Abomé, com pormenores sobre a rota e as condições para conseguir provisões para o exército em marcha. Segundo Burton:

> Há, eu noto novamente, poucas dificuldades num avanço militar de Uidá à Abomé, exceto pela necessidade de provisões. Tomando a estrada norte depois de deixar Aladá, água pode ser encontrada em abundância.[11]

Como mencionado acima, o tratamento destes relatórios pelo FO fornece indicações da resistência do governo inglês de engajar-se em interferências no interior. É significativo que os relatórios sobre as viagens à Abeokuta e Daomé tenham sido editados pelo FO. Foram retiradas nestas edições dos documentos

---

9 Burton propõe de fato a ocupação de uma região nas montanhas de Camarões, o que por um lado legitima a sua viagem de exploração realizada no início de 1862 e, por outro, completa seu projeto de presença militar efetiva. Para uma análise destas retóricas de tomada de posse, tal como a expressa por Burton neste texto ver Pratt, Mary. *Olhos do Império, Relatos de viagem e transculturação*, Bauru: Edusc, 1998, e também Spurr, David. *The Rhetoric of Empire, Colonial discourse in journalism, travel writing and imperial administration*. Londres: Duke university Press, 1993.

10 "*Depois de inspecionar cuidadosamente a praia, os caminhos e a cidade de Uidá, não consigo ver dificuldade em tomar ou assegurar a posse do lugar. Quando o rei está engajado nas caçadas de escravos anuais, duzentos homens facilmente capturariam e fortificariam a cidade.*" PRO, FO, 84/1221, 23/03/1964.

11 *PRO, FO, 84/1221, 23/03/1964*. Umas das razões para a facilidade sugerida por Burton em penetrar no país é a covardia de seu povo. Os projetos intervencionistas de Burton encontravam legitimidade e justificativa, bem como possibilidades de realização, em sua caracterização do africano. Esta relação é parte importante do jogo de representações de Burton, e como tal, parte importante também desta pesquisa. Uma análise mais detida de seu discurso e a relação entre ele e o repertório científico sobre raças em desenvolvimento na Inglaterra do período também é objeto do último capítulo deste texto.

112 Alexsander Lemos de Almeida Gebara

apresentados ao parlamento todas as partes que se referem à necessidade, ou mesmo à possibilidade, de intervenção militar por terra.[12] Apesar de continuar sugerindo ao FO práticas intervencionistas até o final de seu período consular na África Ocidental, Burton parece não ter demorado a perceber a relutância do governo em fornecer-lhe os meios necessários para que pudesse atuar conforme suas próprias vontades. Como se viu, até mesmo Russell tinha sérias objeções à colocar um cruzador sob comando de Burton, e mesmo quando ele estava a bordo de um navio de guerra britânico, suas ações ficavam limitadas pelo discurso político oficial da Inglaterra para a região.[13]

A insatisfação de Burton com esta situação não tardou a aparecer. Ainda em 1862, ele esteve na cidade de Benim, para tentar recuperar a propriedade de um mercador inglês que havia sido atacado pelos nativos. O chefe africano, entretanto, recusou-se a parlamentar, mesmo com a presença de um cruzador britânico. No relatório enviado à Londres, Burton apenas mencionou que não poderia tomar as "medidas forçadas" necessárias para resolver a situação uma vez que estava fora de sua jurisdição. Apesar disto, o comércio do rio foi bloqueado durante cerca de duas semanas.[14] Em uma série de cartas publicadas anonimamente na *Fraser's Magazine of Town and Country,* entretanto, surgiram críticas severas de Burton aos limites de atuação do cônsul inglês na África.[15] Segundo Burton, a recusa do chefe africano em reunir-se com a comitiva consular:

> ... nos bons velhos tempos teria se formado um casus Belli; nestes dias altamente civilizados, entretanto, o cônsul pacífico meramente os repreendeu

---

12 Uma análise destas "edições" encontra-se no último capítulo deste texto.

13 Discurso este que parecia mais importante para os oficiais da marinha britânica do que para os demais representantes do governo inglês na África Ocidental, como cônsules e governadores.

14 PRO, FO 84/1176, 26/08/1862.

15 *Wanderings in West Africa,* Fraser's Magazine of Town and Country, 1863, vol. 57, p. 135-157, 273-289, 407-422. As cartas foram publicadas sob o pseudônimo de *A Fellow of the Royal Geographical Society.*

A África de Richard Francis Burton 113

por suas desconfianças, e acenou com a possibilidade de medidas futuras serem tomadas... [16] Note-se como Burton refere-se a si mesmo como *"pacífico" (unpugnacious)* e, ao período de seu consulado na África, como *"dias altamente civilizados"*. A sequência do texto deixa claro, entretanto, que esta frase contém uma ironia profunda, pois referindo-se às condições de desenvolvimento da região, ele afirmava que a África Ocidental estava em desvantagem com relação à outras regiões do mundo justamente pela sua "proximidade" com a Inglaterra.

> Não a Inglaterra de 1650 [...] com sua energia de caráter e espaço para o talento, mas a Inglaterra de 1860 [...] não interferindo, anti beligerante, e que foge ao seu dever, e desta forma totalmente insatisfeita, resmungando sobre gastos de uma potência de primeira grandeza com a influência de uma de terceira, e irritada por ter que manter tão longamente a ignóbil posição de defesa.[17]

Desta forma, Burton coloca-se claramente contra uma suposta política inglesa de "não interferência", "anti-beligerante" e que "foge ao seu dever". A imagem que Burton fazia da Inglaterra então era bastante negativa em razão desta suposta política não intervencionista, que apesar de gastar muito com a África, não fazia com que seus gastos a transformassem em influência importante no continente.

De certa maneira, como foi possível notar em tópicos anteriores, não se pode considerar a Inglaterra como não intervencionista, apesar de seu discurso oficial de não interferência. As condições que limitam a atuação de Burton estão relacionadas com características próprias da função consular britânica então. Apesar de relativa liberdade de atuação, Burton não contou com as condições materiais necessárias para que pudesse agir executivamente na região como fez Beecroft, por exemplo, o primeiro cônsul britânico nas baías de Benim e Biafra. A presença de outro cônsul em Lagos a partir de 1851, e de um governador depois de 1861, retirou grande parte do poder antes presente nas mãos do cônsul da baía de Biafra. Apesar disto, a atuação

---

16 *Wanderings in West Africa*, Fraser's Magazine of Town and Country, 1863, vol. 57, p. 142.

17 *Idem*, p. 277.

114 Alexsander Lemos de Almeida Gebara

consular parece ser importante para a definição das políticas imperiais para a região. Desta forma, uma análise mais específica sobre a posição consular dentro da estrutura administrativa inglesa no século XIX pode lançar alguma luz sobre a atuação de Burton entre 1861-1864.

A posição consular

Em um artigo intitulado *Imperial Pawns: the Role of British Consul*, Sibil Jack argumenta sobre a importância da atuação consular no processo de expansão imperialista, através de um estudo de caso do cônsul britânico em Jerusalém, de 1846 à 1862.[1]

De acordo com Jack, a posição de cônsul britânico possibilitava ao seu ocupante influir na definição da atuação da Inglaterra em sua jurisdição consular, ao mesmo tempo em que era um cargo no qual encontrava-se relativamente livre de constrições do governo central. Algumas características da posição consular em regiões distantes da Europa corroboravam para esta relativa "liberdade" de ação. Como já foi notado aqui, uma destas características era a própria demora no fluxo de correspondências entre os postos consulares e a Europa – que era agravado pelo subdimensionamento do departamento consular do FO na Inglaterra, que contava com apenas quatro funcionários, no início da década de 1850. Além da distância propriamente dita, Jack menciona outras características da posição consular, que também corroboravam para que estes funcionários da burocracia imperial mantivessem certa autonomia de atuação, quais sejam: a ausência de normas específicas para a "contratação" do cônsul, que acabava recaindo sempre em indicações de políticos importantes; o contato mais próximo com a sociedade local – dadas as funções consulares – do que qualquer outro representante do governo inglês; e, finalmente, a complementação das atividades consulares com outras formas de rendimento, devido a insuficiência da remuneração do cargo.

O fato da nomeação do cônsul não ser feita por mérito, mas sim por indicação de algum político, por questões pessoais, garantia certa segurança ao ocupante deste cargo. Enquanto o seu apadrinhamento político continuasse forte dentro da esfera do governo, o cônsul não precisava temer represálias mais efetivas, mesmo que sua linha

---

1 Jack, Sibil. "Imperial Pawns: the Role of the British Consul", in Schreuder, Derick M. (ed.), *Imperialisms*, Canberra: Highland Press, 1991.

116 Alexsander Lemos de Almeida Gebara

de atuação não correspondesse às intenções de seus superiores diretos. O contato mais próximo com as sociedades locais e, muitas vezes, a longa permanência do cônsul num mesmo local fazia com que lhe fosse possível criar uma rede de relações bastante ampla.[2] Sendo reconhecido como o representante da Inglaterra, o cônsul adquiria importância nas relações políticas e sociais locais. No caso da África Ocidental, a posição de poder consular era reforçada pela presença, cada vez mais efetiva ao longo do século XIX, ao menos até a década de 1860, do esquadrão naval britânico, o que tornava possível a imposição de tratados e acordos às elites políticas locais.[3]

Finalmente, resta enfocar a complementação do rendimento consular com outras atividades, como o comércio, a literatura ou o jornalismo, que de formas variadas afetam a legitimidade e o escopo das ações consulares. No caso da participação do cônsul em atividades comerciais, parece claro que ficava comprometida a posição de imparcialidade idealizada pelas autoridades inglesas para seus representantes, pois este tenderia a tomar decisões sempre favoráveis aos comerciantes ingleses quando fosse chamado a arbitrar questões, além do fato de que podia utilizar-se de sua posição para colocar-se em vantagem pecuniária. A discussão sobre a liberdade consular para participar de atividades de comércio foi bastante longa na Inglaterra. As regulamentações sobre as atividades consulares de 1825 proibiam a prática de comércio ao mesmo tempo em que garantiam salários relativamente elevados para os servidores do império. Já em 1831, os salários foram reduzidos de forma drástica, mas em contrapartida os cônsules passaram a ter permissão para desenvolver atividades comerciais. Em 1858, um comitê parlamentar deliberou pela proibição do comércio entre os cônsules, mas na prática esta medida só foi adotada sem restrições nas últimas décadas do século XIX. Enquanto isto, a permissão ou

---

2 De fato, muitas vezes o cônsul parecia ser indicado justamente por já possuir ampla rede de relações e conhecimento sobre a sua jurisdição. O caso de Beecroft, o primeiro cônsul inglês nas baías de Benim e Biafra é um caso exemplar. Beecroft foi indicado quando em 1849, com cerca de 20 de experiência na África Ocidental, entre participações em expedições e relações comerciais.

3 No caso de Burton, entretanto, suas desavenças com oficiais da marinha britânica na África Ocidental fizeram com que o apoio a sua atuação fosse limitado.

A África de Richard Francis Burton   117

proibição deste tipo de atividade ficou a critério do secretário do FO, através do conteúdo do despacho quando da indicação de um novo cônsul.[4]

Quanto às atividades literárias, ainda segundo Sibil Jack, havia a possibilidade de que as produções dos cônsules influenciassem diretamente a opinião pública, ou ao menos determinados setores, que revelavam-se importantes para as tomadas de decisões políticas. No caso específico de Burton, sua produção literária no período consular na África Ocidental foi bastante grande, com três livros publicados – num total de seis volumes – e uma série de artigos para diversas sociedades científicas.[5]

O resultado desta conjunção de fatores era, em muitos casos, a possibilidade de implantação de uma política pessoal do cônsul. O FO só interferia em situações onde seu representante consular fosse mais "ativo", e estivesse causando "problemas" nas relações políticas inglesas na região. Entretanto, em geral, a atitude do governo inglês resumia-se à transferência do seu representante para um outro local, e não a exoneração do cargo. Como já se notou, a estratégia dos '*men on the spot*', de acordo com McYntire era de exceder as instruções e enviar o relatório com o fato consumado.[6]

Apesar destas características de poder e relativa liberdade, a posição consular não era das mais cobiçadas entre os cargos da burocracia inglesa durante o século XIX. Em um trabalho interessante sobre a carreira consular, significativamente intitulado *The Cinderella Service*, David Platt apresenta a posição do cônsul como pouco desejável. Segundo Platt, a posição consular conferia pouco *status* ao seu ocupante, pois implicava realizar funções, muitas vezes, bastante buro-

---

4 Platt, D. *The Cinderella Service*. Londres: Longman Group Ltd, 1971, p. 42. No despacho indicando Burton como cônsul, aparece explicitamente, após mencionar qual o salário, que ele não poderia comerciar. PRO, FO 2/40, 18/04/1861.

5 Como exemplo da repercussão dos livros de Burton, pode-se citar o fato de que, em seu jantar de despedida de Londres, em 1865, quando de sua indicação como cônsul em Santos, estiveram presentes vários parlamentares importantes, entre eles Lord Stanley, futuro secretário do governo para o FO, que em seu discurso, mencionou a produção bibliográfica de Burton como importante para o conhecimento da África. A ata das falas durante o jantar de despedida, bem como a relação de presentes encontra-se em *Anthropological Review*, vol. 3, 1865, p. 168-174.

6 McYntire, *The Imperial Frontier...*, p. 43.

118   Alexsander Lemos de Almeida Gebara

cráticas e, outras vezes, envolviam questões pouco importantes ou meritórias.[7] As condições de trabalho também eram fruto de constantes reclamações dos cônsules, em especial daqueles que, como Burton, eram indicados para regiões distantes e de clima considerado pouco saudável. Além disso, os salários não eram muito elevados, havendo seguidas reclamações por parte dos envolvidos quanto à insuficiência da remuneração.[8]

No caso da experiência de Burton na África Ocidental, parece claro que ele não dispôs do poder material para agir de forma executiva e influenciar de forma mais direta nas políticas britânicas para a região. Entretanto, ele usou de sua "liberdade" na posição consular para viajar e, principalmente, para escrever, utilizando-se de um instrumento importante na formação da opinião pública, para expor sua visão sobre a África e, como consequência, seus projetos para a atuação imperial inglesa. Além dos despachos e relatórios para o FO, o conjunto de seus textos durante este período conta, como se viu, com uma série de artigos para publicação em sociedades científicas, além dos relatos publicados em forma de livro. Os veículos de divulgação e meios de circulação destes textos, bem como o público ao qual são destinados, são elementos significativos no processo de análise da construção das representações de Burton. É preciso compreender de maneira mais ampla a importância e o significados das sociedades científicas nos periódicos das quais Burton publicava seus artigos, quais sejam, a *Royal Geographical Society* e a *Antropological Society of London*. Uma análise da composição social de seus membros, de suas relações diretas ou indiretas com a burocracia imperial e das tendências teóricas predominantes no interior destas sociedades tornam-se tópicos importantes da pesquisa, tarefa que será desenvolvida na próxima parte deste texto.

---

7 O cônsul em Tangarog, Rússia, por exemplo reclamava que *"com exceção da administração do sacramento do batismo e de exercer a função de carrasco, seria difícil dizer quais função eu não posso ser chamado para realizar."* Platt, D.C.M. *The Cinderella Service...* p. 19. Infelizmente, Platt não informa a data da reclamação do Cônsul.

8 De fato, Platt utiliza-se inclusive de depoimentos do próprio Burton sobre as condições de trabalho e da insuficiência do salário, principalmente em Santos, para argumentar estas dificuldades.

3. O lugar de Burton na Inglaterra

Espaços institucionais de circulação dos textos de Burton na Inglaterra

Durante as décadas de 1850 e 1860, o nome de Burton esteve associado às viagens de exploração e, principalmente, a geografia e a antropologia inglesas. Membro atuante da *Royal Geographical Society* de Londres (RGS), ele contribuiu com artigos nas publicações da sociedade desde 1854, quando publicou um texto sobre sua viagem à Meca.[1] O autor recebeu a medalha de ouro em 1859 por sua exploração da África Oriental e pela "descoberta" do lago Tanganika durante a expedição, iniciada três anos antes, em companhia de John Hanning Speke, e esteve bastante envolvido nos acalorados debates sobre as origens do Nilo que dominavam boa parte dos interesses da RGS para com a África naquele momento.

As ligações da RGS com o governo britânico e, de certa forma, com um programa expansionista, eram bastante fortes. Segundo Stafford, "durante todo o século XIX, a Inglaterra sustentou um programa de exploração científica ligado diretamente a seus interesses comerciais e imperiais".[2] E em especial a partir de 1850, quando a sociedade esteve sob influência de Sir Roderick Murchinson, esta ligação teria ficado ainda mais clara. Seus discursos anuais como presidente estão repletos de menções à:

> expansão nacional, assunções de superioridade moral e tecnológicas sobre outras raças, expressões de uma teologia natural, que via propósito nos pa-

---

1 Desde esta data, Burton contribuiu com vários artigos para as publicações da sociedade, praticamente em todos os anos até 1864, quando suas contribuições começaram a rarear. Além disso, teve as suas três expedições, durante a década de 1850, à Meca, à África Oriental, e ao lago Tanganika, financiadas pela própria instituição.

2 Stafford, Robert. *Scientific Exploration and Empire*. In: The Oxford History of British Empire, vol. 3, Andrew Porter (ed.), Oxford e Nova York: Oxford University Press, 1989, p. 296.

122   Alexsander Lemos de Almeida Gebara

drões de assentamento humano e adaptação ao ambiente, e asserções sobre o direito e o dever britânico de agir à sua vontade ao redor do mundo.[3]

A ligação de Burton com o desenvolvimento da antropologia não é menos evidente. Ele era, também, membro participante da *London Ethnological Society*, tendo publicado artigos nos veículos de divulgação desta sociedade, desde 1861. Mais do que isto, Burton participou de forma importante na cisão que ocorreu nesta sociedade em 1863, tendo presidido a mesa da fundação da *Anthropological Society of London* (ASL), durante um de seus períodos de licença do consulado em Fernando Pó.

Por sua vez, as aspirações expansionistas não pareciam ficar em segundo plano para os membros da *A. S. L.* Em jantar de despedida de Burton, devido à sua indicação como cônsul no Brasil, a presidência da mesa foi ocupada por Lord Stanley (que, como se viu, seria nomeado secretário de relações exteriores em 1866). Stanley, nas linhas iniciais de seu discurso na despedida de Burton, afirma que não sabia se o príncipe da Inglaterra era um estudante de antropologia, mas que tem certeza que...

> ele deveria ser, considerando a possibilidade que num dia distante ele venha a governor um Império que inclua em si mesmo tipos de todas as raças e classes de homens.[4]

Em menção similar, Dunbar Heath, tesoureiro da sociedade, procurava assegurar a importância do antropólogo no processo de expansão britânica. Segundo ele, no discurso de comemoração do quinto aniversário, publicado no *Journal of Anthropological Society*, em 1868:

> "É o antropólogo por qualquer nome que ele tenha agora, que deve ser consultado para a ajuda e a direção futura no governo de raças alienígenas."[5]

---

3 Stafford, R. *Scientific Exploration...*, p. 296.

4 *Anthropological Review*, vol. 3, 1865, p. 169.

5 Heath, Dunbar. *"Anniversary Address Delivered Before the Anthropological Society"* in: *Journal of Anthropological Society*, vol. vi, 1868, p. xxxiv. Fazendo desta forma, nas palavras de Burrow, a "'economia política ser baseada na Antropologia." Burrow, J. W. *Evolution and Society, a Study in Victorian Social Theory*, Cambridge: Cambridge University Press, 1968, p. 128.

A África de Richard Francis Burton   123

É preciso ressaltar, entretanto, que estas sociedades não podem ser representadas como expressões uníssonas de determinada ideologia. Embora seja possível identificar tendências metodológicas, políticas e ideológicas mais gerais que orientaram a ação e a produção destas instituições, não se pode deixar de notar a existência de vozes dissonantes no interior de cada uma delas.

Royal Geographical Society

A ideia da fundação da RGS surgiu em 1830, em uma reunião presidida por John Barrow, que ocupava então o cargo de Segundo Secretário Permanente do Almirantado. O fato de Barrow ter presidido esta reunião pode ser considerado como indicativo da forte influência exercida sobre a sociedade por parte de uma estrutura ligada ao governo inglês. Num folheto sobre as propostas de criação da sociedade, Barrow afirmava que:

> Uma sociedade era necessária, cujos únicos objetivos deveriam ser a promoção e difusão deste ramo do conhecimento dos mais importantes entretenedores – Geografia. [...] que suas vantagens são das primeiras em importância para a humanidade em geral, e predominântes para o bem estar de uma nação marítima como a Grã-Bretanha, com suas nomerosas extensivas possessões estrangeiras.[6]

De fato, a principal ênfase e os principais financiamentos conseguidos pela RGS nos primeiros anos, foram conferidos, não por acaso, a viagens e mapeamentos marítimos.[7] Boa parte dos sócios e, principalmente, dos membros do conselho eram também oficiais da marinha britânica.

---

6 Folheto reproduzido em Mill, Hough Robert., *The Record of the Royal Geographical Society, 1830-1939.* The Royal Geographical Society, Londres: 1930, p. 17.

7 Além de Barrow, o conselho da *Royal Geographical Society* continha outros oficiais da marinha britânica que acabavam por tornar a sociedade muito ligada aos quadros administrativos do governo imperial, tais como Francis Beaufour, por exemplo. De acordo com um biógrafo de Beaufour, ele repre-

124   Alexsander Lemos de Almeida Gebara

As propostas iniciais da sociedade revelavam intenções de fundar um centro de coleta, acumulação e divulgação de conhecimento geográfico, gerando uma produção "científica" útil para a nação britânica, ao mesmo tempo que deveria se encarregar de assegurar a divulgação deste conhecimento para um público cada vez mais amplo.

O surgimento da RGS aconteceu num contexto de proliferação de sociedades científicas na Inglaterra.[8] Este contexto apresentava também, segundo Felix Driver, a multiplicação da própria produção do discurso geográfico. Este discurso, por sua vez, era bastante variado em suas características, desde suas fontes – que contavam com relatórios do FO, relatos de viagem, entre outros – até suas formas de divulgação – publicações de sociedades científicas (e depois de 1830, pela própria RGS), até livros de literatura infanto-juvenil. Por outro lado, os produtores deste discurso variavam bastante também, incluindo viajantes, oficiais da marinha e exército, missionários, entre outros.[9]

Até a década de 1850, entretanto, as publicações da sociedade foram esparsas e, apesar da presença de nomes socialmente importantes e influentes em posições de comando ter sido importante para a sua manutenção durante as duas primeiras décadas, um dos resultados disto foi a pouca pertinência do conhecimento estritamente "científico" produzido pela sociedade. Mesmo que a própria noção do que era "científico" ou não estivesse também em debate. Os projetos de padronização e organização de conhecimento, presentes desde a fundação da RGS, nunca chegaram a ser atingidos, devido à heterogeneidade da composição de seus membros e às discussões sobre os próprios conceitos do que seria a ciência geográfica.

Como exemplo da preocupação com a padronização do conhecimento geográfico, Driver menciona a publicação do texto *Hints to Travellers*, encartado

---

sentava um papel de intermediário entre a sociedade científica e o governo: "*Usando um chapéu, aquele de uma sociedade intelectual, ele podia se alistar, ou ser alistado no curso de um ou outro empreendimento científico; logo depois, usando um segundo chapéu, oficial, ele estava numa posição de ajudar o empreendimento através do fornecimento de navios, oficiais, equipamentos, instrumentos e, mais importante, financiamento.*". Apud Driver, Felix. *Geography Militant*, Oxford: Blackwell Publishers, 2001, p. 34.

8 Foram fundadas, por exemplo, a *Geological Society* em 1807, *Royal Astronomical Society* em 1820, *Royal Asiatic Society* em 1823, e *Zoological Society* em 1828.

9 Driver, *Geography Militant...*, p. 28.

A África de Richard Francis Burton   125

na revista da sociedade em 1854. O objetivo do texto era orientar viajantes sobre quais tipos de dados seria necessário recolher em suas viagens. De fato, as inúmeras reedições do texto ao longo da segunda metade do século XIX revelam, segundo Driver, não o sucesso da obra entre os interessados, mas o debate sobre quais formas de produção científica tornavam-se legítimas, uma vez que havia significativas alterações em cada uma das edições. Além disto, estas orientações destinadas ao *"untrained gentlemanly traveller"* sofria forte resistência por parte de quadros mais treinados da sociedade como o próprio Burton por exemplo. Em seu prefácio em *Lake Regions of Central Africa,* ele refere-se explicitamente ao manual da RGS:

> Modernos "indicadores aos viajantes" orientam o explorador e o missionário à evitar a teoria e a opinião. Nos dizem de modo um tanto peremptório que nosso dever é agrupar dados objetivos, não inferências – ver, não pensar; de fato, confinarmo-nos a transmitir o material bruto por nós coletado, para que ser trabalhado em pelos intelectuais treinados em casa. Mas por que não pode ser permitido ao observador uma voz no que diz respeito a suas próprias observações, se ao menos sua mente for sã e seu repertório de conhecimento colateral for respeitável?[10]

A despeito da heterogeneidade dos quadros e das concepções no interior da sociedade, a partir da década de 1850 – sob influência de Sir Roderick Murchinson – ela começaria a atingir uma proeminência cada vez maior dentro de uma "ampla cultura pública de exploração", através da influência de suas publicações, bem como devido à continuidade da relação entre a sociedade e governo imperial.

Já se viu como a geografia, e mais especificamente a RGS, apresentava-se como braço científico importante da expansão imperial britânica. Mas não se pode pensar apenas na relação entre império e RGS, com o primeiro fornecendo a estrutura possível para a realização dos empreendimentos da segunda. Segundo Stafford, mais do que isto, a realidade das possessões imperiais britânicas tendia a formatar o próprio conteúdo cognitivo de disciplinas como geografia e geologia:

---

10 Burton, *Lake Regions...,* prefácio, p. VII.

126 Alexsander Lemos de Almeida Gebara

A geologia e geografia britânicas, bem como outras ciências [...] foram significativamente influenciadas pela possessão de um império colonial da Bretanha. Conceitos, metáforas, dados e carreiras imperiais informaram o desenvolvimento destas disciplinas, e suas instituições em graus variados expressaram esta matriz ideológica.[11]

A grande influência de Roderick Murchinson nas décadas de 1850 e 1860 na RGS certamente contribuiu para estreitar, ainda mais, a relação entre a produção do conhecimento geográfico e as representações imperiais da Inglaterra. Murchinson possuía grande penetração nos círculos governamentais ingleses no período, a ponto de conseguir indicação de cônsules e garantir a presença de uma comitiva científica junto à uma expedição militar, como no caso da campanha na Abissínia (atual Etiópia), em 1867.[12]

Entretanto, Driver faz uma ressalva sugerindo que não se pode radicalizar esta ligação direta entre RGS e Império, pois ao fim e ao cabo, os discursos presidenciais – momentos nos quais estas ligações eram reafirmadas e fortalecidas – tinham justamente a função de valorizar a própria sociedade. Conectar a sociedade à expansão imperial, mostrando-a como um veículo de captação e elaboração de conhecimento, projetando-a como seu braço científico parecia, assim, uma estratégia interessante. O argumento de Driver é que mesmo em momentos nos quais a sociedade parecia exprimir-se em uníssono, havia em seu interior vozes dissonantes, que faziam dela muito mais um centro de debates do que um lugar de afirmação de uma visão única da geografia.

A despeito desta variedade de posicionamento quanto a questões específicas, Clive Barnett procura demonstrar como é possível recuperar a construção de um discurso *africanista* nas publicações da sociedade – em especial nas décadas de 1850 e 1860 – o que funcionava como legitimador da produção europeia como

---

11 Stafford, Robert. *Scientist of empire: Sir Roderick Murchinson, Scientific exploration and victorian imperialism.* Cambridge: Cambridge Un. Press, 1989, p. 223.

12 Driver, *Geography Militant...*, p. 43. Um autor chega a considerar que a metade do século xix foi um período no qual a "RGS *poderia ser considerada uma extensão não oficial do Foreign Office e do Colonial Office*". Dickenson, John. "The Naturalist on the River Amazon and a Wider world: Reflections on the Centenary of Henry Walter Bates". *The Geographical Journal*, vol. 158, n. 2, julho de 1992, p. 210.

A África de Richard Francis Burton 127

único lugar no qual se podia produzir um discurso geográfico "científico".[13] Barnett é credor das concepções de discurso de Edward Said e procura argumentar no sentido de mostrar como, dentro da construção do conhecimento geográfico europeu – mais especificamente na RGS:

> As raças subalternas [...] continuaram a ser subsumidas na ganância de afirmar que as tradições geográficas Ocidentais eram mais variadas do que as críticas prévias permitiam supor.[14]

Desta forma, apesar de quaisquer diferenças possíveis no processo de representação do "outro" e sem negar estas diferenças, há uma singularidade no discurso geográfico britânico, qual seja, a incapacidade de reconhecimento das possibilidades do "outro" (africano) produzir conhecimento. Desta forma, as diferenças encontradas no interior do discurso africanista só podem comportar um contradiscurso ainda dentro de um espaço discursivo metropolitano.

Mais do que isto, ao procurar marcar as diferenças com relação à África e seus habitantes, a geografia britânica realizava um segundo movimento discursivo que implicava uma homogeneização do próprio inglês, suprimindo diferenças de classe dentro da Inglaterra, criando a representação de uma identidade inglesa unificada, neste caso relacionada de forma clara à ideologia imperial.

Para demonstrar estas proposições, Barnett procura, ao longo de seu artigo, apresentar, nos relatos de viajantes na África, momentos em que as informações nativas são desacreditadas ou representadas como absolutamente confusas, conferindo credibilidade apenas ao conhecimento observado direto da natureza, pelo próprio viajante europeu. Desta forma:

> As condições reais de contato entre diferentes culturas das quais dependiam as produções do conhecimento geográfico do século xix são reescri-

---

13 Barnett, Clive. "Impure and Worldly Geography: the Africanist Discourse of the Royal Geographical Society". *Transactions of the Institute of British Geographers*, New Series, vol. 23, n. 2 (1998), p. 239-251.

14 Barnett, *Impure and Wordly Geography...*, p. 239.

128 Alexsander Lemos de Almeida Gebara

tas retrospectivamente para apresentar os sujeitos europeus como as fontes únicas de significado.[15]

O processo retórico através do qual os viajantes europeus desqualificavam ou desacreditavam as informações e o "conhecimento geográfico" dos africanos cumpria a função de constituir a voz da Europa como o único canal de expressão legitimamente científico. Um dos sucedâneos desta retórica era a valorização do conhecimento produzido apenas pela observação direta do europeu.[16] Barnett sugere que o debate em torno da origem do rio Nilo, por exemplo, derivou em grande parte da ausência desta "observação direta". Tanto Burton, quanto Speke, baseavam seus argumentos sobre dados conseguidos através de informantes africanos ou mercadores árabes.

Durante os debates travados na RGS, no período imediatamente posterior à viagem, Burton chegou a afirmar que a questão da nascente do Nilo mantinha-se, naquele momento mais nebulosa do que antes, em razão das teorias sobre a questão estarem assentadas em informações nativas. Barnett sugere que, nestes momentos, pode-se ver o "discurso da exploração primeiro esvaziando o espaço, para então proclamar necessário preenchê-lo de sentido".[17]

Parece claro que o conhecimento produzido pela RGS só pode ser compreendido dentro de um aparato europeu de representação e que, dessa maneira, mesmo as mais diversas opiniões sobre as condições dos nativos africanos tendem a resultar na legitimação da instância científica europeia como única capaz de gerar sentidos.

De fato, a revista da sociedade comportava representações bastante diferenciadas das possibilidades civilizacionais dos africanos. Sobre esta variação, vale destacar desde Livingstone, o mais famoso e mais influente viajante inglês na África de meados do século XIX, que acreditava na possibilidade de melhoramento das condições de vida na África, através da tutela europeia, até as concepções de Sir Francis Galton, que atestavam a eterna inferioridade da "raça" negra, devido às características raciais inatas e

---

15 Barnett, *Impure and Wordly Geography...*, p. 244.

16 Obviamente não se pode negar que o desenvolvimento da geografia europeia constituiu-se exatamente no contato com as populações não europeias. Discursivamente, entretanto, a estratégia era justamente a de apagar qualquer traço da presença não europeia no processo de produção deste conhecimento.

17 Barnett, *Impure and Wordly Geography...*, p. 247.

A África de Richard Francis Burton   129

insuperáveis. Isto muito embora seja possível inferir, a partir de certas passagens do *Journal of* RGS, que a sociedade tendia a preferir as imagens mais humanitárias das populações, que projetavam um futuro comercial sobre a tutela da Inglaterra, aproximando-se da opinião de Livingstone (ele mesmo um missionário). No discurso presidencial de 1860, a menção à representação de Burton sobre os africanos surge, como já se viu, da seguinte forma:

> A natureza da vida entre os negros da África Oriental tal como pintada nas páginas do Capitão Burton não podem falhar em deixar uma impressão dolorosa sobre todos os amantes da raça humana.[18]

Burton, ao retornar de sua grande viagem africana em busca das fontes do Nilo, tendia mais para Galton, do que para Livingstone. Mas, apesar das controvérsias sobre o sucesso de sua expedição, ele era certamente tido como um dos bons no quadro dos exploradores ligados à RGS até aquele momento. A sociedade tinha financiado parte de sua viagem para Meca em 1853, e depois para a África Ocidental e, finalmente, escolhera-o como líder da primeira expedição em busca das fontes do Nilo, um objetivo que, como já se notou, viria a ser a coqueluche da geografia inglesa dos anos seguintes.[19]

Entretanto, embora publicasse seus artigos, e inclusive lhe conferisse a medalha de ouro pelos resultados de sua viagem, a RGS parecia ter certas restrições aos trabalhos de Burton, tendo escolhido seu ajudante na primeira expedição, Speke, para liderar a seguinte que tentaria de novo estabelecer as origens do grande rio norte africano. Ian Cameron sugere que os principais líderes da RGS acreditavam que Speke era um geógrafo melhor do que Burton.[20] Mas mais do que isto, Cameron infere que, para a sociedade, Burton tendia a ser:

---

18 *Journal of RGS*, 1860, vol. 30. p. xxiii.

19 Cameron, Ian. *To the Farthest End of the Earth: the History of the Royal Geographical Society*. Londres: Macdonald and Jane's, 1980.

20 O próprio Burton afirmara que o trabalho de coleta de dados geográficos havia ficado nas mãos de Speke durante a viagem, enquanto ele ocupava-se das observações etnológicas.

130 Alexsander Lemos de Almeida Gebara

... um pouco esperto *demais*, um pouco não convencional *demais*, faltando um pouco da *confiabilidade* com o *establishment* o qual caracterizava tanto a sociedade ela mesma quanto os projetos que ela gostava de financiar. A sociedade preferia um líder que era um pouco opaco (sem brilho) mas seguro do que um que era brilhante mas imprevisível.[21]

Mesmo durante a entrega da medalha de ouro para Burton, em 1859, Murchinson, então presidente, mencionou que conferia a honra a Burton, que "explorou uma vasta região da África Oriental e Central, nunca antes atravessada por nenhum geógrafo, e pela descoberta do grande lago interno de Tanganika", mas acrescentou logo a seguir que "o lago mais ao norte, Nyanza, foi descoberto pelo seu ajudante, Capitão Speke."[22] De fato, mais a frente no discurso, fica um pouco mais clara a razão da predileção por Speke para realizar a segunda viagem, pois a ideia de que o lago Nyanza (Vitória) fosse a fonte do Nilo, se coadunava com a teoria do próprio Murchinson sobre a formação geológica do continente africano.[23]

Também pode-se mencionar uma passagem dos *"Proceedings of the RGS"* com o comentário sobre a carta de Burton a respeito da viagem para Abeokuta, já durante seu período como cônsul inglês na baía de Biafra, na África Ocidental. Esta passagem apontava novamente para a representação negativista que Burton fazia dos negros, bem como fazia uma clara alusão à singularidade de seus escritos para os padrões da sociedade:

---

21 Cameron, *To the Farthest End...*, p. 83. Negritos no original.

22 Murchinson, "Presidential Adress", *Journal of the Royal Geographical society*, 1859, vol. 29, p. xcv. Neste volume da revista da RGS também aparece encadernado o relato de Burton sobre a viagem, que seria publicado como livro no ano seguinte.

23 *"... Capitão Speke conclui naturalmente que seu Nyanza deve ser a principal fonte daquele rio poderoso sobre o qual as especulações sobre sua origem tem sido abundantes. Esta visão parece coincidir com as especulações teóricas apresentadas por mim frente a esta sociedade em anos precedentes, e está de acordo com os dados conseguidos por Livingstone..."* Presidential Address..., p. clxxxii. A seguir, Murchinson continua suas especulações sobre a formação geológica daquela região africana.

A carta característica do Capitão Burton será encontrada impressa integralmente na p. 64. Desta forma é desnecessário mostrar mais escárnio do que brevemente aludir a ela. Ele visitou Abeokuta, e seus comentários mostram que, mesmo impressionado com os poderes de produção de algodão do solo, ele tem um ponto de vista menos favorável do que o usual dos progresso civilizado que os habitantes de fato atingiram...[24]

Enfim, o período de glórias de Burton na RGS parece ter sido relativamente efêmero, entre o fim de sua viagem para Meca, em 1853, e o seu retorno da expedição ao lago *Tanganika*, em 1860. A partir deste momento, ele começou a perder *status* dentro da sociedade, embora continuasse publicando cartas e artigos em seus periódicos. A partir de 1863, as atenções de Burton estariam voltadas, em grande parte, para uma outra sociedade científica, a *Anthropological Society of London*.

Anthropological Society of London

Em 14 de janeiro de 1863, uma reunião em Londres marcou a fundação da ASL. Esta fundação foi na verdade resultado da cisão de alguns membros da *Ethnological Society*. A presidência da reunião esteve a cargo de Richard Burton, que se encontrava na Inglaterra durante um dos períodos de licença de seu posto consular na baía de Biafra. O panfleto que apresentava os objetivos a serem perseguidos pela nova sociedade científica rezava:

> Estudar o homem em todos os seus aspectos principais, físicos, mentais e históricos; determinar seu lugar na natureza e suas relações com as formas inferiores de vida, e alcançar estes objetivos através da investigação paciente,dedução cuidadosa, e encorajamento de todas as pesquisas tendentes a estabelecer de fato uma ciência do homem.[25]

---

24 *Proceedings of the RGS* , 1861, vol. 4, p. 49. Negritos meus.

25 *Apud* Burrow, *Evolution and Society...* p. 118.

132 Alexsander Lemos de Almeida Gebara

Como se pode notar, os objetivos expressos no panfleto eram bastante amplos e, segundo Burrow, em razão de sua amplitude, estavam longe de conseguir definir os limites de uma "nova" disciplina científica.[26] Entretanto, também pelo grande escopo de interesses, a sociedade acomodou uma grande variedade de perfis intelectuais, crescendo de forma rápida. Entre os membros originais, contavam-se médicos, membros das sociedades Geográfica, Lineana, Zoológica, Etnológica e, até mesmo um grupo de clérigos.[27] Ainda segundo Burrow, a manutenção da unidade de uma sociedade composta com tal heterogeneidade e sem objetivos definidos de forma mais estrita, deveu-se principalmente à atuação de James Hunt, seu idealizador e presidente até a data de sua morte em 1869.[28]

Diversas razões são oferecidas pela historiografia para justificar a cisão ocorrida no interior da sociedade etnológica, que deu origem a ASL durante a década de 1860. Desde o fato de que aquela sociedade começara a aceitar mulheres em seus quadros, causando uma reação por parte dos membros mais tradicionalistas, até características da personalidade de Hunt, que estaria interessado na fundação de uma sociedade na qual pudesse exercer, de fato, um papel de controle.[29]

---

26 Burrow, *Evolution and Society...*, p. 120.

27 *"Dos membros originais, ou Founder Fellows, como eles eram chamados, 66 homens tinham títulos de médico – o maior grupo; 57 membros da* RGS; *e 46 da sociedade Geológica. As sociedades Lineana e Zoológica contribuíram com 30 cada e a Sociedade Etnológica e a sociedade dos Antiquários com 20 cada. Havia também 20 bravos clérigos. Obviamente, exceto no caso dos médicos e clérigos, estas categorias não são mutuamente exclusivas, desta forma, o mesmo homem aparece em várias delas."* Burrow, *Evolution and Society...*, p. 126.

28 James Hunt (1833-1869) era médico anatomista e discípulo de Robert Knox (ver mais à frente). Havia sido membro da *Ethnological Society* desde 1856, da qual fôra secretário entre 1858 e 1862. Defensor da escravidão negra, acreditava que a Inglaterra estava cometendo um grande erro ao defender o fim do tráfico de escravos, uma vez que isto impedia a exportação do excedente populacional africano e piorava a situação do negro no continente. Por estas opiniões, suspeitava-se que ele possuía "algum interesse sinistro na América ou nas Índias ocidentais". Burrow, *Evolution and Society...*, p. 121.

29 Rainger, Ronald. "Race, Politics and Science, the Anthropological Society of London in the 1860s". *Victorian Studies*, vol. 22, 1978, p. 53.

A África de Richard Francis Burton   133

Para compreender melhor a cisão, entretanto, é preciso recuperar a história e as principais filiações sociais e teóricas da *Ethnological Society*, para poder compará-la aos padrões de estudo da antropologia por parte da ASL.

Segundo George Stocking, a Sociedade Etnológica possuía, em sua fundação no início da década de 1840, profundos vínculos com a "Sociedade para Proteção dos Aborígines", e desta forma, desde o princípio, esteve comprometida com uma visão filantrópica e humanista nos estudos das populações não europeias.[30] A figura dominante nas primeiras décadas da etnologia inglesa foi James Cowles Prichard, que embora considerasse os interesses científicos separadamente dos interesses filantrópicos, mantinha-se dentro de paradigmas explicativos bastante influenciados pela Bíblia e, desta forma, partindo da premissa da unidade original da "raça humana".

As ferramentas explicativas utilizadas para pesquisar *"dentro de características distintivas, físicas e morais, das variedades da humanidade que habitam, ou habitaram, a Terra, e estabelecer as causas de tais características"*[31] eram oriundas da filologia comparada, que assentava-se em grande parte sobre paradigmas difusionistas, no sentido em que procurava explicar genealogicamente a diversidade das linguagens humanas a partir de uma origem única. Desta forma, suas explicações eram caracteristicamente históricas, e estavam baseadas de início na crença de que a diversidade ambiental – e por consequência a influência do meio ambiente – era a causa maior da diversidade humana.[32] Como se viu na primeira parte deste texto, o próprio Burton em suas primeiras descrições populacionais na Índia e Península Arábica tendia a trabalhar no interior de uma estrutura teórica similar a esta oferecida em linhas gerais pela *Ethnological Society*.

Entretanto, apesar de reconhecidamente estabelecida enquanto instituição científica já na década de 1850, contando inclusive com representação na Sociedade Britânica para o Avanço da Ciência, a *Ethnological Society* passou, na metade desta

---

30 Stocking, George. *Victorian Anthropology*. Nova York: The Free Press, 1987. p. 370.

31 *Apud* Stocking. *Victorian Anthropology...*, p. 372.

32 Socking, *Victorian Anthropology...*, p. 122 Burrow menciona uma frase do secretário da Sociedade Etnológica em 1855 que explicita bastante claramente este sentido "difusionista": *"É a tarefa do etnólogo traçar a migração das raças e o processo de formação nas nações que precederam o que é mais estritamente chamado de história"*. Burrow, *Evolution and Society...*, p. 122. Ver também Trautman, Thomas. *Aryans and British India*. Berkeley: University of California Press, 1977.

134 Alexsander Lemos de Almeida Gebara

década, por um período de dificuldades financeiras e de redução bastante sensível no seu quadro de associados, e só começou a reestruturar-se no final da década, contando inclusive com a penetração em seu interior de elementos mais ligados à então chamada antropologia física.

A *Ethnological Society* começou a organizar, durante esta década, uma coleção de crânios humanos e a publicar trabalhos de anatomia comparada. Até mesmo Robert Knox, intelectual pouco respeitado no interior da sociedade no início da década – uma vez que escrevera um livro, *The Races of Men*, em oposição explícita às teorias de Prichard – viria a ser admitido como membro honorário em 1858.[33]

Logo começaria a ficar clara a impossibilidade de convivência entre dois grupos, cujas hipóteses sobre a origem e o desenvolvimento da humanidade estavam assentadas em concepções diametralmente opostas.[34]

De qualquer forma, a iniciativa da separação partiu de James Hunt, discípulo de Robert Knox, que parecia não estar contente com o conteúdo e a política das publicações da sociedade, da qual participava como secretário. O estopim parece ter sido a publicação de uma série de gravuras representando a população de Serra Leoa.[35] Em seu artigo de 1863, Robert Clarke representou os negros libertos de Serra Leoa sob luzes humanitárias acreditando na possibilidade de desenvolvimento

---

[33] Robert Knox era médico anatomista de formação, a hipótese de seu livro é baseada na crença na diferença intrínseca entre as 'raças humanas', as quais para ele são entidades fixas e imutáveis, o que determinaria as características sociais, psicológicas e civilizacionais dos diferentes povos do mundo, não havendo desta forma igualdade possível entre 'selvagens' e europeus e nem esperança de civilização para a Africa. Sua influência seria bastante sentida no interior da ASL. James Hunt era abertamente um de seus seguidores.

[34] Na década seguinte, a *Ethnological Society* tornar-se-ia cada vez mais evolucionista, afastando-se das concepções originais de Prichard. Suas figuras centrais naquele momento, seriam num futuro próximo, os principais nomes da antropologia evolucionista inglesa mais ao final do século, como Lubock, Tylor, Pitt Rivers, entre outros. Por oposição, a ALS. seria um foco de críticas ferrenhas ao darwinismo e às ideias de evolução contidas em suas considerações. Segundo Burrow, isto mostra como o caminho do evolucionismo na Inglaterra não foi livre de percalços, e a história da ALS torna-se importante por recuperar o "lado perdedor" nesta batalha da história intelectual, mostrando que o desenvolvimento da ideia não foi tão suave quanto se pode supor a posteriori.

[35] Para uma apresentação mais detalhada sobre Serra Leoa, ver Fyfe, Christopher. "*Freed Slave colonies in West Africa*", in: Flint, J. (ed.) The Cambridge History of Africa, Cambridge: Cambridge University Press, 1976.

A África de Richard Francis Burton   135

e civilização dos africanos. Segundo ele, era possível reconhecer em Serra Leoa de maneira clara a influência do elemento europeu, sendo que sua população seria classificada como "inteligente e industriosa". Até mesmo a descrição física dos habitantes adquiria tons bastante positivos, os negros eram semelhantes aos europeus quanto à forma do crânio, seus narizes não eram tão achatados e suas faces não tão prognatas. É claro que as gravuras seguiam estes mesmos padrões, o que era totalmente contrário às crenças de James Hunt. Na mesma reunião em que foi decidida a publicação das imagens, ele se desligou da sociedade.[36]

Dessa forma, Hunt propôs a criação de uma sociedade na qual opiniões pudessem ser expressas sem medo de repúdio, onde pudessem ser discutidos livremente quaisquer temas concernentes ao homem e à "raça". De acordo com as palavras de Burton, em seu jantar de despedida antes de embarcar para o Brasil, em abril de 1865, a sociedade significava "um refúgio para a verdade, onde qualquer homem, monogenista, poligenista, eugenista ou disgenista, pode expor a verdade que lhe concerne".[37]

Entretanto, a sua fundação havia sido fruto da iniciativa individual de um homem enérgico e ativo. Não havia uma unidade metodológica ou nas concepções sobre a exata definição do termo "antropologia", nem mesmo entre os seus membros fundadores. Segundo Burrow:

> O Humor dos fundadores era um de confiança nas perspectivas favoráveis de uma ciência da antropologia combinada com uma ampla diversidade de ideias, e em muitos casos, nenhuma ideia, sobre os métodos apropriados para tal ciência.[38]

Apesar disto, os autores que analisam as publicações da ASL apontam, em geral, para algumas características que predominavam nas discussões no interior da

---

36 Rainger, *Race, Politics…*, p. 56. Nesta altura, Hunt já havia criado ASL, uma vez que a discussão sobre a publicação ou não das gravuras já vinha acontecendo desde o ano anterior.

37 *Antropological Review*, 1865, vol. 3, p. 173.

38 Burrow, *Evolution and Society…*, p. 119. De fato, esta heterogeneidade e indefinição era reconhecida pelo próprio Hunt que, entretanto, vislumbrava a delimitação mais estrita do sentido de palavras como "raça". Segundo ele – em seu discurso inaugural da sociedade – *"dificilmente duas pessoas usam uma palavra tão importante quanto 'raça' com o mesmo sentido".*

136   Alexsander Lemos de Almeida Gebara

sociedade. Estas características sugerem um repertório teórico e um programa de pesquisas traçado por oposição às tendências humanitárias e históricas que ainda predominavam na *Ethnological Society*. Segundo o mesmo Burrow, um ponto comum que permeava os questionamentos de todos os membros da sociedade era a dificuldade de generalizar sobre o "homem" no contexto da grande diversidade aparente da "natureza humana".[39]

A sociedade estava convencida de que as diferenças entre as populações humanas não poderiam ser obras do acaso, como os procedimentos essencialmente históricos e filológicos da *Etnological Society* pareciam advogar. Tendendo para assuntos médicos e de anatomia comparativa, as publicações da sociedade procuravam demonstrar a fixidez das características raciais reduzindo, cada vez mais, as diferenças entre os tipos humanos a estruturas estáticas e não transformáveis ao longo do tempo, e recusando suposições de influência climática nesta diferenciação.[40]

De acordo com as interpretações de Stocking e Rainger, as revistas da ASL eram, na prática, publicações particulares de Hunt, sendo que ele acumulava o papel de editor e fazia grande parte da seleção do material a ser publicado.[41]

Mas as diferenças entre as duas sociedades não se baseavam apenas na metodologia e nas tendências interpretativas, mas também na postura política. Diferente das demais sociedades científicas da época, a ASL não se esquivava de colocar em pauta durante suas reuniões assuntos muito controversos, e os debates, por vezes, prolongavam-se por meses. Discussões sobre a eficácia ou não dos estabelecimentos missionários na África Ocidental, por exemplo, ocuparam boa parte das reuniões durante o ano de 1865. Como era de se esperar,

---

39 Ao reconhecer a diversidade da "natureza humana" nas diferentes regiões do globo, um texto anônimo, provavelmente de Hunt, afirmava que se não fosse esta variedade, a própria sociedade antropológica não teria razão de existir. Uma vez que esta diferença existia, precisava ser explicada a partir de observação científica, empírica. Desta forma, segundo Burrow, o principal inimigo comum eram o que eles "consideravam teorias *a priori* dos utilitários e dos economistas". E segundo Dunbar Heath, como já se viu, a economia política devia ser baseada na antropologia.

40 Embora possa ser descrito como uma tendência geral da sociedade, deve-se notar aqui que obviamente divergências surgiam em seu interior, e mesmo Burton colocar-se-ia em dúvida quanto à influência ou não dos fatores climáticos na transformação humana.

41 Rainger, Ronald. *Race, Politics and Science...*, Stocking, George. *What's in a Name...*

A África de Richard Francis Burton   137

a opinião da maioria dos debatedores era contrária ao estabelecimento destas missões, assegurando que eram totalmente infrutíferas. Neste viés, o dinheiro gasto com elas poderia ser investido, com muito mais proveito, no interior da própria Inglaterra.[42] Outros assuntos de cunho político também ganharam espaço nas publicações da sociedade neste período. O caso da repressão da rebelião de trabalhadores negros na Jamaica pelo então governador Eyre[43] – ele mesmo membro da ASL – suscitou debates no interior da sociedade, sendo a opinião geral amplamente favorável à ação repressora empregada por Eyre.[44]

Burton e o *Cannibal Club*

Burton, como se viu, havia presidido a primeira reunião da ASL e, apesar de ter passado a maior parte da década de 1860 fora da Inglaterra, foi um dos membros importantes da sociedade durante seu período de existência. Apesar disto, ele não concordava com todos os preceitos mais radicais da antropologia física, tais como a fixidez do tipo racial e apresentava certa ambiguidade quanto a ideia da origem múltipla da humanidade. Para Burton, a ASL fornecia um fórum de discussão onde era possível expor ideias pouco ortodoxas, como pode-se notar em suas próprias palavras, além disto, também combinava politicamente com sua posição

---

42 O fato de o debate contar inclusive com respostas e participação de missionários, ou com opiniões favoráveis às missões, só vem acrescentar à hipótese de que havia grande heterogeneidade entre os seus membros.

43 A rebelião em Morant Bay, Jamaica, resultou na morte de mais de 400 trabalhadores negros. O governador Eyre, com larga história na burocracia da administração colonial – havia sido governador na Austrália e Nova Zelândia em décadas anteriores – foi chamado de volta à Inglaterra, acusado de abuso de poder. Debates sobre a sua atuação tiveram lugar em vários fóruns de discussão em Londres do período. O governador acabou inocentado. Para um estudo sobre a rebelião, ver Heuman, Gad. *The Killing time: the Morant Bay rebelion in Jamaica*. Londres: McMillan, 1994.

44 Também entram neste contexto as discussões sobre a guerra da secessão nos EUA. Novamente, em linhas gerais, a sociedade se manifestava favoravelmente aos confederados escravistas do Sul dos EUA. Segundo Cordiviola, Henry Hotz, representante do Sul confederado, então na Inglaterra, foi admitido como membro honorário da ASL, frequentando suas reuniões. Cordiviola, Alfredo. *Richard Burton, a Traveller in Brazil*. Nova York: Edwin Mellen Press, 2000.

138 Alexsander Lemos de Almeida Gebara

conservadora. Segundo Brantlinger, Burton era um "aristocrata marginal" e a sua visão racialista do africano como uma classe trabalhadora natural e submetida ao europeu ecoa certa nostalgia do domínio da aristocracia sobre a classe trabalhadora na Inglaterra. Ainda segundo o mesmo autor, Burton chegou a defender inclusive uma rejeição às instituições democráticas e um retorno à uma monarquia mais forte em um texto de 1876, intitulado *Labours and Wisdom*, publicado juntamente com sua biografia escrita por Isabel Burton na década de 1890.[45]

A ASL parecia o lugar ideal para um homem como Burton manifestar suas opiniões idiossincráticas, a própria sociedade defendia inclusive, em suas publicações, o direito de expressão de um de seus mais simbólicos membros. Em 1866, o *Journal of ASL* escreveu em suas páginas que *"um Burton pode ser permitido racionalizar, mas um Livingstone deve apenas descrever, e ainda estará sujeito ao erro"*.[46]

Mas mesmo nas publicações da ASL não havia espaço para a expressão de todas as particularidades de Burton. Este problema foi contornado, no entanto, com a criação de um grupo ainda mais reduzido de membros da sociedade, que realizava reuniões separadas e se auto-intitulava *The Cannibal Club*. Este clube funcionava como um espaço para a discussão e publicação, em circuito restrito, de temas relacionados à sexualidade e à pornografia. Tratava-se de um círculo bastante fechado, composto principalmente por homens pertencentes à elite social inglesa, que compartilhavam o interesse sobre temas considerados tabus, mesmo nas heterodoxas discussões da ASL. O clube contava entre seus membros com parlamentares, como Richard Molkton Milnes – mais tarde Lord Houghton – e outras pessoas com ligações políticas importantes, mas que todavia se escondiam sob pseudônimos nas publicações, pois sabiam que seus escritos seriam considerados pornográficos na moralista Inglaterra vitoriana.

---

45 Brantlinger, Patrick. *Rule of Darkness. British Literature and Imperialism, 1830-1914*. Ithaca: Cornell University Press, 1988, p. 170. Não deixa de ser interessante notar a tendência de ampliação do sufrágio na Inglaterra ao longo do século XIX, com os *Reform Acts* de 1832 e 1867 e finalmente de 1885, que estenderam, mesmo que de maneira limitada, a participação política à classe trabalhadora.

46 O texto desta citação provavelmente é de Hunt, que tinha claras preferências pela imagem que Burton fazia dos africanos, em detrimento das concepções humanitárias de Livingstone. A imagem de Burton nas publicações da sociedade era a de um erudito e "cientista", que juntava estas qualidades à do explorador, razão pela qual à ele poderia ser *permitido racionalizar*.

A África de Richard Francis Burton   139

Segundo Sigel, a posição de elite de seus participantes, a circulação limitada de seus textos – editados em poucas cópias e com preços muito elevados – a identificação de assuntos de interesse comum, que não podiam circular na socialmente e as tendências políticas conservadoras, eram todos elementos que se articulavam no processo de criação de uma identidade para o grupo dos "*Cannibals*". Vale ressaltar que, embora estes elementos construíssem uma identificação assentada no sentimento de exclusão e diferença com o corpo social mais amplo, também tendiam a reforçar as rígidas divisões da sociedade vitoriana.[47] Desta forma, os membros do *Cannibal Club* colocavam-se em posição de superioridade frente às mulheres, às classes trabalhadoras e, sem sombra de dúvida, às populações não europeias, que no caso de Burton eram a fonte de suas maiores curiosidades sexuais.

Segundo Sigel:

> A biografia coletiva destes homens demonstra como a posição e a relativa riqueza permitiu-os a oportunidade de pensar sobre questões sexuais, comprar artefatos de sua escolha, ver o mundo, ou o máximo dele que escolhessem, e escrever sobre o que viram e quiseram ver. Além de sua influência nas artes e ciências, eles representaram o Estado através de suas filiações com o parlamento, as cortes, o FO e os militares. Eles tiveram a capacidade de criar, administrar e pregar uma política social tanto em casa como longe dela.[48]

É importante notar que a construção de uma identidade comum entre elementos de posição social elevada reafirmava as estruturas sociais vitorianas ao excluir de seu grupo a parcela econômica e socialmente desfavorecida da sociedade inglesa. Este isolamento constituía um campo de liberdade para que as asserções sobre a sexualidade das populações não europeias pudessem ser afirmadas em um discurso que reclamava cientificidade e empiricismo, ao mesmo tempo em que equalizava sexo e biologia.

---

47 Sigel, Lisa S. *Governing Pleasures, Pornography and Social Changes in England, 1815 – 1914*. Londres: Rutgers University Press, 2002, p. 51.

48 Sigel, L. *Governing Pleasures...*, p. 58.

Este lugar de enunciação, por sua vez, possibilitava a representação dos não europeus em termos que suprimiam o sentido cultural de suas práticas às condições "biológicas" determinantes, e desta forma,

> esta cegueira desejosa à praticas culturais e significados múltiplos da sexualidade bloqueou a habilidade dos "atropológicos" para observar e teorizar sobre sexualidade em seus níveis mais concretos. A rejeição de explicações culturais perverteu suas tentativas de chegar "à verdade, toda a verdade" (para usar a frase de Burton).[49]

É interessante notar que, as supracitadas sociedades foram os principais espaços de publicação e circulação dos texto de Burton, durante o período mencionado nesta pesquisa. Para analisar de forma mais precisa os textos publicados pelo autor nestes diferentes fóruns de discussão procurou-se sinalizar nos tópicos anteriores, as diretrizes teórico-metodológicas gerais de cada uma delas. Além disto, destacou-se também a relação de Burton com estas instituições, qual a imagem que as sociedades faziam de Burton e, também, qual a ideia de Burton sobre elas.

Por outro lado, é preciso procurar compreender além disto as representações de Burton sobre a África refletindo sobre a posição social que este autor ocupava dentro da estrutura social da Inglaterra, questionando até que ponto seus textos podem ser vistos como reflexos desta. Como já se viu, os discursos sobre as populações "negras" estava passando por alterações profundas, nas décadas de 1850 e 1860, e influenciando desta forma nas imagens constituídas sobre o continente africano. Mas até que ponto estas representações do "outro" africano pode ser vista como resultado de transformações na estrutura social inglesa?

---

49 Sigel, L. *Governing Pleasures...*, p. 72.

Estratificação social e representação racial

Atoinette Burton, num artigo intitulado "Who needs the Nation?", aborda uma questão conceitual importante para as reflexões propostas neste trabalho. A pergunta indicada no título põe em cheque a própria ideia de uma cultura nacional inglesa pensada dentro dos moldes do nacionalismo. A ideia desenvolvida pela autora é que não há uma "Inglaterra" de um lado, com uma *"englishness"* essencial, e o "Império" isolado de outro, mas ambos existem em conjunto formando ideologicamente o próprio espaço de representação possível desta *"englishness"*.[1]

Segundo ela, não se pode negar que houve até recentemente a circulação da ideia de que *"Home"* e *"Empire"* foram esferas culturais separadas, em suas palavras:

> Claramente, a convicção persistente de que lar e império eram esferas separadas não pode ser desconsiderada tal como qualquer outra ficção.[2]

Partindo do argumento de A. Burton, torna-se necessário pensar a Inglaterra/Nação/Bretanha e império como partícipes de *um* movimento histórico, embora crivado de contradições. Os processos de expansão imperial e colonial e suas contradições, desta forma, seriam parte constituinte e importante do movimento que define ideologicamente o conceito de Inglaterra/Nação/Bretanha.[3]

---

1 Burton, Antoinette. "Who Needs the Nation?", in: Hall, Catherine. *Cultures of Empire, A reader. Colonizers in Britain and the empire in the nineteenth and twentieth centuries.* Manchester: Manchester University Press, 2000. p. 137-153.

2 Burton, Antoinette, Who Needs the Nation?... p. 140.

3 Neste sentido, é interessante pensar no argumento de Gauri Viswanathan, de que o próprio cânone literário inglês definiu-se ao longo do início do século xix justamente em razão de necessidades imperiais de administração educacional na Índia. Ou seja, um importante elemento definidor da identidade inglesa, a escolha das obras literárias supostamente representativas da nacionalidade, foi uma demanda da adminis-

142   Alexsander Lemos de Almeida Gebara

Embora o argumento de A. Burton tenha um caráter historiográfico, ou seja, volta-se para a representação da Inglaterra como nação na historiografia até tempos bem recentes, esta representação encontra ressonâncias em imagens da nação que estavam em discussão ao longo do século XIX.

Hoje parece relativamente claro, especialmente em face aos argumentos de Edward Said em *Orientalismo*,[4] que as construções das diferenças entre as "raças", ou seja, a determinação da identidade do "Outro", é parte do mesmo processo de definição da própria nacionalidade/identidade europeia, ou neste caso específico, inglesa. Porém, mesmo esta definição não contém apenas a oposição dual entre Europeu e não Europeu. Ela precisou lidar não apenas com o "outro" externo e colonial, mas também com "outros" internos, tais como as mulheres e trabalhadores fabris ingleses, por exemplo.

Num projeto conservador na Inglaterra, em parte da segunda metade do século XIX, o desejo de manutenção de uma rígida estrutura hierárquica no interior da sociedade inglesa acabou gerando uma aproximação conceitual nas representações dos "inferiores sociais" internos, tais como trabalhadores fabris, mulheres, e externos, tais como povos colonizados e escravos africanos. De fato, apresentando uma discussão sobre a representação da mulher no século XIX, Joanna de Groot sugere que:

> não há apenas similaridades mas conexões estruturais no tratamento das mulheres e não europeus na linguagem, experiência e imaginações dos homens ocidentais. A ligação estrutural é construída em torno do tema da dominação/subordinação ambos à identidade masculina do século XIX e ao sentido de superioridade ocidental.[5]

Tendo em mente estas considerações, parece interessante refletir sobre o trabalho de Douglas Lorimer sobre as atitudes britânicas para com o negro no século

---

tração imperial na Índia. Viswanathan, Gauri. *Masks of Conquest. Literary Study and British Rule in India*, Nova York: Columbia University Press, 1989.

4 Said, Edward. *Orientalismo*. São Paulo: Companhia das Letras, 1990.

5 Groot, Joanna de. " 'Sex' and 'Race': the construction of language and image in the nineteenth century". In: Hall, Catherine. *Cultures of Empire, A reader. Colonizers in Britain and the empire in the nineteenth and twentieth centuries*. Manchester: Manchester University Press, 2000. p. 37-60. A autora nota também similaridades entre as representações das mulheres e da classe trabalhadora inglesa.

A África de Richard Francis Burton   143

xix, em *Color, Class and the Victorians*.[6] O argumento é que a representação do negro na Inglaterra neste período é credora das transformações na estrutura social inglesa, tendo sido um reflexo dos embates sociais no país e de posições políticas conservadoras (aristocráticas) nas quais uma *"gentlemanly"* vislumbrava seu *status* social ameaçado e em sua defesa desenvolveu representações de exclusão dos trabalhadores e das classes baixas, que posteriormente se estenderam aos negros, identificados ao trabalho manual e à escravidão.

Segundo Lorimer, no final do século xviii e na primeira metade do século xix, o tratamento recebido por indivíduos negros na Inglaterra esteve muito mais relacionado às suas posições sociais do que à sua cor. O que ele argumenta é que a discriminação era por condição social e não pela 'raça'. Desta forma, africanos que dispunham de bagagem educacional e de condições financeiras razoáveis recebiam na Inglaterra tratamento semelhante a outros estrangeiros nas mesmas condições, independente da cor da pele. Um dos exemplos individuais mencionados pelo autor é o caso de Samuel Crowther, de origem Yoruba, que tornou-se o primeiro bispo anglicano negro da história.[7]

Entretanto, segundo ele a imagem do negro em geral na Inglaterra, em razão das experiências coloniais nas Índias Ocidentais e da situação na América do Norte, foi cada vez mais sendo associada à do escravo e não ao "selvagem" africano, e desta forma, por volta da metade do século xix:

> Os "pretos" tornaram-se identificados com tarefas de trabalho e com as ordens sociais mais baixas, e no processo de um povo respeitável, estenderam as atitudes convencionais relativas aos seus inferiores sociais na Inglaterra a todos os Negros.[8]

---

6 Lorimer, Douglas. *Colour, Class and the Victorians, English Attitudes to the Negro in the Mid Nineteenth Century*. Londres: Leicester University Press, 1978.

7 Lorimer, *Color, Class and the Victorians...*, capítulo 2. O tratamento para com Crowther só começaria a mudar ao longo da década de 1860, dadas as transformações em curso no processo nas atitudes para com o negro, resultantes, segundo o autor, de mudanças internas na sociedade inglesa.

8 Lorimer, *Color, Class and the Victorians...*, p. 92

144 Alexsander Lemos de Almeida Gebara

Finalmente, quando o autor procura discutir os desenvolvimentos "científicos" sobre as questões raciais na segunda metade do século XIX – que tradicionalmente são lidos como perfazendo a construção de um material ideológico de justificação e legitimação do controle imperial – ele novamente procura inverter a explicação mais tradicional. Segundo ele:

> Parece que a ciência antes seguiu do que liderou a opinião sobre a questão racial. Mais cedo no século dezenove, a ciência agiu como serva da ortodoxia humanitária. Durante a década de 1860, cientistas, em comum com outros gentlemen educados, experimentaram uma mudança na perspectiva social que por sua vez resultou num endurecimento das atitudes raciais.[9]

Esta inversão, entretanto, apresenta um problema conceitual semelhante ao notado por Antoinette Burton, qual seja, observa "império" e "Inglaterra" como esferas distintas de produção discursiva e cultural. No caso de Lorimer, há uma clara afirmação da predominância de fatores "internos" ingleses sobre questões tradicionalmente associadas à expansão imperial (como a construção dos conceitos de "raça" por exemplo.)

A despeito disto, este enfoque, ao realizar esta inversão e trazer para a arena fatores "internos" à sociedade inglesa como importantes para o desenvolvimento da "ciência" racial, abre espaço para pensar na representação do não europeu – mais especificamente neste caso, do negro – como um movimento dialógico, ou seja, a construção da imagem do "outro" como relacional, não apenas como resultado da expansão imperial e de sua necessidade de legitimação, mas também como credora das transformações sociais na "metrópole".[10]

Na historiografia sobre a "antropologia" do século XIX ou sobre as representações raciais na Inglaterra, há um consenso sobre uma profunda transformação ocorrida por volta da metade do século XIX. As reflexões sobre o negro passaram de um padrão mais humanistas e simpático para um mais antipático

---

9 Lorimer, *Color, Class and the Victorians...*, p. 149.

10 Uso os termos "interno" e "metrópole" entre aspas justamente por que o argumento que desejo introduzir é que não há isolamento entre "centro" e "periferia" mas sim um único processo que interage na configuração destas ideias.

A África de Richard Francis Burton   145

e determinista, que frequentemente aparecem associados respectivamente a *London Ethnological Society* e a *Anthropological Society of London*.[11]

Lorimer, como se viu explica esta transformação como sendo uma resposta ao desenvolvimento de fatores internos à sociedade inglesa, enquanto Stocking, Stepan, Tax, Burrow, entre outros, estiveram preocupados em recuperar estas transformações a partir principalmente da história intelectual das sociedades científicas e suas respostas a acontecimentos coloniais e desenvolvimentos imperiais.[12]

Cristine Bolt, em *Victorian Attitudes to Race* procura discutir alguns dos elementos que segundo ela são importantes para explicar esta mudança de atitudes em relação ao não europeu na Inglaterra. Entre estes elementos, pode-se mencionar o Motim Indiano de 1857, a rebelião de *Morant Bay* na Jamaica em 1865, a guerra da secessão nos EUA no início da década de 1860, entre outras.[13] Como se pode perceber, são eventos relacionados principalmente às colônias ou ex-colônias inglesas, entretanto, o livro de Bolt tem como objetivo refletir não unicamente sobre as opiniões de uma elite intelectual, mas sim principalmente sobre as representações da classe média que segundo ela eram a base de uma opinião pública influente nas decisões governamentais inglesas. Em suas palavras:

> Atitudes e respostas britânicas a desenvolvimentos coloniais e americanos, de fato, tem uma lógica própria, e, por mais imprecisa que possa ter sido, a

---

11 Stocking, George. *Victorian Anthropology*. Nova York: The Free Press, 1987, Sol, Tax. "The settings of the Science of Man". *Horizons of Anthropology*. Chicago: Albine, 1964, Stepan Nancy. *The Idea of Race in Science*. Oxford: MacMillan, 1987, Burrow, J. W. "Evolution and Anthropology in the 60s: The Anthropological Society of London", *Victorian Studies*, vol. 7, dezembro de 1963, entre outros.

12 Isto não quer dizer que estes autores não procuraram notar os eventos e processos que possivelmente teriam influenciado nas transformações destas representações, apenas que o objetivo principal de seus trabalhos foi mais frequentemente traçar as afinidades conceituais e a história intelectual dos teóricos raciais.

13 Bolt, Cristine, *Victorians Attitudes to Race*. Londres: Routledge and Kegan Paul, 1971. O Motim indiano (*Sepoy Mutiny*) de 1857 foi uma rebelião dos soldados nativos que estavam a serviço da Companhia das Índias Orientais. A repressão ao motim foi realizado em conjunto pela companhia e por uma parcela do exército inglês, e o episódio resultou no final do controle da colônia indiana pela Companhia, passando a ser este controle exercido diretamente pela coroa.

146 Alexsander Lemos de Almeida Gebara

opinião pública frequentemente influenciou as políticas públicas ou resultou em algum tipo de atividade prática nas áreas relacionadas.[14]

Desta forma, esta autora relaciona as atitudes para com "raça", as representações raciais, e as posturas sociais frente ao não europeu à duas esferas diferentes. De um lado, acontecimentos no âmbito colonial e imperial e, de outro, a configuração de uma opinião pública na Inglaterra, que revelava-se importante de alguma forma no direcionamento das próprias políticas coloniais e imperiais. Bolt também não deixa de notar que um dos sucedâneos deste processo foi a comparação conceitual entre trabalhadores fabris ingleses e negros escravos ou ex-escravos nas colônias britânicas e no sul dos Estados Unidos e o receio de uma rebelião dos trabalhadores dentro das fronteiras inglesas tal como se temia uma rebelião negra nas colônias ou regiões escravistas.[15]

Brenda Mackay recupera uma passagem interessante da *Saturday Review* que evoca este sentimento conservador de receio e consequentemente a vontade da manutenção ou instituição de uma estratificação social forte e bastante definida tanto na Inglaterra quanto nas regiões coloniais. Em janeiro de 1864, aparecia publicado nesta revista a seguinte passagem:

> Espera-se do homem ou criança inglesa pobre que sempre se lembre da condição na qual Deus o colocou, da mesma forma que espera-se do negro que lembre-se da pele que Deus lhe deu. A relação em ambas as instâncias é aquela de um perpétuo superior para um perpétuo inferior, ou chefe para de-

---

14 Bolt, Cristine, *Victorians Atittudes to Race...*, p. xi prefácio.

15 De fato, na discussão que teve lugar na Inglaterra sobre a guerra da secessão americana, Bolt mapeia a atitude expressa nos jornais britânicos e vislumbra uma maioria das opiniões contrárias à extensão total dos direitos de liberdade civil – leia-se direito ao voto – para os negros. Ela avalia estas opiniões como oriundas de um conservadorismo inglês que temia uma transformação social mais radical dentro da própria Inglaterra. Assim, cita um periódico inglês que faz a seguinte asserção: "*Assim como nossos radicais procuram destruir a influência dos proprietários de terra e das classes conservadoras na Casa dos Comuns (parlamento), os radicais americanos fazem do negro seu cavalo de batalha, da mesma forma como nossos radicais usam os trabalhadores*". Bolt, *Victorians Atittudes...*, p. 63.

A África de Richard Francis Burton   147

pendente, e nenhuma quantidade de bondade ou gentileza é suficiente para alterar esta relação.[16]

McKay também considera a guerra da secessão, o motim indiano, e a rebelião jamaicana como fatores importantes para a mudança nas atitudes raciais inglesas neste período mas, inspirando-se na interpretação de Lorimer, enfatiza que "mais importante" é que os "selvagens" eram sempre vistos como análogos à classe operária inglesa, e ambos eram representados pela parcela aristocrática e conservadora como "inferiores e potencialmente explosivos ao passo que os privilégios sociais eram erodidos" desta forma, "a civilização ela mesma poderia estar em jogo".[17]

Enfim, nota-se entre os trabalhos brevemente apresentados aqui, uma diferença de ênfase entre elementos "externos" e "internos" como mais ou menos importantes como formadores das opiniões e atitudes inglesas frente à "raça" e aos não europeus no século XIX. Mas de fato, para as reflexões deste trabalho, não interessa procurar estabelecer relações causais explicativas sobre o fenômeno de transformação nas representações raciais inglesas no período. É importante sim pensar nestas transformações como índices de um processo histórico abrangente, que engloba Inglaterra e Império, bem como suas relações de influência comercial e política ao redor do globo.

Neste sentido, as enunciações de Richard Burton novamente oferecem um interessante ponto de análise. Burton, como se viu tinha preferências políticas conservadoras e defendia uma sociedade fortemente estratificada, mesmo assim servia dentro de uma estrutura burocrática de governo nominalmente liberal. Além disto, esteve durante grande parte de sua vida em contato com as regiões "fronteiriças" da administração britânica e diretamente envolvido na produção da "antropologia" científica inglesa justamente na década de 1860, momento crucial de transformação segundo a bibliografia.

---

16 Citado por Mackay, Brenda. *George Eliot and Victoran Attitudes to Racial Diversity, Colonialism, Darwinism, Class, Gender, and Jewish Culture and Prophecy*, Lewiston, Queensland, Lampeter: The Edwin Meller Press, 2003. p. 276.

17 McKay, Brenda. *George Eliot and Victorian Attitudes...*, p. 66. Segundo esta autora, esta visão era impulsionada em geral pelos embates trabalhistas violentos na Europa de 1848, e mais especificamente pela discussão da segunda Reform Bill, de 1867, que ampliaria o direito de voto na Inglaterra reduzindo as exigências pecuniárias.

Ora, é possível inferir desta forma que nos textos de Burton as questões sociais "internas" à Inglaterra, bem como projeções de políticas e atitudes imperiais vinculadas à caracterização do "outro" não europeu certamente estiveram conectadas de forma profunda e inseparável.

4. O lugar de Burton na África

O período consular de Burton na África Ocidental

Quando de sua indicação como cônsul inglês para a baía de Biafra, em abril de 1861, Burton passava por um período de contradições na esfera de suas relações institucionais e sociais. Se por um lado, cerca de dois anos antes ele havia chegado de uma expedição épica à África Central, que lhe granjeara um aumento de sua fama institucional como explorador, logo suas desavenças com John Speke e suas posturas sobre a hidrografia e etnografia africanas causaram-lhe a perda de status dentro da RGS.[1] No âmbito social, as coisas pareciam diferentes. Em sua festa de casamento com Isabel Arundell, em janeiro de 1861, esteve presente a mais alta sociedade de Londres, contando inclusive com a presença do próprio primeiro ministro Palmerston. Essa festa deu início a meses de participações constantes em recepções da aristocracia londrina – num circuito antes desconhecido por Burton – até agosto de 1861, data de sua partida para Fernando Pó.[2]

Assim, a partida de Burton para seu posto consular o fazia deixar para trás essa sociedade da qual aparentemente nunca desfrutara antes, mas por outro lado, como já se notou, oferecia a perspectiva de "enfiar os molares no pão governamental" do qual só tinha "lambido as migalhas" até então,[3] mostrando já uma perspectiva equivocada da posição consular.

O texto que segue procura apresentar em ordem cronológica de produção o discurso de Burton durante sua atuação como cônsul inglês na baía de Biafra. Entretanto, é preciso notar que os textos comparados, a saber, cartas, relatórios consulares, artigos científicos e livros de viagem, são de caráter diferente embora versem sobre o mesmo

---

1 No ano de 1860, Burton fez uma inesperada viagem para a América do Norte que, segundo Edward Rice teria sido realizada justamente para fugir desta situação desagradável em Londres. Rice, *Richard Francis Burton...*, p. 340.

2 Broadie, Fawn. *The Devil Drives,* Nova York: Norton, 1984. p. 215.

3 Burton a Milnes, *Houghton Papers,* 20/03/1861.

152 Alexsander Lemos de Almeida Gebara

tema. Estes diferentes suportes muitas vezes foram escritos em diferentes períodos, com intervalos de alguns meses ou até mesmo anos no que diz respeito às respectivas datas de publicação. Sendo assim, os relatos e artigos estão inseridos no texto fora de uma ordem cronológica, seguindo as datas de publicação. Sempre que possível procurar-se-á sugerir em quais períodos tais textos parecem ter sido escritos.

O livro *Wanderings in West Africa*[4] é, desta forma, o primeiro texto que será mencionado aqui, pois pode permitir vislumbrar o estado de espírito de Burton para com a população e o continente africano no momento de sua partida. Apesar de ter sido publicado apenas em 1863, o relato descreve a viagem de navio de Burton, de Liverpool a Fernando Pó, quando pela primeira vez ele esteve em contato com a África Ocidental, após longos anos de experiência na parte leste do continente. A narrativa do livro segue a ordem dos portos nos quais o navio *Blackland* da *African Steamship Company* parou ao longo da viagem. Cada parada traduz-se num novo capítulo, embora muitas vezes a estadia do navio no porto não ultrapassasse mais do que algumas horas. Tal característica demonstra a prolixidade de Burton neste texto, recheado de digressões, apresentando suas opiniões sobre a África, muito mais do que descrições e narrativas minuciosas, as quais eram típicas de seus outros relatos de viagem.[5]

Logo a princípio, fica claro que as concepções do autor sobre a África não eram credoras da tradição humanitária que prevalecera na Inglaterra até o início da década de 1850. O livro é dedicado "aos verdadeiros amigos da África – não ao 'filantropo' ou a 'Exeter Hall'". De fato, as representações que Burton fez da colônia de Serra Leoa, a menina dos olhos dos filantropos ingleses em conjunto com as Índias Ocidentais, surgiam em tons bastante rudes, com uma epígrafe que em si é bastante significativa disto:

> Eu viajei para o leste, viajei para o oeste, norte e sul, subi montanhas, mergulhei em minas, mas nunca conheci nem ouvi menção de um lugar tão vil

---

4 Burton, Richard, *Wanderings in West Africa*, Londres, Tinsley Brothers, 1863. O livro continha a seguinte descrição de seu autor: "um membro humilde da fraternidade dos verdadeiros amigos da África" embora ressalvasse "não o filantropo de Exeter Hall.

5 Ver o capítulo 1 deste texto, especialmente as descrições dos beduínos na Península Arábica como exemplo.

A África de Richard Francis Burton   153

ou pecador como Serra Leoa. Eu não sei onde é a posta-restante do Diabo, mas o lugar deve certamente ser Serra Leoa."[6]

O capítulo inteiro sobre Serra Leoa, com quase cem páginas, é um conjunto de ataques aos negros, em especial aos que ele denominava semicivilizados, formados nas escolas missionárias da colônia, ou mesmo que haviam estudado na Inglaterra. O texto continua, recheado de afirmações sobre a inferioridade negra, e de críticas aos filantropos que, ao colocarem negros e brancos em igualdade total acabavam, em sua opinião, por exacerbar os vícios inerentes à raça negra e tornar a vida dos brancos praticamente insuportável.[7]

É importante ressaltar que a estadia de Burton em Serra Leoa foi de três dias, e durante este tempo, ele esteve em contato com um dos membros da suprema corte da colônia, Mr. Marston. Este intercurso – além das concepções já negativas sobre raça e miscigenação[8] – com certeza ajudou Burton a formar sua opinião sobre a colônia. As posições de Marston parecem ser bastante próximas das expressas por Burton com relação à situação em Serra Leoa. De fato, Burton menciona uma história contada pelo próprio Marston sobre uma multa de 50 libras, a qual foi condenado a pagar como indenização por haver espancado um negro. Em sua versão, e logo na de Burton, apenas após ter pedido várias vezes para que o africano se retirasse de sua propriedade é que aplicou o castigo físico ("*sem violência desnecessaria, entretanto*") do qual foi considerado culpado.[9] Já na versão do advogado que defendeu o africano, Marston não apenas agrediu de forma desmedida o citado africano, mas sua conduta era reiteradamente de explorar a sua posição de poder frente aos serra-leoneses – muitas vezes com intenção de ganhos pecuniários – ex-

---

6 Burton, *Wanderings...*, vol. 1, p. 193.

7 As acusações são genéricas como : "O homem de Serra Leone é um ladrão inveterado, ele bebe, ele joga, ele faz intrigas ele *se veste de forma excessivamente garbosa*, e quando seu dinheiro se esgota, ele faz o seu mestre pagar por tudo", grigos meus, p. 239. Interessante notar a passagem em destaque Burton parece ficar profundamente irritado com a prática dos negros de se vestirem à europeia. Isto sugere uma impossibilidade de aceitar qualquer nível de igualdade, mesmo nas vestimentas, entre negros e brancos.

8 Ver primeiro capítulo deste texto.

9 Burton, *Wanderings...*, vol 1, p. 215.

154 Alexsander Lemos de Almeida Gebara

plicitando, assim, o porquê de sua recusa em aceitar a condição de igualdade entre negros e brancos perante a lei em Serra Leoa.[10] Mas segundo Burton, o estado das coisas em Serra Leoa não poderia ser pior. Mesmo reconhecendo que pintava um quadro bastante negativo frente ao leitor europeu, ele afirmava que:

> Se o leitor acha que eu exagerei ao descrever o estado das coisas em Serra Leoa, ele está errado. O esboço está antes sub do que super dimensionado.[11]

O estado de ânimo excessivamente negativo do autor com relação à colônia de Serra Leoa deixa bastante clara sua opinião sobre os objetivos filantrópicos que ainda existiam sobre a possibilidade de "civilização" do continente africano. A sua representação do negro também não surgia em tons favoráveis neste momento. A população "negra" aparece em suas "considerações antropológicas" dividida em dois grupos principais, definidos significativamente como "nobre" e "ignóbil".[12] A parte nobre – composta em grande parte pela população norte-africana, "semitizada" devido a migrações árabes – mostrava-se muito superior à porção "ignóbil", representada pelos aborígines e sujeita a todas as formas de desqualificação. Os instrumentos teóricos de Burton neste momento apresentavam-se bastante compósitos. Desta forma, aparecem por um lado termos como "seleção de espécies",[13] caracterizações difusionistas e assentadas em suposições linguísticas para traçar a origem de diferentes populações,[14] que supostamente

---

10 Rainy, W. *The Censor Censured....* Londres, Geo. Chalfont, 1865. Como já foi mencionado, este panfleto virulento tem como alvos específicos o próprio Burton em suas representações de Serra Leoa, bem como Marston. Desta forma, há que se considerar a tendenciosidade deste testemunho. De qualquer forma, é importante notar uma das fontes das quais Burton retira suas opiniões sobre a situação de Serra Leoa.

11 Burton, *Wanderings...*, vol. 1, p. 221.

12 A própria caracterização de "antropológicas" já faz notar uma diferença, pois até o relato anterior, Burton preferia a nomenclatura "etnológica". Ainda em *Lake Regions of Central Africa,* seu livro anterior, há vários capítulos denominados "Geografia e *Etnologia* da região".

13 Burton, *Wanderings...*, vol. 1, p. 210.

14 Burton, *Wanderings...*, vol. 1, p.115 e seguintes.

A África de Richard Francis Burton   155

dão suporte a interpretações monogênicas e evolucionistas. Isto porque a suposição da diferenciação física e cultural ao longo do tempo em razão de migrações das populações para regiões de climas e condições naturais diferentes, pressupõe uma origem humana única, e também porque o termo "seleção de espécies" é uma clara referência a Darwin e seu livro homônimo publicado quatro anos antes. Por outro lado, no entanto, há também sugestões sobre as diferenças intransponíveis entre as raças em especial na caracterização da porção "ignóbil" da população, além de menções sobre uma suposta "escala da criação".[15] Estas suposições e terminologia apontam para interpretações poligênicas e não evolucionistas, uma vez que o termo "escala de criação" parece implicar que as diferenças entre as populações existiram desde sua origem.

Aparentemente, o autor tinha um alvo específico a atingir na redação deste capítulo: a situação de igualdade sociopolítica entre negros e brancos em Serra Leoa. Como foi possível notar, não lhe parecia aceitável qualquer possibilidade de igualdade entre negros e europeus, nem mesmo o fato de vestirem-se à europeia, quanto mais a ideia de um europeu ser julgado por um juiz mulato e por júri composto de negros.[16]

A proposta de Burton para a solução da situação é bastante clara, qual seja, o fim das "suposições" de igualdade, suportado pelo argumento de que a África é sim civilizável, mas apenas através do "trabalho direcionado sob a batuta europeia", que coloca inclusive uma opinião praticamente insustentável na Inglaterra, condenando a liberdade total dos ex-escravos e da população negra em Serra Leoa, sugerindo ainda que indiretamente, a implantação de "regulamentação do trabalho" na colônia.[17]

---

15 Burton, *Wanderings...*, vol. 2, p. 24.

16 Burton, *Wanderings...*, vol. 1, p. 217 e seguintes. Em seu depoimento ao Comitê Parlamentar de 1865, Burton voltou a mencionar o fato de negros vestirem-se à europeia. Neste caso, a vestimenta europeia era apenas um *disfarce* de civilização, o que tornava o costume ainda mais agressivo. Segundo Burton, ao chegar em casa, os negros "retiravam a casaca e com ela as boas maneiras". *Parliamentary Papers*, 1865, vol v, p. 122.

17 Burton, *Wanderings...*, vol. 1, p. 220-221.

156   Alexsander Lemos de Almeida Gebara

As constantes comparações que o autor faz entre negros e irlandeses no decorrer da descrição da população Kru,[18] – comparando indiretamente a classe trabalhadora britânica com os negros africanos, – e as associações entre
marcadas divisões de classe e "civilização"[19] sugerem a posição politicamente conservadora e pretensiosamente aristocrática de Burton. Nas palavras de
Brantlinger, como se viu, essa postura "ecoa nostalgia do tempo de domínio
aristocrata da classe trabalhadora na Inglaterra".[20]

A opinião de Burton sobre a política inglesa aplicada às possessões africanas
naquele momento surgia, assim, como um misto de intervenção (ou tutela) e
livre comércio – uma vez que não se podia conceder liberdades e muito menos
igualdade total para os africanos frente aos ingleses. Tanto a intervenção, quanto o comércio livre, eram vistos como ferramentas de civilização. Tal mistura
era paradoxal apenas na aparência, pois como se viu, discursos filantrópicos e
liberais mesclavam-se com frequência na Inglaterra, por volta da metade do
século XIX. De fato, como se pôde notar anteriormente, a política inglesa era
de fato intervencionista, ao mesmo tempo em que pregava de forma oficial a
não intervenção.

Enfim, foi nesse contexto que Burton chegou a Fernando Pó para assumir
sua posição consular: com perspectivas de aproveitar seu tempo na África – e
a liberdade relativa da posição consular em regiões distantes – para realizar
suas expectativas de exploração. Nesta ocasião, o repertório de Burton sobre
as representações das populações não europeias era uma composição híbrida –
que caracterizava o período de transição de paradigmas da ciência inglesa no
período entre 1850 e 1860 – e que incluía pitadas evolucionistas, poligenistas,
linguísticas, entre outras. Por fim, Burton aportava na África Ocidental como

---

18 Kru, segundo Burton é a população nativa de *Cape of Palms*, nos limites da Libéria, colônia de
ex-escravos americanos. De forma significativa, eles são descritos como "distintamente africanos,
sem qualquer mistura de árabe". Burton, *Wanderings...*, vol. 2, p. 14.

19 Já durante a descrição da população de *Cape Coast Castle*. Burton, *Wanderings...*, vol. 2, p. 96. A frase
de Burton é exatamente: "*Há civilização suficiente para produzir uma distinção de classe bastante marcada*".

20 Brantlinger, Patrick. *Rule of Darkness. British Literature and Imperialism, 1830-1914*. Ithaca, Cornell
University Press, 1988.

representante de um governo que continha em seu interior significativas diferenças de opinião quanto à linha de atuação frente às regiões coloniais, incluindo a África Ocidental, embora tendesse a assumir posturas intervencionistas, a despeito de um discurso de não intervenção.

Abeokuta

Burton não perdeu tempo para tentar cumprir as expectativas que nutria sobre seu trabalho consular na costa ocidental africana. Tendo chegado a Fernando Pó em 27 de setembro de 1861, seguiu no mesmo navio para conhecer dois dos centros comerciais sob sua jurisdição, Old Calabar e o rio Camarões, de onde retornou em 2 de outubro. Menos de uma semana depois, partiu para Lagos com objetivo de conseguir um barco de guerra para realizar sua "primeira visita oficial" aos *Oil Rivers*.[1]

Em Lagos, entretanto, Burton sofreu com um ataque de "febre" que o deteve por duas semanas. Neste período, recebeu um convite do Comandante Bedingfield para juntar-se à comitiva que estava de partida para Abeokuta.[2] Burton, mesmo sem receber autorização explícita do FO, partiu para a cidade Egba em 28 de outubro, um mês após ter desembarcado pela primeira vez em seu posto. A viagem para Abeokuta durou cerca de três semanas e o relatório de Burton contendo sua descrição foi enviado a Londres no dia 20 de novembro.

A relação entre Abeokuta e Inglaterra, como se viu, estava passando, naquela altura, por um momento de transformação. Uma dinâmica de auxílio iniciara-se cerca de vinte anos antes, com a instalação das primeiras missões entre os Egba, buscando o aumento do intercurso comercial, bem como, o "desenvolvimento civilizado" da região, ou seja, a cristianização dos africanos, argumento obviamente defendido pelos missionários. Assim, os missionários e, em menor escala, os comerciantes consideravam Abeokuta como um ponto de difusão

---

1 PRO, FO 84/1176, 20/11/61. Mesmo antes disto, já havia enviado memorando ao FO solicitando a presença de um barco de guerra constantemente à sua disposição.

2 A comitiva de Bedingfield tinha como missões discutir o estado da guerra entre Abeokuta e Ibadan, os sacrifícios humanos ainda existentes, e finalmente cobrar explicações sobre uma resposta bastante irritada dos Egbas à uma proposta anterior de mediação na guerra feita pela Inglaterra.

160   Alexsander Lemos de Almeida Gebara

da "civilização" na África, significando, respectivamente, cristianismo e comércio "lícito". Contudo, a guerra com Ibadan causou uma série de consequências negativas para esta relação, entre elas estavam prejuízos comerciais, dado o bloqueio do rio Ogum, e uma efêmera revivescência do tráfico escravo, levado à cabo com os prisioneiros de guerra. Essas consequências, principalmente a diminuição do comércio, tornaram as relações com a Inglaterra cada vez mais estremecidas nos anos seguintes.

Três textos de Burton foram escritos como resultado desta pequena viagem e permitem avaliar as posições de Burton sobre a conjuntura apresentada acima: o primeiro deles é o próprio relatório enviado ao FO, que depois foi editado para apresentação ao parlamento; o segundo é uma carta enviada à RGS, publicada nos *Proceedings of the* RGS e, finalmente, o terceiro é o primeiro volume do livro *Abeokuta and the Cameroon Mountains*.[3]

O relatório que Burton enviou ao FO estava baseado nas considerações do autor a respeito das possibilidades da produção de algodão para exportação na região de Abeokuta. Segundo ele, o aumento na incipiente produção algodoeira era possível, pois a localidade apresentava características bastante favoráveis, quais sejam: solo e clima apropriados, além de um contingente populacional apto ao trabalho na lavoura e em número suficiente para evitar a necessidade de um programa de imigração.[4] Contudo, nem todas as condições eram favoráveis. A primeira destas desvantagens sugeridas por Burton diz respeito à situação de governo. Em suas palavras:

> Presentemente há muita liberdade, ou ainda falta do devido controle. O Alake não tem nem o poder nem o *status* do menor dos Rajás indianos... Todo homem é rei em sua própria casa. Isto de todo modo cessará. Assim que a riqueza e importância aumentar, algum homem ira fazer de si mesmo rei.[5]

---

3 Burton, Richard. *Abeokuta and the Cameroon Mountains*, Londres: Ttinsley Brothers, 1863.

4 Segundo Burton, os Egba eram uma "raça de fazendeiros, apta ao trabalho moderado". PRO, FO 84/1176, 20/11/61.

5 PRO, FO, 84/1176, 20/11/61.

A África de Richard Francis Burton   161

Sendo assim, Burton parecia ver na ausência de uma autoridade central definida, com poder para impor-se aos demais, um impedimento ao desenvolvimento da produção de algodão para exportação. Para ele, a situação também estava ligada à guerra com Ibadan e ao tratamento dispensado pela Inglaterra com relação à Abeokuta. Almejar sempre uma posição de intermediários de comércio, para que pudessem viver sem trabalhar seria um impulso "tipicamente africano".[6] Em sua linha de raciocínio, decididos a tornarem-se beneficiários dos tributos dos povos que viviam mais ao interior, bem como, dos lucros comerciais, os Egba.

> ... consideravelmente inflados pelas atenções da Inglaterra e por lidar com missionários, mercadores e outros, que a cortejam, resolveram constituir a si mesmos como o único canal de comércio entre o interior e as regiões marítimas.[7]

Enfim, o relatório de Burton apresentava de forma breve os termos do tratado proposto pela Inglaterra e assinado pelo *Alake*, que previa o fim da exportação de escravos – mesmo que prisioneiros de guerra – o fim dos sacrifícios humanos e a abertura irrestrita do rio Ogum para o comércio. Burton, no entanto, permanecia bastante cético quanto à possibilidade de cumprimento dos termos do tratado, em especial quanto aos sacrifícios humanos. Segundo ele, o *Alake* não tinha poder para impor-se aos outros chefes locais. Um sacrifício havia ocorrido antes mesmo que tivessem chegado de volta a Lagos após a assinatura do tratado.

É significativo que a parte final do relatório não tenha sido publicada nos *Parliamentary Papers*. Nesta, Burton sugeria a solução para acabar com os problemas da guerra na região – "tão desprezível e tão prejudicial para nossos intentos" – propondo uma intervenção militar inglesa para forçar os termos de um tratado de paz entre as duas regiões beligerantes o que iniciaria um tratamento igual dos ingleses para com todos os chefes da terra Ioruba. Os Egbas, segundo ele, respeitavam os ingleses como marinheiros, mas nunca tinham visto uma atuação por terra. Com oficiais ingleses e um corpo de cavalaria e artilharia composto de nativos de outras

---

6 A aversão de Burton pelo papel de intermediário comercial dos Estados costeiros africanos também ecoa valores aristocráticos conservadores.

7 PRO, FO 84/1176, 20/11/61.

regiões, Burton acreditava que seria possível acabar com relativa facilidade com as guerras que atrapalhavam os interesses comerciais ingleses.[8]

O ímpeto intervencionista de Burton não parece fora do lugar quando observa-se a atuação inglesa nos anos anteriores. A Inglaterra havia substituído o regente de Lagos à força, no início do mesmo ano no qual ele esteve em Abeokuta. Simultaneamente à troca de regentes em Lagos, a marinha britânica havia bloqueado de forma ostensiva boa parte dos portos da costa visando impedir o tráfico escravo, tendo chegado mesmo a bombardear a cidade de Porto Novo, que acabou aceitando assinar um tratado anti escravista.[9] Mesmo assim, a sugestão de Burton para uma intervenção militar direta em Abeokuta foi simplesmente retirada do relatório, o qual foi apresentado ao Parlamento.[10]

Ao final do documento percebe-se o encadeamento de assuntos no despacho de Burton. Em primeiro lugar, assegurava o interesse econômico da Inglaterra na região, afirmando a possibilidade de desenvolver a produção de algodão. Em seguida, criticava a falta de organização e poder do governo local e o estado de guerra como fatores que impediam este desenvolvimento. Por fim, propunha a intervenção direta inglesa, usando uma força terrestre para acabar com a guerra, e ficava subentendido que apenas desta maneira o interesse econômico inglês poderia ser garantido.

O documento seguinte a ser analisado sobre esta viagem é a carta escrita por Burton para a RGS. Os temas apresentados são praticamente os mesmos descritos acima, mas o tom da narrativa é bastante diferente, o que faz compreender por que o editor dos *Proceedings of the* RGS mencionou a carta como "característica do capitão Burton", que apresenta os selvagens "numa visão menos favorável do que o usual".

Em forma de diário, embora bastante curta, a carta apresenta caracterizações tais como:

---

8 PRO, FO 84/1176, 20/11/61.

9 Newbury, *The Western Slave Coast and Its Rulers...*, capítulo 3.

10 Este tipo de edição sugere que apesar de o FO tolerar as ações intervencionistas de seus representantes na África Ocidental, não tinha condições de sustentar um discurso aberto de intervenção frente ao parlamento.

A África de Richard Francis Burton   163

O dia seguinte nos levou a uma massa miserável de cabanas no lado esquerdo do rio, Mabban – um ótimo espécime da África costeira – tudo era lama miasma e mosquitos.[11]

Ao descrever a cidade de Abeokuta nessa carta, Burton comparou a sua visão com a imagem retratada na capa do livro *Sunrise Within the Tropics*, de Sarah Tucker, publicado em 1853. O livro apresentava Abeokuta sob o ângulo das missões cristãs e o desenho em sua capa representava uma cena bucólica com uma paisagem de plantações e vilas camponesas. De fato, a autora do livro nunca havia estado na África, e seu texto assumidamente utilizava-se de comentários realizados por missionários e por oficiais da marinha britânica que haviam estado em Abeokuta. O tom geral do relado é de elogios, não apenas à atuação missionária, mas à capacidade do povo Egba e Ioruba em geral de compreender os valores do cristianismo e à vontade manifesta por parte de vários nativos de converter-se ao cristianismo.[12] Mais do que isto, entretanto, o livro parece ter sido escrito para granjear o apoio britânico para a causa de Abeokuta contra o exército daomeano, que ameaçava constantemente aquela cidade. Segundo a autora atestava, citando Samuel Crowther:

" Este, disse o Mr. Crowther, é o único lugar onde a luz do evangelho brilha. Com certeza, deus não o deixará ser esmagado, nem permitirá ele que os trabalhos da Inglaterra para a destruição do tráfico escravo e conversão da África seja frustrado por um tirano sedento de sangue".[13]

John Forbes, oficial do esquadrão britânico na costa ocidental que havia escrito um livro sobre sua visita à Daomé em 1851, parecia concordar por completo com esta afirmação. Discutindo a então possível invasão de Abeokuta pelo exér-

---

11 PRGS , vol 6, 1861-62, p 65.

12 Tucker, Sarah. *The Sunrise Within the Tropics, na outline of the origin and progress of the missions in Yoruba*. Londres: James Nisbet and Co., 1853.

13 Tucker, Sarah, *The Sunrise...*, p. 208.

164 Alexsander Lemos de Almeida Gebara

cito de Gezo, Forbes imaginava o pior para a Inglaterra e afirmava que "a queda desta cidade nobre e quase cristã demanda a nossa mais profunda atenção".[14]

O que transparece no livro de Sarah Tucker é justamente esta oposição maniqueísta entre Abeokuta, como a representação do bem – da cristandade, da luz do evangelho – e Daomé, pelo outro lado, como o mal, o paganismo. Além disto, a visão expressa é de que deus estava não somente ao lado de Abeokuta, mas da própria Inglaterra, e através de suas ações, fazia ver aos Egbas a dimensão de seu poderio.[15]

De acordo com Burton, entretanto, bastante cético com relação ao relato de Tucker, o desenho que o encimava deveria ser acompanhado da inscrição "como Abeokuta *deveria* ser". No final da pequena carta a RGS, Burton voltou a mencionar que a viagem o deixara em dúvida se "*o nascer do sol já teria acontecido nos trópicos*", mas apenas para acalmar um pouco os ânimos e dizer que sem dúvida "*ele poderia nascer*".[16]

As opiniões emitidas por Burton nos dois documentos apresentados até agora não estão de acordo com os comentários que ele mesmo enviou a Richard Milnes.[17] Para seu amigo, certos juízos sobre Abeokuta foram mantidos, principalmente, a análise da região como potencial produtora de algodão. Contudo, nesta carta a razão para a possibilidade do desenvolvimento da cultura do algodão não estava no fato dos Egbas de Abeokuta serem "uma raça de fazendeiros apta ao trabalho moderado", mas sim por que: "*o povo e em sua maioria composto de escravos (como você sabe, um grande requisito para a indústria na África) e os chefes são*

---

14 Forbes, John. *Dahomey and the Dahomans: being the journals of two missions to the king of Dahomey, and residence at his capital in the years 1849-1850*. Londres: Longman, Brown, Green, and Longmans, 1851, vol. 1, p. 8.

15 Ao final da descrição da batalha entre Abeokuta e Daomé que teve lugar em 1850, Sarah Tucker atinge o auge destas suposições e afirma que "mesmo os pagãos abertamente reconheciam que eles deviam (a vitória) ao deus dos cristãos", p. 214.

16 Comparando o livro ao relatório enviado ao FO, imagina-se que isto se toraria possível apenas com a adoção do trabalho forçado sob a tutela inglesa.

17 Milnes, como se viu era membro do parlamento britânico, conservador, e viria a ser também participante do *Cannibal Club*.

A África de Richard Francis Burton   165

gananciosos".[18] Ou seja, o fato da produção de algodão em grande escala só poder ser executada por *escravos*, não podia ser expressa em outros suportes que não correspondência pessoal.

Outra diferença entre a carta pessoal mencionada acima e os documentos anteriores está na abordagem da ideia de que o "nascer do sol", um eufemismo para "civilização cristã", poderia ter lugar na África tropical. Em sua correspondência com Milnes, Burton revelou que uma de suas principais intenções ao visitar Abeokuta era observar esta "raça" que estava sendo tão valorizada pelos missionários como capaz de absorver os preceitos cristãos. A conclusão não se parece nada com a opinião apresentada anteriormente de que o caminho para a civilização poderia ser alcançado, nem que fosse sob tutela militar inglesa. Segundo Burton, o caminho também não passava pelas missões cristãs, ao contrário:

> A quantidade de bobagem (missionária) a respeito de Abeokuta é monstruosa. O fato é que *não há salvação para a África a não ser o Islã*.[19]

Resta ainda analisar o terceiro dos textos impressos resultantes dessa viagem à Abeokuta. Trata-se do primeiro volume de *Abeokuta and the Cameroon Mountains*.[20] As diferenças entre o relato e as fontes anteriormente mencionadas são bastante grandes, a começar pela extensão do texto. Tanto as descrições geográficas como as passagens referentes à caracterização da organização social dos Egbas recebem tratamento muito mais detalhado e organizado.

---

18 Burton para Milnes, 01/12/61, Hughton Archives, Trinity College, Cambridge. Negritos meus. Embora este juízo seja uma consideração sobre a população Ioruba como um todo, incluindo as regiões adjacentes à Abeokuta. Já sobre Abeokuta propriamente dita, Burton menciona em seu relato que um quinto da população era escrava. Burton, Richard, *Abeokuta and the Cameroon Mountains*, Londres: Tynsley Brothers, 1873. vol. 1, p. 299.

19 Grifos meus. Burton parecia realmente ansioso para ver o avanço do islã na África, na mesma carta a Milnes, comenta: "*Eu encontrei um jovem árabe de Bornu e lhe perguntei em sua própria língua por que ele negligenciava o dever da jihad*", questionando-se por que motivo os islâmicos ainda não haviam cumprido *seu dever*, atacando a região. Parece inclusive que Milnes também tinha certo interesse e simpatia pela religião islâmica. Ao final da carta Burton pergunta: *você já se tornou verdadeiramente islâmico?*

20 Burton, *Abeokuta...*, vol. 1.

166 Alexsander Lemos de Almeida Gebara

A destinação do texto também é bastante diferente. O relato de viagem não é um documento oficial escrito diretamente para o governo inglês nem uma carta para uma sociedade científica, ambos pressupondo objetividade e concisão. Relatos de viagem eram, em geral, escritos para um público mais amplo que movimentava o mercado editorial do gênero. Este público estava acostumado, ao menos desde meados da década de 1840, com textos tais como o diário de Crowther que acompanhou a expedição de 1841 ao Níger, proposta por Buxton, ou mesmo o mencionado *Sunrise within the Tropics*, que apresentavam a África Ocidental, em especial Abeokuta, do ponto de vista dos missionários e filantropos ingleses, a saber, como uma experiência de sucesso no processo de cristianização e desenvolvimento da África. Assim, apesar de Burton ter sido um crítico notório da atividade missionária na África, ele não podia assumir posturas demasiadamente agressivas contra as missões em seu livro. Da mesma maneira, a defesa da escravidão como forma de produção não podia estar explícita.

Por outro lado, o formato de livro permite a construção de uma argumentação mais elaborada para a sustentação das opiniões do autor. Em seu livro sobre Abeokuta, as ideias de Burton sobre a relação entre África Ocidental e Inglaterra sustentam-se em elementos tais como a representação da população, as considerações geográficas e políticas das localidades descritas. Para uma análise dos projetos políticos expressos por ele no livro, faz-se necessária, portanto, uma análise um pouco mais detalhada dese relato, frente às fontes já analisadas.

O relato

Burton assinou o relato como vice-presidente da *London Anthropological Society*, medalhista das sociedades geográficas de Paris e Londres, membro da *Royal Geographical Society* e da *Ethnological Society of London*. A menção a várias sociedades científicas permite algumas interpretações. Em primeiro lugar, reforça a autoridade do autor criando uma aura de cientificidade para que se possa enunciar juízos sobre a região descrita, ao mesmo tempo em que indica a relativa intersec-

A África de Richard Francis Burton   167

ção entre estas sociedades.[21] A multiplicidade de filiações de Burton fornece também um indicativo da variedade de assuntos a serem tratados no livro.

Estes múltiplos assuntos, no entanto, estão unificados sob uma clara intenção explicitada por Burton logo no prefácio do livro. O autor pretendia apresentar um plano de ação para a região que garantiria à Inglaterra a "influência britânica" sobre toda a costa Ioruba. Lagos já era uma colônia inglesa, e "por bem ou por mal" expandiria sua influência sobre o interior. A questão era fazer com que esta expansão acontecesse "por bem". O problema identificado por ele era que até então, a Inglaterra havia tomado um partido claramente favorável à Abeokuta, o que desequilibrava a relação natural de forças e incitava a vontade do povo Egba de tornar-se a força hegemônica. Este juízo reafirma as suas opiniões já expressas ao *FO* e à RGS. Segundo ele:

> presentemente parece que nos mimamos nosso bebê Abeokuta, e que a criança mimada cresceu gorda e chutou – como diz o provérbio – contra a lança estrangeira.[22]

O plano de Burton já havia sido delineado no seu relatório para o FO Em linhas gerais, ele propunha o fim da diferenciação no tratamento com Abeokuta, e o restabelecimento da paz, mesmo que forçada. Para isso, seria necessária a presença efetiva de tropas comandadas por oficiais ingleses no interior. Em sua avaliação,

---

21 Como já se notou em outra parte do texto, a cisão ocorrida no interior da *Ethnological Society* que deu origem a *Anthropological Society*, não ocorreu de forma amigável. No entanto, Burton fez questão de mencionar ser membro das duas sociedades. É também significativo da diferença de propósitos entre esse livro e o anterior, *Wanderings in West Africa*, é que naquele, Burton assinava, como já se viu, apenas como "um membro humilde da fraternidade dos verdadeiros amigos da África" embora ressalvasse "não o filantropo ou Exeter Hall".

22 "It will presently appear that we have petted our bantling Abeokuta, and that the spoiled child has waxed fat and kicked – as the proverb says – against the foreign prick." Burton, *Abeokuta...*, prefácio, p. VII. As dificuldades de tradução desta frase são grandes. O termo "bantling" no *Webster Dictionary* de 1828 designa apenas um bebê, mas a versão de 1913 já aponta para um conteúdo depreciativo da palavra. Por outro lado, o termo "prick" apesar de não aparecer com nenhuma conotação vulgar nestes dois dicionários, hoje em dia é um termo chulo para "pênis". Desta forma, não é possível aqui estabelecer uma tradução com as nuances irônicas da frase.

168 Alexsander Lemos de Almeida Gebara

mantendo-se uma paz controlada por um corpo militar terrestre britânico, as possibilidades de produção de mercadorias e o desenvolvimento do comércio com o interior da África estariam garantidos. No relato, como era de se esperar, as opiniões mais heterodoxas, expressas em suas correspondências pessoais, ganham um tom bem mais comedido. A defesa da escravidão como única forma possível de produção na África, por exemplo, fica relegada às notas de rodapé, e a insinuações mais ou menos diretas, mas nunca à defesa efetiva.

Numa passagem interessante sobre esta questão, Burton mencionou um jornal africano, *Iwe Irohin*, publicado em Abeokuta, para emitir sua opinião sobre o tema da escravidão. Ironicamente, o jornal era uma publicação da *Church Missionary Society*, mas a passagem selecionada por Burton permite uma leitura dúbia do tema. A citação, feita em nota, apareceu da seguinte forma:

> O Iwe Irohin (1862) tem o artigo sensível mas curioso sobre a questão da escravidão: 'É o orgulho dos ingleses no presente que ninguém seja escravo em solo britânico; [...] mas apesar de não haver dúvida que uma terra onde todos são livres está num estado melhor do que onde a escravidão existe em larga medida, nos devemos lembrar que escravidão é reconhecida através da Bíblia [...] A tendência da cristandade é sem dúvida diminuir a escravidão, mas ela o faz não pela excitação dos escravos à revolta ou à fuga; pelo contrário, ordena-os a agradar seus mestres em todas as coisas, mas exorta aos mestres, como faz com todos os outros cristãos, a fazer aos outros o que os outros fariam à eles.[23]

Apesar de admitir que a tendência do cristianismo é diminuir a escravidão, as recomendações procurando não causar excitação nos escravos, até mesmo admitindo que na própria Bíblia era reconhecida a escravidão, sugerem que Burton podia interpretar a passagem como uma recomendação conservadora, sinal que a instituição tinha seu lugar e que apenas aos poucos deveria ser substituída ou extinta.[24]

---

23 Burton, *Abeokuta...*, vol. 1, p. 301.

24 Um artigo de Toyin Falola sobre o fim da escravidão entre os Ioruba permite verificar que a utilização de escravos era uma forma de produção amplamente utilizada na região. Ainda no final do século XIX, pode-se verificar a existência de escravos. Falola, Toyin. "The end of Slavery among the Yoruba", In: Miers,

A África de Richard Francis Burton 169

Esta hipótese de leitura ganha força quando se observa a parte final do volume de Burton, quando ele volta a tratar da questão da possibilidade de produção de algodão em grande escala na África. Entre os problemas apresentados, um já era bastante conhecido dos leitores de seus relatórios: a guerra. Os outros dois impedimentos, entretanto, soam um pouco estranhos: a *falta* de trabalho e de transportes adequados. Seguindo a apresentação do autor, a questão do transporte era simples de resolver, com algumas adaptações no escoamento de mercadorias via rio Ogum. Já a *falta* de trabalho era a mais complexa, ao menos no discurso de Burton. Segundo ele, a experiência histórica em todo o mundo mostrava que sem *"escravos, ou quase escravos [...] o algodão nunca foi cultivado em grande quantidade, ou com grande sucesso."*[25]

É significativo que Burton não tenha escrito que o problema era a falta de *trabalhadores*, mas sim de *trabalho*. Como foi possível perceber, a região era bastante povoada. O raciocínio implícito – mas não exposto em todas as letras – é claro: há trabalhadores, mas sem escravidão é impossível produzir algodão em grande escala. Mas não era suficiente sugerir isto, era preciso fazer o leitor aceitar este argumento implícito, legitimando-o através da apresentação de características específicas à África, diferenciando aquele continente e sua população da Europa no maior grau possível, uma vez que na Europa a escravidão era absolutamente inaceitável. O grande instrumento para legitimar seu argumento era a caracterização da população africana.

Durante todo o relato, Burton caracterizou o africano como inferior, física e moralmente. Referiu-se aos "negros" como "animais inferiores", "preguiçosos", "ladrões", entre outras caracterizações negativas. O "caráter" dos africanos surge nas páginas de Burton não apenas delineado como inferiorizado, mas também como de difícil transformação. Em passagem bastante irônica do texto sobre uma missão religiosa em Abeokuta, afirmava o autor que a "casa de trabalho" era sistematicamente nomeada, pelos próprios africanos, como *"come and rest" (venha e descanse)*

Suzane and Klein, Martin. *Slavery and Colonial rule in Africa*, Londres: Frank Class 1999. p. 232-250. Desta forma, pode-se inferir que a estrutura produtiva de Abeokuta neste momento utilizava bastante do trabalho escravo, especialmente pela dupla razão: a guerra gerava prisioneiros (escravos em potencial) e o escoamento desta população pela venda atlântica estava dificultada pela própria ação inglesa.

25 Burton, *Abeokuta...*, vol. 1, p. 329.

170 Alexsander Lemos de Almeida Gebara

e que desta forma, "*o ímpeto anglo saxão falhou em converter o refúgio celeste em um lugar de trabalho, e a Vis Inertia africana teve sucesso aqui também*".[26] As descrições físicas presentes neste livro apresentam características semelhantes a relatos anteriores do autor, ao menos desde *Personal Narrative of a Pilgrimage to Al Madinah and Meccah*, quais sejam, apresenta-se os nativos em termos quase médicos, relacionando diretamente características físicas à capacidades intelectuais e "morais". Um exemplo deste tipo de descrição pode ser observado na passagem abaixo sobre os Egbas:

A conformação física dos Egbas não é muito promissora num ponto de vista intelectual. O crânio é pequeno [...] com a testa comprimida, quase sempre prógnato, dificilmente piramidal ou oval. O sistema auditivo externo projeta-se num anel de osso ao redor do canal, parecendo enterrar ou sobrepor o forâmen mais do que nos Europeus – falando frenologicamente, eu acredito que isto denota grande destrutividade [...] a esclerótica é raramente clara, usualmente é congestionada de sangue, pelo relaxamento dos vasos sanguíneos menores, ou de um amarelo sujo e pálido, devido à atividade do fígado...[27]

Burton associava as características físicas às supostas inferioridades intelectuais e morais dos "negros", e vai além quando sugere que os próprios africanos sentem-se inferiores, numa clara transferência da sua opinião sobre a hierarquia racial, como se os africanos assumissem e concordassem com esta concepção. Como parte deste movimento retórico de transferência, o autor se perguntava "*de onde vem a crença dos negros na sua própria inferioridade frente aos brancos?*". Burton sugere que este sentimento era tão difundido entre os negros que, em resposta para sua própria pergunta, só poderia supor que isto era uma natural "*emanação do cérebro hamítico*"[28] A utilização do termo "hamítico" é bastante intrigante, pois faz uso de terminologia bíblica para diferenciar os africanos das

---

26 Burton, *Abeokuta...*, vol. 1, p. 76.

27 *Idem, ibidem*, p. 109.

28 *Idem, ibidem*, p. 206.

A África de Richard Francis Burton   171

demais populações do mundo.[29] Ao mover-se dentro de pressupostos bíblicos, Burton estava confirmando de maneira indireta a hipótese de origem única da humanidade. A conclusão do parágrafo de onde foram tiradas as menções acima aponta, de fato, para esta inferência, pois segundo o autor, "*nada os deixa mais perplexos e confusos do que lhes informar de que todas as nações foram feitas de uma só carne*". Não importa se Burton realmente vislumbrava esta característica nos africanos ou apenas lhes imputava este sentimento em seu texto como instrumento retórico em sua argumentação. Importa sim a conclusão a qual o leitor pode ser levado através de sua representação.[30]

Ao mesmo tempo em que são apresentados como *mesma carne,* parece haver para Burton, diferenças intransponíveis entre os africanos e europeus. Segundo o autor, em diferentes "tipos" de animais, os gêneros são mais ou menos diferentes entre si. Desta forma, a galinha é bastante diferente do galo, enquanto a égua e o cavalo são quase idênticos em sua constituição física, da mesma forma, mulheres e homens europeus apresentam grande semelhança física, assim como os hindus. Mas na população africana as diferenças entre homens e mulheres são muito grandes, caracterizando, portanto, um "outro tipo" frente aos europeus.[31]

Como se pode notar, não fica claro como negros e brancos podem ao mesmo tempo serem "tipos" diferentes e possuírem origem comum. O que pode ser afirmado com relativa segurança é que neste momento Burton pensava de forma evolucionista, sugerindo que havia um sentido evolutivo na humanidade, que aprimorava constantemente o grau de civilização e a constituição física. Apesar de Burton ter sido membro fundador e proeminente da *London Anthropological Society* – e esta associação em geral ter seu nome associado a ideias poligênicas e anti evolucionistas – ele tinha liberdade suficiente para referir-se ao livro de Darwin, como:

---

29 Hamítico é derivado de Ham, ou Cam, um dos filhos de Noé, além de Sem e Jafé. No texto da Bíblia, Cam foi castigado por ter visto seu pai nu, e condenado por isto, em conjunto com toda sua descendência, à escravidão.

30 Ora, transferindo o sentimento de inferioridade para o próprio negro, este praticamente demandava a presença europeia e reconhecia o branco como "senhor".

31 Burton, *Abeokuta...*, vol. 1, p. 179.

172 Alexsander Lemos de Almeida Gebara

O melhor e mais inteligente livro desta, ou talvez de qualquer, era – eu faço alusão à "origem das espécies" – que abre a maior das perspectivas sobre a vida, é baseado numa justificação prática das formas de sabedoria eterna ao homem.[32]

De fato, inúmeras passagens em seu texto revelam uma concepção evolucionista e difusionista da história, especialmente no que se refere à religião.[33] Segundo Burton, *"o ateísmo é a condição natural da mente selvagem e não instruída, a noite da existência espiritual, que desaparece antes do alvorecer da crença em coisas não vistas".*[34] A leitura desta passagem permite vislumbrar uma "escala" evolutiva entre as religiões, esboçada pelo autor. Do puro ateísmo, sem nenhuma concepção ou reflexão que excedesse a realidade material, que era o estado "natural" da mente selvagem, ao outro extremo, as religiões monoteístas. No caso específico dos Egbas, segundo Burton, eles já haviam dado muito mais do que o primeiro passo além do "ateísmo selvagem", pois conceituavam a ideia da existência de um deus criador. Ideia esta, ainda de acordo com Burton, era muito complexa para a mente dos "selvagens".

A concepção de um "criador" por parte dos Egbas, no entanto, antes de ser um desenvolvimento natural e interno da mente africana era vista por Burton como fruto de possíveis difusões imemoriais de ideias religiosas greco-romanas. Segundo ele, "Xangô" apresentava os mesmos atributos que "Júpiter" ou "Vulcano", por exemplo. Além disto:

---

32 Citado em resenha de sua edição de *Praierie*, no primeiro número da *Anthropological Review*, a publicação da LAS. em 1863, p. 149.

33 Difusionismo neste caso indica apenas a suposição de que valores culturais eram difundidos a partir de "civilizações" mais avançadas e incorporados, no caso pelos africanos. Implícita nessa concepção está a ideia de um único centro difusor de progressos materiais e culturais.

34 Burton, *Abeokuta...*, vol. 1, p. 179.

A África de Richard Francis Burton   173

em todo lugar, podemos notar traços de que a África foi um dia tão pro-
ximamente unida como a Itália. É, portanto, difícil dizer quanto da fé
Ioruba é original.[35]

Apesar disto, para Burton, a religião Ioruba permanecia ainda no início do
processo evolutivo, caminhando em direção aos estágios seguintes do desenvolvimento, pois continuava muito próxima do fetichismo, cultuando os símbolos
como as próprias deidades.

Desta concepção de evolução religiosa apresentada pelo autor, é interessante
sublinhar que ele julgava que o próprio cristianismo não representava o estágio
final e máximo do desenvolvimento, mas sim o "quarto e penúltimo ato do grande
drama".[36] A ideia parece abrir para Burton incríveis possibilidades de relativização e comparação entre sociedades e crenças europeias e africanas. Em outra
passagem significativa para a análise, Burton passa a discorrer sobre superstições
e amuletos em sociedades europeias. Chega a ser surpreendente a relativização
assumida por ele, uma vez que argumenta que esses elementos – amuletos e superstições – podem "significar vestígios do fetichismo, que é o primeiro amanhecer
da religião [...] e que viceja mesmo no iluminado campo do monoteísmo". Assim,
mesmo entre os cristãos europeus, traços do fetichismo continuarão a vicejar até
"uma raça superior – como o elefante para o mastodonte – suceder à presente".[37]
Note-se mais uma vez a associação entre transformação física e "moral" amalga-
madas, mesmo na ideia de "raça superior".

---

35 Idem, ibidem, p. 176. A suposição é que a África já havia sido mais unida anteriormente, e que não é
possível saber quanto da religião seria estritamente Ioruba. Radicalizando a ideia difusionista, não seria
possível nem mesmo saber quanto da religião seria estritamente africana.

36 Burton, Abeokuta..., vol. 1, p. 181.

37 Burton, Abeokuta..., vol. 1, p. 203. O texto no original segue: "I look upon them as vestiges of fetishism
which is the first down of religion in the breast of the savage and the barbarian, and which cannot fail to
crop out even from the enlightened surface of monotheism. [...] In the present state of human nature, faith
appears to a necessary evil, an inseparable weakness. Nor can we see any corrective of, or substitute for it
until after the convulsion which follows the present period of quiescence, a higher race – as the elephant is
to the mastodon – succeeds the present".

174 Alexsander Lemos de Almeida Gebara

Nesse ponto é interessante notar que ao abrir estas possibilidades de análise comparativa, Burton estava se colocando num lugar tão exterior à sociedade europeia quanto à africana, constituindo para si um espaço narrativo do qual retirava a autoridade que lhe permitia tecer considerações sobre ambas, Europa e África a partir de um suposto lugar de isenção, pois havia experienciado os dois lugares, ao passo que textualmente estava fora de ambos. A possibilidade de constituir este lugar narrativo, além da estratégia retórica do autor, pode ser pensada como resultado de sua experiência de vida, que desenrolou-se fora das fronteiras europeias, durante boa parte de sua vivência adulta, sempre em regiões de encontro cultural. Este "lugar" do qual Burton escreve torna possível, por exemplo, comparações que procuram recuperar o ponto de vista dos próprios africanos, quando estes zombam da aparência física dos europeus. Segundo ele, os africanos perguntavam:

> "Eles [homens brancos] parecem pessoas?" e a resposta era: "não ele não parece". Então observamos que enquanto o caucasiano duvida da humanidade do hamita, o último paga na mesma moeda.[38]

Deve ficar claro, no entanto, que este tipo de comparação não subverte a hierarquia proposta pelo autor, e não se deve ir muito longe nas especulações neste sentido. Mas não deixa de ser importante notar que comparações como estas mencionadas acima configuram parte de um processo discursivo que constrói o lugar de autoridade do narrador. A posição de isenção construída por Burton que permite estas comparações lhe fornece, por outro lado, a possibilidade de esboçar críticas "externas" à própria atuação europeia.[39]

Mas há neste discurso de Burton, recheado de certezas e supostas isenções ideológicas, momentos nos quais, ironicamente, afloram suas incompreensões. Esses momentos tornam-se, então, importantes instrumentos para analisar a representação de Burton não como descrições isentas, mas como exercícios de violência epistemológica frente ao "outro" representado, pois são justamente nestas passagens que este "outro" se faz presente no texto e foge ao controle do narrador. Uma

---

38 Burton, *Abeokuta...*, vol. 1, p. 43-44.

39 De fato, como se viu, o próprio objetivo do livro é realizar uma crítica à atuação europeia, mais especificamente inglesa, naquela parte da África.

A África de Richard Francis Burton 175

passagem do relato pode exemplificar esta ironia de forma bastante clara. Trata-se de um trecho no qual Burton pretendia entrar e conhecer uma *"Ogboni house"*.[40] Em entrevista com um dos chefes principais de Abeokuta, Burton informa ao leitor que teve seu pedido recusado, a despeito da insistência com que solicitou a permissão. Suas considerações sobre este acontecimento são:

> É impressionante o quanto os asiáticos e africanos fazem destes mistérios, e o quanto tempo leva para compreendê-los.[41]

Burton não consegue compreender as razões do que parece ser um movimento de recusa no qual o controle do conhecimento é resguardado pelo observado, ou seja, num momento em que fica clara a participação do africano na seleção do que é dado a conhecer ao europeu. Para o autor, esta atitude torna-se incompreensível e ele retoma sua ironia para dizer que são tantas as dificuldades para conseguir informações que duvida que haja realmente algum mistério por trás dessas instituições (*Ogboni*). A afirmação é feita embora ele mesmo tenha identificado que a forte influência das *Ogboni* era um dos piores obstáculos à expansão do cristianismo, ou mesmo do islamismo, na região. Na impossibilidade de conseguir, de alguma forma, informações efetivas num movimento mimético com relação ao próprio discurso de definição da identidade do outro pela negação de sua própria – ou seja, define-se o não europeu justamente pelo que a Europa não é – Burton define o *"Ogboni"* apenas pelo que ele não é. Ele não é "qualquer homem mais velho e respeitável", nem é "um tipo de maçonaria", dada a suposta incapacidade de irmanar-se característica do negro.[42] Enfim, como pode-se observar, não há espaço para incertezas no

---

40 Como se viu, as Ogboni eram sociedades religiosas de ampla participação na comunidade, com funções reguladoras e jurídicas, além de terem a função de eleger o *Oba* de cada cidade Egba. Representavam o fórum onde tradicionalmente eram tomadas as decisões mais importantes para a comunidade. Ver neste texto, a contextualização de Abeokuta no capítulo 2.

41 Burton, *Abeokuta...*, vol. 1, p. 250.

42 *Idem, ibidem*, p. 251. Incapaz de compreender o significado, a descrição de Burton apresenta apenas as aparências externas, a forma física da Ogboni House, comparando-a com outras instituições em outras regiões da África e mesmo dos mórmons na América do Norte.

176   Alexsander Lemos de Almeida Gebara

discurso de Burton sobre o africano, e onde elas surgem, a inferência de significados a partir de si (europeu) torna-se mais clara.

Neste contexto é necessário ir além, e não generalizar Burton como "europeu", o que reduziria as possibilidades de representação europeia a um único padrão definido. A definição do "outro" pela negação de si passa necessariamente por uma determinada concepção deste si mesmo, a qual inclui uma reflexão sobre o papel da Europa na relação com o "outro", no caso a África Ocidental. Assim, apesar de características discursivas comuns em praticamente todos os enunciados europeus, tais como a inferioridade dos africanos, diferentes explicações para isso podem ser encontradas. Estas explicações passam pela constituição da identidade do enunciador, ou seja, quais as características imputadas a si mesmo no processo de diferenciação do "outro". Questões identitárias que extrapolam as determinações estritamente "raciais", como ideias de nacionalidade ou projetos políticos sobre estratificações sociais, por exemplo, precisam ser consideradas para que se possa compreender as diferenças nas caracterizações do "outro".

Desta forma, um dos elementos que norteiam a representação da África encontra-se no projeto político, que orienta a caracterização do africano. Essa é uma das razões que torna possível as diferentes representações dos africanos realizadas tanto pelos missionários, como por Burton, por exemplo. Pode-se concluir, assim, que a construção da representação que um autor faz da região passa pela também pela necessária *desconstrução* de representações concorrentes, ou seja, dos projetos políticos que as orientam. É neste processo que pode-se perceber invariavelmente algum conteúdo ideológico em todos os enunciados. Ao colocar-se num diálogo que envolve diferentes projetos políticos, cada autor precisa reconhecer as opções políticas que sustentam as demais representações. A referência de Burton ao exército de Daomé pode fornecer um exemplo interessante para que se reflita sobre esta dinâmica discursiva.

Era definição corrente na Europa que o exército daomeano era profundamente sanguinário e violento, mas segundo Burton:

A África de Richard Francis Burton   177

"Os terríveis relatos atuais a respeito de Daomé e de seu "déspota sedento de sangue" podem ser traçados a partir de certos europeus e brasileiros, cujo interesse é deter os emancipadores de escravos de suas investigações.[43]

Ora, parece claro que algum grau de consciência ideológica está presente no discurso do próprio Burton, uma vez que ele consegue identificar que outras posições políticas com relação à questão do tráfico escravo produzem um discurso dissonante em relação àquele desenvolvido por ele mesmo. Desta forma, a representação dos exércitos daomeanos como sanguinários serviria para desencorajar qualquer intenção de impor-se à força na região. De maneira inversa, a caracterização de Burton, de um exército fraco e covarde servia ao seu próprio projeto intervencionista.[44] De fato, em seus textos sobre Abeokuta, inclusive no relato em análise, é possível perceber uma posição bastante clara com relação ao tipo de política que a Inglaterra deveria adotar para a região ocidental africana. Já no prefácio do relato, Burton sugeria que deveria ser garantida a "influência britânica" sobre a costa Ioruba, por meio da presença mais efetiva do exército britânico, embora se tratasse, em sua proposta, de oficiais ingleses controlando tropas de outras regiões da África.[45] O "erro" recorrente da Inglaterra, em sua opinião, era dispensar um tratamento diferenciado para diversos povos da região. Ao dar suporte à Abeokuta, a Inglaterra estava, de acordo com Burton, incitando a acentuação de um comportamento "tipicamente africano", que resumia-se em utilizar uma posição de superioridade para tirar proveito dos povos vizinhos. Característica esta derivada, segundo Burton, da constituição natural do "selvagem".

---

43 Burton, *Abeokuta...*, vol. 1, p. 126.

44 A caracterização do exército das amazonas de Daomé por Burton ganha tons de ridicularização. O autor sugere que as Amazonas não seriam páreas para um "igual número de donas de casas inglesas armadas de cabos de vassoura". Carta de Burton a RGS publicada nos *Proceedings of the* RGS, 1861, vol 4, p. 64. Um exame mais detalhado sobre a representação de Daomé por Burton encontra-se mais à frente neste texto.

45 É interessante notar que no relato, esta influência surge com intuito de acabar com o comércio escravo, incentivar o comércio "lícito", visando melhorar a existência do próprio africano, que se deixado nas mãos da natureza, não sairia de seu estado "selvagem". Estes objetivos não parecem, ironicamente, muito diferentes dos objetivos finais dos filantropos e missionários, sendo que a diferença residia apenas nos meios para atingi-los.

178 Alexsander Lemos de Almeida Gebara

O processo de construção de um "lugar" narrativo, que cria um espaço no qual o autor coloca-se "exteriormente", tanto à África, quanto à Inglaterra garantia retoricamente a suposta isenção e imparcialidade de suas observações, muito embora as críticas a posturas adotadas pela Inglaterra pudessem gerar certa animosidade frente ao público-alvo de seu relato. Mesmo assim, ao longo do texto, Burton tomou certo cuidado com forma da apresentação das propostas, tornando explícita sua preocupação com a recepção do livro na Inglaterra. Desta forma, ele não defendia *diretamente* a escravidão como forma de produção na África, embora sugerisse, através da representação do "negro" como inferior, a necessidade e mesmo a vontade do próprio "negro" – que em seu texto se reconhecia como inferior – da presença e da influência britânica. Mesmo na representação do africano, no entanto, Burton mistura características de uma antropologia "física" que viria a ser associada a *LAS* – e, portanto, a ideias poligênicas e à fixidez dos tipos raciais – com sugestões evolucionistas, chegando a utilizar-se de uma linguagem bíblica que apontava para uma origem única humanidade. Esta linguagem era muito menos agressiva às concepções do público inglês, acostumado às descrições da África realizadas por missionários.[46]

O tratamento indicado por Burton para a correção do suposto "erro" da Inglaterra era a intervenção armada para *forçar* a paz na região Ioruba, e desta forma incentivar a produção agrícola e o comércio. Significativamente, Burton não traçou um plano para a organização da produção, deixando este assunto, em teoria, para que os africanos resolvessem por si mesmos.[47] A forma de forçar a paz, por sua vez,

---

46 A questão da origem da humanidade não parecia preocupar seriamente Burton neste momento, bastando para ele que estivesse garantida uma diferença significativa entre as *raças* "caucasiana" e "hamítica" – para usar dois de seus próprios termos – que justificasse o tratamento diferenciado, e o domínio da primeira sobre a última.

47 Como se viu em sua carta para Milnes apresentada anteriormente, Burton constatara a ampla utilização da mão de obra escrava na região Ioruba. Ao deixar de fora de seu projeto um plano de organização do trabalho, sugerindo que a demanda europeia seria capaz, em tempos de paz, de gerar o *trabalho* que faltava à região, Burton resolvia o problema sem ferir os ânimos de seus leitores ingleses pouco permeáveis à qualquer menção à legitimidade da escravidão.

A África de Richard Francis Burton   179

era garantir a presença permanente de um corpo de oficiais ingleses na região de Lagos, pronto a intervir sempre que fosse necessário.[48]

A sugestão da necessidade da presença de um contingente inglês na costa ocidental é o elemento que une os dois volumes do relato, uma vez que o segundo volume, que trata da viagem às montanhas de Camarões, justifica-se pela proximidade da região montanhosa à costa, a qual poderia se constituir, em função do clima ameno, num refúgio para a recuperação da saúde dos europeus. O segundo volume retrata uma viagem bastante diferente da realizada à Abeokuta. Burton chegou a Lagos retornando da cidade Egba no dia 20 de novembro de 1861 e já no dia seguinte partiu para uma visita aos rios do Delta do Níger. Nesta visita, Burton passou, no dia 10 de dezembro, por uma missão religiosa chamada Victória, entre os rios de Old Calabar e Camarões.[49] Foi, possivelmente, este o momento que ele começou a organizar a expedição de escalada das montanhas de Camarões, pois foi ali o seu ponto de desembarque para o início da jornada descrita no relato, cerca de uma semana depois.[50]

É interessante notar que Burton, ao mesmo tempo, divide e agrupa textualmente as duas viagens. O livro aparece dividido em dois volumes, mas o primeiro capítulo do segundo volume trata do final do relato da primeira viagem. Na verdade, este capítulo apresenta um resumo das sugestões de Burton para a política inglesa na região, já esboçado acima. Mas é possível verificar a unidade entre os dois volumes na intenção manifesta de seu autor de construir um *sanitarium* para repouso de europeus com a saúde eventualmente debilitada por uma longa permanência em clima tropical. Segundo ele:

> Não deve haver mais nenhuma objeção a estacionar oficiais europeus em Lagos. Uma página futura ira mostrar que, dentro de dois dias de vapor des-

---

48 A intervenção teria para Burton um caráter "pedagógico". Em suas palavras: *"Quando as crianças requerem o bastão, nos os aplicamos, quando adultos comportam-se mal, nos os colocamos a ferro; e se a África, Ocidental ou Oriental requer os canhões e os navios de guerra, não devemos privá-la deles".* Burton, *Abeokuta...*, vol. 1, p. 282.

49 PRO, FO 84/ 1176, 14/01/1861.

50 De fato, Burton já tinha intenção de visitar a região antes disto, pois menciona na carta sobre Abeokuta, enviada a RGS, que estaria num futuro próximo nas montanhas de Camarões.

180 Alexsander Lemos de Almeida Gebara

te porto perigoso, há uma montanha que, com pequeno trabalho, pode ser transformada num sanitário para toda a costa da África intertropical.[51]

Esta divisão, no entanto, aparece mesmo nas características da narrativa. O primeiro livro, embora também recheado de descrições geográficas, estava voltado principalmente para as considerações sobre a estrutura social dos Egba, a apresentação de suas características "raciais" e enfim para a avaliação das políticas e da "diplomacia" inglesa para com a região. Já no segundo volume, as considerações "geográficas" assumem importância muito maior, simultaneamente à ausência mais significativa de descrições das populações nativas, seus costumes e estruturas sociais.[52] De fato, trata-se de uma narrativa que enfatiza a vitória sobre as adversidades geográficas que se impunham à escalada das montanhas, mas, ao mesmo tempo, Burton projetava em seu texto as possibilidades de desenvolvimento de estabelecimentos agrícolas, de moradias e de estruturas de transporte. Ao perfazer este percurso, de vitória sobre a natureza e projeção do desenvolvimento, Burton estava se apossando do território num movimento que transparece no texto como natural: uma vez que o europeu dominou a natureza, tem o direito de utilizar-se do espaço. Não parece ser mero acaso que toda a extensão espacial percorrida durante a expedição resulte na permanência no mesmo exato lugar de representação, ou seja, a partida se deu da missão religiosa na costa, cujo nome era *Victoria,* e o nome conferido à montanha foi exatamente o mesmo, *Victoria.*[53]

---

51 Burton, *Abeokuta...*vol, 2, p. 24.

52 O que não quer dizer que estes tópicos estejam totalmente ausentes. Burton não se furtou de emitir opiniões sobre os nativos da região, mas é fácil notar que estas encontram-se muito menos organizadas e estruturadas do que aquelas referentes aos Egbas. A população nativa aparece apenas em momentos de negociação para conseguir carregadores para a expedição. De maneira significativa, é um momento de embate, no qual os chefes locais exigem um preço muito caro e ameaçam inclusive atacar a expedição e impedi-la de prosseguir em "suas terras". Burton e os outros então se armam e desafiam os chefes locais, que desistem do ataque, mas recusam-se a fornecer carregadores. Mesmo assim, a expedição segue seu rumo e atinge o pico. Estes fatos fazem com que o empreendimento assuma ares mais "puramente europeus".

53 Praticamente desnecessário mencionar, Victoria era o nome da rainha da Inglaterra.

A África de Richard Francis Burton   181

Esta viagem se constituíu num empreendimento bastante diferente daquele realizado por Burton cerca de três anos antes em busca das nascentes do rio Nilo, quer pela extensão da viagem – espacial e temporalmente – quer pela importância simbólica para a construção do conhecimento geográfico inglês sobre o continente africano. Apesar disto, alguns elementos narrativos utilizados pelo autor nos dois relatos aproximam-se bastante. Uma das características comuns a ambos os relatos é a valorização da primazia em atingir pontos da Terra nunca antes pisados por europeus. Neste relato, este "prazer", em geral associado a um sentimento de valorização pessoal, aparece de forma explícita. Nas palavras de Burton ao aproximar-se do pico da montanha:

> Nós éramos os primeiros europeus, talvez os primeiros homens, que jamais ficaram ao alcance de um tiro de espingarda daquele pico alto e solitário.[54]

A ressalva que o autor faz, dizendo que não eram apenas os primeiros europeus, "mas talvez os primeiros homens" a estar naquele lugar, pode ser lida como mais um momento no qual a simples presença é suficiente para garantir a posse do lugar, uma vez que os nativos, apesar de viverem em sua proximidade, manifestavam pouco interesse na montanha. Mais do que isso, ao 'excluir' os nativos da terra, transformando-a em pura paisagem, o viajante torna-a *disponível* e o consequente movimento de possessão perde o caráter de violência embutido na ideia de expropriação.[55]

Mas para Burton, não bastava estar entre os primeiros que alcançaram o pico, pois sua intenção era trocar a primeira pessoa do plural pela primeira do singular. Tal foi sua determinação, que numa das tentativas de ascender ao cume, após to-

---

54 Burton, *Abeokuta...*, vol. 2, p. 152.

55 Kearns, Gerry. "The Imperial Subject: Geography and Travel in the Work of Mary Kingsley and Halford Mackinder", *Transactions of the Institute of British Geographers*, new series, vol. 22, n. 4, 1997, p. 450-472.

182   Alexsander Lemos de Almeida Gebara

dos os outros desistirem, ele continuou sozinho, e afirmou: *"ser o primeiro em tais assuntos é tudo, ser o segundo, nada."*[56]

Segundo Kearns, a narrativa de escaladas de montanhas foi incorporada na retórica da exploração imperial por volta da metade do século xix, inclusive com a fundação, em 1857, do *Alpine Club*. De acordo com o J. Ryan:

> ... ao passo que o montanhismo foi incorporado na retórica da exploração e aventura imperial, montanhas não eram mais consideradas como paisagens sublimes demandando uma reverência romântica, ao invés disto, montanhas na Europa e mais longe dela tornaram-se pináculos do mundo natural à serem "caçadas" e "conquistadas" por homens britânicos robustos e másculos.[57]

A escalada de montanhas representava, de acordo com esta interpretação, não apenas a "conquista do mundo natural", mas a valorização da própria conquista através da apresentação das virtudes de "masculinidade e robustez" do homem britânico, constituindo no processo narrativo um modelo de sujeito imperial.[58] A busca de Burton para *ser o primeiro* a atingir o pico mais alto da África Ocidental, com cerca de 4 mil metros de altura, aparece ainda mais valorizada frente ao fracasso inicial dos outros membros da expedição. Apesar disso, o ápice da narrativa não é a subida individual de Burton, mas a subsequente escalada de todos os membros da expedição em conjunto. O dia 27 de janeiro de 1862 " *foi apontado para nossa subida final, e para a cerimônia de tomada de posse".*[59] Cerimônia esta bastante simples em termos materiais, que se constituiu apenas da fixação da bandeira da Grã-Bretanha e o estouro de uma garrafa de champanhe, mas que contém uma simbologia bastante importante

---

56 Burton, *Abeokuta...*, vol. 2, p. 153.

57 Ryan, J. *Photography, Geography and Empire, 1840-1914*. Unpubl. Phd Thesis, Royal Holloway and Bedford College, University of London, p. 126. *Apud* Kearns, Gerry. *The Imperial Subject...*, p. 451.

58 Kearns, G. *The Imperial Subject...* .

59 Burton, *Abeokuta...*, vol.2, p. 187.

A África de Richard Francis Burton   183

para o discurso de tomada de posse.[60] Não deixa de ser interessante mencionar que quem fixou a bandeira na terra foi Selim Aga, um serviçal africano, mas bastante europeizado, pois havia vivido mais de 12 anos na Europa e inclusive esquecido sua língua natal.[61] Note-se, de novo, o valor simbólico na narrativa de Burton. Ao colocar a tarefa e fixação da bandeira inglesa nas mãos de seu serviçal africano, Burton condensava suas aspirações para toda a região, quais sejam: os africanos, quando suficientemente 'civilizados' – de preferência da parcela "nobre" da população – e em posições subordinadas e tuteladas, conferem a posse da terra à Inglaterra.

A simples cerimônia realizada no cume da montanha assume, assim, uma significação das mais importantes no contexto desta pequena viagem. Tanto mais quanto observa-se a sequência do texto, pois a *tomada de posse* descrita acima vem seguida por um típico exemplar do discurso do "Monarca de tudo que vejo".[62] Ao chegar ao topo da montanha, Burton olha a paisagem abaixo de si e escreve:

> A terra desconhecida parecia deitada à minha frente como um *mappa mondo*. Eu me sentia tão alegre como se meus olhos encarassem todos os reinos do mundo, e suas glórias.[63]

---

60 O feito da pequena expedição de Burton não marcou apenas o pico da montanha com uma bandeira da Inglaterra, mas marcou também um desafio conquistado pela geografia inglesa e um novo roteiro de aventura para exploradores ingleses. Mary Kingsley, cerca de 40 anos depois da viagem de Burton, voltou a escalar a montanha, tendo encontrado em seu topo a marca deixada pela expedição em 1861. Uma interessante discussão sobre esta viagem de Kingsley encontra-se em Kearns, *The Imperial Subject...*

61 Selim Aga, foi o serviçal de Burton durante toda sua permanência na África Ocidental, e apesar de não ser nativo da região, sua permanência ali era de longa data. A presença desta personagem em todo o período africano ocidental de Burton segue uma característica do autor. Ele já havia contado com um importante serviçal durante suas viagens na África Oriental, (Sidi Bombai). Este africano, inclusive, teria participação bastante importante na relação anglo africana, pois esteve também com Speke durante a sua segunda viagem, e com Stanley na expedição para localizar Livingstone, em 1872.

62 Esta estratégia retórica consistia, segundo Mary Louise Pratt, numa descrição *"cuja função maior era a de reproduzir para a audiência de seu país de origem os momentos culminantes em que "descobertas" geográficas eram 'vitórias' para a Inglaterra".* Pratt, *Olhos do Império...*, p. 340.

63 Burton, *Abeokuta...*, vol. 2, p. 202.

184   Alexsander Lemos de Almeida Gebara

A descrição de Burton da cena oferece uma imagem com forte apelo imperial. A ideia transmitida pelo autor, de que observa um "mapa do mundo" aos seus pés com um sentimento de alegria, representa com clareza uma sensação de domínio e grandeza que informa o discurso imperial. Ao mesmo tempo, a referência às terras que observava como "desconhecidas" coloca-as novamente como disponíveis para a descoberta, e sua consequente possessão pelo homem europeu.[64]

Uma primeira versão deste relato sobre a subida às montanhas de Camarões, bem mais curta e objetiva, foi escrita em um despacho enviado por Burton ao FO em 22 de fevereiro de 1862. Sua intenção, no entanto, não era apenas comunicar a 'descoberta' ao governo inglês, mas sim preencher mais um ponto vazio no mapa da África em construção pela *Royal Geographical Society*, ao longo do século xix. De fato, foi um pedido do próprio Burton que seu despacho fosse enviado para a RGS. Tendo sido escrito em forma de artigo, este texto já continha as principais ideias aqui expostas e que viriam a ser desenvolvidas no livro meses depois. Entre as ideias estão: a valorização do clima como saudável – o que vinha de encontro ao seu projeto político de permanência de um corpo de oficiais ingleses na região; o conteúdo geográfico descritivo – adequado em sua forma ao discurso "científico" da geografia inglesa do período; a resistência nativa vencida pelos europeus; e a paradoxal ausência de nativos nas regiões montanhosas – o que também corrobora para a tomada de posse daquele espaço.

De fato, a própria cerimônia de tomada de posse já estava descrita no despacho enviado ao FO onde aparece da seguinte forma:

> As duas da tarde tomamos posse formal do lugar; hasteamos a bandeira inglesa; e deixamos nossos nomes numa placa de chumbo, com duas moedas – uma ideia brilhante, mas que não emanou de meu crânio.[65]

---

64 Mesmo que seja possível pensar que o termo "desconhecidas" signifique "desconhecidas da Europa", o discurso geográfico britânico como única forma de conhecimento geográfico válido, como se viu na discussão sobre a RGS anteriormente neste texto, confere a legitimidade à posse europeia sobre a África.

65 PRO, FO 84/ 1176, 22/02/62. Digno de nota também é a associação entre *crânio* e *ideia*, mesmo num contexto onde a frenologia não era parte do argumento.

A África de Richard Francis Burton   185

Esta é praticamente a mesma frase que aparece no livro publicado um ano depois. A diferença é que no livro ainda aparece a confirmação final: "*Mungo Ma Loba, Theon Ochema, agora é nossa*". A menção a esta frase final não pode ser deixada de lado. *Mungo Ma Loba* era, segundo Burton, o nome nativo e *Theon Ochema* era a suposta nomenclatura da montanha utilizada por escritores da Antiguidade Clássica. Daquele momento em diante, a montanha passa a chamar-se *Victoria*, e esta pequena frase de Burton continha um conteúdo simbólico interessante, qual seja, a montanha não é dos nativos. Além disto, a Europa Ocidental do século XIX superava mesmo a Antiguidade Clássica, a montanha agora era *Victoria*, dos ingleses.

O despacho de Burton foi, de fato enviado na íntegra à RGS. O trâmite deste texto no FO foi acompanhado de elogios. O funcionário encarregado das correspondências de Burton encaminhou o despacho à Lord Russell, juntamente com um pedido de Burton para o reembolso pelos gastos da viagem – ainda que Burton não estivesse em exercício oficial de sua função consular. Russel respondeu da seguinte maneira à sugestão do funcionário, de que talvez fosse interessante reembolsar o cônsul, uma vez que se tratava de "uma valiosa adição em nosso conhecimento geográfico da costa africana".

> Eu acho que o capitão Burton merece grande mérito pela sua [?] É melhor imprimir a carta e enviar uma cópia impressa à Geographical Society. Cópias impressas para o almirantado e para o FO e para Paris. Pague a conta das despesas [...] mande-me duas cópias.[66]

Esta recepção positiva do texto de Burton mostra uma grande valorização do conhecimento geográfico por parte do governo inglês, ao menos do FO. Como dito anteriormente, a geografia e o império estavam profundamente conectados neste momento. Assim, Burton, mesmo fora de suas funções estritamente consulares, parecia responder às expectativas do FO em seus primeiros meses como cônsul na Baía de Biafra. No entanto, é preciso uma análise mais aproximada das correspondências entre o cônsul e o FO para que seja possível avaliar melhor a continuidade dessa relação.

---

66 PRO, FO 84/1176, minuta de Russell em 16/04/62.

O trabalho na costa africana

Como já foi possível notar, Burton nutria certas expectativas sobre o seu trabalho como cônsul na costa africana. Enquanto no âmbito pessoal ele esperava uma certa liberdade no cargo para seguir realizando viagens de exploração, em termos institucionais ele parecia esperar que seu cargo fosse investido de poderes executivos que permitissem uma interferência mais direta na relação de mediação entre ingleses e nativos.

Num primeiro momento, o FO parecia avaliar de maneira positiva as explorações geográficas de Burton, tal como expresso nas correspondências analisadas no tópico anterior. Além disso, a forma de mediação de Burton entre nativos e ingleses também parecia agradar o governo inglês como se viu no caso em que repreendeu o chefe africano *Dick Merchant* em Bimbia, próxima do rio Camarões.[67] Neste episódio, o chefe local, coagido por um cruzador britânico aceitou as condições impostas por Burton e assinou um tratado no qual desculpava-se pelo acontecimento, além de pagar uma multa.

Também é possível perceber que as resistências nativas às imposições da dinâmica comercial inglesa eram frequentes durante o período do consulado de Burton na África Ocidental. Tome-se como exemplo um episódio acontecido no rio *Old Calabar*, em maio de 1862, na parte leste do Delta do Níger que envolveu participantes de praticamente todos os principais grupos ligados à dinâmica relacional entre a Inglaterra e a África Ocidental neste período, quais sejam, chefes e população nativa, missionários, encarregados comerciais britânicos, comerciantes serra-leoneses, o cônsul inglês e um navio do esquadrão africano de combate ao tráfico. Este acontecimento foi narrado num despacho de Burton para o FO, segundo o qual o cônsul recebeu um pedido de auxílio dos representantes comerciais ingleses de Duke Town (*Old Calabar River*), pois um deles havia sido atacado por um nativo que, além da agressão física, "usou de linguagem violenta e ultrajante, e desafiou toda e qualquer autoridade".[68] Segundo a descrição de Burton, ele partiu para a localidade na primeira oportunidade, no dia 2 de maio.

Ao chegar em Duke Town, o cônsul inglês recebeu outras reclamações dos comerciantes ingleses, desta vez relacionadas às práticas comerciais nativas que estariam

---

67 Ver anteriormente neste texto.

68 PRO, FO 84/ 1176, 22/05/62. Inclosure 1, datado de 23 de abril.

A África de Richard Francis Burton   187

prejudicando o andamento do comércio no rio. Segundo eles, o rei Archibong havia impedido os comerciantes africanos de fornecer óleo de palma devido à redução de preço proposta pelos ingleses. Além disso, reclamavam também de várias atitudes do Rei, quais sejam: a possível cobrança extorsiva do aluguel dos barracões, que serviam de depósito para o óleo antes do carregamento do navio e o impedimento de pequenos comerciantes serra-leoneses de trazerem óleo diretamente do interior, além de uma série de outras "regulamentações" impostas pelo rei africano local.[69] Enfim, os ingleses estavam reclamando basicamente do poder que o rei Archibong tinha para decidir sobre as regras comerciais a serem aplicadas na localidade, o que sugere uma certa soberania mantida por determinadas comunidades na costa africana, a despeito da atuação britânica na região. Segundo a carta dos comerciantes ingleses, o chefes locais estavam, "*criando e aplicando à força leis nativas de comércio,*" e frente às suas reclamações, o rei respondia que "*ele era rei, e faria as leis que achasse justas*".[70]

A atitude de Burton foi reunir os comerciantes ingleses e elaborar um tratado para ser assinado entre as partes. Obviamente, o texto do tratado era favorável a todas as demandas inglesas, com exceção talvez de um artigo que impedia a consignação de mercadorias gerando dívidas dos africanos para com os comerciantes.[71] O conteúdo do documento tratava da criação da chamada "corte de equidade", que deveria ser uma instância decisória sobre as frequentes querelas comerciais. Os principais objetivos deste tratado eram a abertura do rio para o comércio direto, inclusive com o interior, e a transferência do poder decisório sobre questões comerciais para o cônsul inglês. Uma vez elaborado o documento, Burton convocou o rei Archibong para ratificá-lo. O rei, por sua vez, recusou-se de início até mesmo a encontrar com o cônsul, secundado in-

---

69 Os ingleses reclamavam também do cerimonial de oferecimento de alimentos para os chefes locais a cada vez que um navio fosse ser carregado, dos valores cobrados pelos nativos para construir as benfeitorias, e da parcialidade das atitudes do rei na resolução de querelas entre ingleses e africanos. PRO, FO 84/1176, 22/05/62, Inclosure 2.

70 PRO, FO 84/1176, 22/05/62, Inclosure 1.

71 Como se viu, a consignação (*trust*) era uma das formas utilizadas por comerciantes ingleses para manutenção do mercado. Adiantavam-se grandes quantidades de bens para os comerciantes africanos, que se comprometiam a entregar o óleo de palma para saldar as dívidas. Para uma análise desta forma de relação comercial ver: Lynn, *The West African Palm Oil Trade...*,

188   Alexsander Lemos de Almeida Gebara

clusive por um certo reverendo Anderson, da missão religiosa local, terminando por assinar o tratado apenas sob ameaça de "medidas extremas" da marinha britânica contra a cidade.[72]

Uma das consequências dos termos do tratado assinado seria a abertura da navegação do rio para comerciantes britânicos, para realização de comércio direto com o interior. Esta condição fez Burton subir o rio com objetivo de fiscalizar os mercados mais acima. A tentativa, entretanto, foi infrutífera, tendo sido a comitiva inglesa barrada por um grupo de homens armados a cerca de 60 quilômetros acima de Duke Town e obrigada a retornar.

De volta à Duke Town, Burton exigiu de Archibong a punição dos africanos que haviam impedido sua passagem. Contudo, nenhum nativo foi punido pelo acontecimento. O cônsul, em navio de guerra, resignou-se a deixar a localidade de volta a Fernando Pó. Desta forma, depois de mais de uma semana de atividade no rio *Old Calabar*, Burton voltou para a sede do consulado com um tratado assinado, que garantia no papel a abertura do rio. No entanto, nem mesmo ele, acompanhado de comitiva naval, tinha conseguido navegar em direção ao interior. O estado de ânimo do cônsul fica bastante claro no final do texto do despacho. Dizendo que não voltava imediatamente munido de mais forças em razão da estação insalubre, afirmava que voltaria em outro momento para "abrir" o rio para o comércio, pois:

> Os "intermediários" que agora infestam a costa de Benim a Camarões não podem mais ser permitidos barrar a grande estrada que a natureza construiu para o interior da África.

---

72 A permanência do missionário ao lado do chefe nativo levanta uma série de questões. Os missionários eram praticamente os únicos "estrangeiros" que de fato residiam na localidade. Talvez, a percepção de que *Archibong* ainda mantinha certa soberania na cidade, tenha feito o reverendo Anderson evitar entrar em conflito com ele, pois dependia desta boa relação para a própria sobrevivência da missão. Por outro lado, boa parte dos missionários era de origem africana, e talvez houvesse alguma forma de identidade comum entre Anderson e a população de Duke Town. Infelizmente, estas questões não são possíveis de serem respondidas neste trabalho. Um artigo interessante que analisa a relação entre as missões religiosas e a comunidade africana, especialmente no curso do Níger mais ao interior é: Kolapo, Femi. "CMS Missionaries of African Origin and Extra Religious Encounters at the Níger-Benue Confluence, 1858-1880". *African Studies Review*, vol. 43, n. 2, 2000. p. 87-115.

A África de Richard Francis Burton   189

Eu devo encontrar alguma oposição, uma vez que a pilhagem dos "homens da floresta" é necessária para dar suporte à indolência, ao orgulho e à sensualidade vil do povo da costa. Mas com a permissão do governo de Sua Majestade, eu devo conseguir.[73]

Episódios como o descrito acima fornecem interessantes exemplos da dinâmica da relação entre as comunidades nativas e os agentes ingleses na costa ocidental africana, e sobre a atuação de Burton neste contexto. Note-se em primeiro lugar que a resistência nativa a imposições comerciais e culturais britânicas foi uma constante. Sob a forma de regulamentações comerciais próprias, enfrentamento direto ou saques a estabelecimentos ingleses, os africanos resistiam sempre que consideravam as atitudes britânicas prejudiciais aos seus intentos. Por outro lado, o "esquadrão africano", em teoria um instrumento do governo inglês para combater o tráfico escravo era com frequência utilizado como força de coação nas relações de comércio, supostamente "livres".[74] Mesmo assim, como foi possível perceber, nem sempre a simples presença de um navio de guerra britânico garantia a imposição das condições exigidas pelos comerciantes ingleses.

No caso específico de Burton, chama a atenção a agressividade com a qual tratava o tema. Note-se, por exemplo, a diferença dos termos de Burton com relação ao seu antecessor no posto consular da baía de Biafra. O cônsul anterior, Huntchinson, havia assinado um tratado com os chefes do rio Camarões em 1859, versando sobre o final do costume de sacrifícios humanos. Os termos do documento propunham que:

> todos os sacrifícios humanos para culto pagão ou outras circunstâncias ou costumes estão deste dia em diante inteiramente abolidas.[75]

---

73 PRO, FO, 84/1176, 22/05/62.

74 A coação não se limitava às relações comerciais, incluindo também imposições a características culturais locais, como a exigência do fim de sacrifícios humanos, entre outras.

75 *Parliamentary Papers*, 1863, vol. LXXI, Africa, consular, p. 38.

190   Alexsander Lemos de Almeida Gebara

Quando Burton esteve no local pela primeira vez em seu período de atividade con-sular, decidiu anexar um artigo ao tratado já existente, visando acabar com as mortes por vingança. Os termos do texto escrito por Burton são um pouco mais enfáticos, não se referindo aos costumes apenas como oriundos do culto pagão. De acordo com o texto do artigo adicional proposto por ele, os chefes locais deviam concordar que:

> A prática de assassinatos por represália, ou de acordo com os *bárbaros e inumanos costumes* so país, ou qualquer outro pretexto, deve de agora em diante ser abolida e cessar para sempre;[76]

Como é possível perceber, Burton forçou aos chefes africanos um tratado no qual eles assinavam um autorreconhecimento como *bárbaros e inumanos,* enquanto os "sacrifícios humanos" haviam sido tratados apenas como 'costumes' de um 'culto pagão', no tratado anterior. Isso não quer dizer que Hutchinson tivesse os africanos em alta consideração, ou apresentasse uma visão mais relativista do que Burton, mas apenas que este último utilizava-se de uma estratégia retórica diferente para apresentar suas opiniões sobre a política britânica para a África Ocidental.[77]

Um outro episódio ocorrido ainda no ano de 1862 pode fornecer mais elementos para que se reflita sobre a relação entre a forma de representação do africano e os projetos políticos de Burton para a região. Trata-se de uma viagem do autor para o rio Benim (a oeste do Delta do Níger), para onde Burton foi com intuito de punir os culpados pelo ataque a um estabelecimento comercial de um mercador inglês (Mr. Henry) e conseguir um ressarcimento dos bens perdidos por ele. Des-

---

76 *Idem, ibidem.* (Grifos meus).

77 De fato, os interesses de Burton e Hutchinson pareciam diferentes. Segundo Newbury, Hutchinson tinha interesses comerciais em jogo e por isto colocava-se sempre favoravelmente aos comerciantes ingleses, sendo que, algumas vezes estes interesses também coincidiam com aqueles de uma elite comercial africana costeira. Newbury, C.W. "Introduction" in: Burton, Richard. *A mission to* Gelele *King of Dahome,* Londres: Routledge, 1966. A relação entre comerciantes ingleses e africanos na costa dependia da conjuntura local. Frequentemente, ingleses e africanos tinham o interesse comum de manter a estrutura comercial inalterada, que garantia um oligopólio das grandes firmas de comércio de Liverpool e de elites comerciais africanas costeiras. Para a estrutura de comércio, e sua transformação neste período, ver Lynn, M. "From Sail to Steam: the Impact of the Steamship Services on the British Palm Oil Trade with West Africa, 1850-1890". *The Journal of African History.* Vol. 30, n. 2, 1989, p. 227-245

A África de Richard Francis Burton   191

ta vez, o cônsul, novamente a bordo de um navio de guerra, ordenou o bloqueio do comércio do rio até que os culpados lhe fossem entregues. Entretanto, como a resolução do caso demorava, a faceta exploradora de Burton emergiu novamente, tendo ele encontrado tempo para realizar pequenas viagens ao interior, em especial para as cidades de *Benim* e *Wari*, bem como para a escalada de uma outra montanha. A partir destas curtas viagens, Burton produziu, além dos despachos para o FO, uma série de artigos para a *Fraser's Magazine of Town and Country* intitulados *"My Wanderings in West Africa"*, publicados no início de 1863 e, um outro artigo para a RGS intitulado *"Exploration of the Elephant Mountains"*.

Benim e a montanha do Elefante

Os artigos enviados por Burton à *Fraser's Magazine* apresentam as características representações do autor sobre os africanos como "brutalmente selvagens". Estas descrições, entretanto, foram feitas numa linguagem muito virulenta que não se encontra em nenhum dos demais textos do autor lidos durante esta pesquisa. Estes textos foram publicados por Burton anonimamente, sob pseudônimo de *a fellow* RGS. Parece que Burton sentiu-se mais a vontade para tratar de temas tais como o tráfico escravo e a atuação inglesa nestes artigos, muito embora sua autoria dificilmente não fosse reconhecida pelo público inglês.[78]

Menções a esses textos da *Fraser's Magazine* já foram feitas aqui para a discussão das perspectivas de Burton sobre o trabalho consular. Nestas menções, Burton criticava com veemência a postura de "negociação" do governo inglês, que estava "fugindo ao seu dever" ao aplicar uma política de "não interferência" e "anti-beligerante".[79] Da mesma forma que as menções negativas à forma de atuação britânica eram mais explícitas, também o era a retórica que apresentava a África e os africanos como selvagens.

Frente à inação inglesa, a África representada por Burton surge sob lentes bastante radicais. Tratava-se de um lugar perigoso, onde todo o cuidado por parte

---

78 Burton escreveu a Milnes sobre estes textos perguntando com ironia: *"você viu um FRGS escrevendo na Fraser? Você conseguiria me dizer quem é ele?"*. Além do mais, ele mesmo estava lançando um livro homônimo no mesmo ano, embora não discorresse sobre as mesmas regiões.

79 Ver anteriormente neste texto.

192 Alexsander Lemos de Almeida Gebara

de viajantes e residentes europeus não eram ainda suficientes para garantir sua sobrevivência.[80] Os africanos, por sua vez, nunca surgiram em cores mais detratoras, descritos como profundamente selvagens numa linguagem que parece ter sido empregada para chocar o leitor. Desta forma, durante uma caminhada da comitiva do cônsul inglês em direção à Benim, por exemplo, o narrador avista uma cena "verdadeiramente africana":

> Um corpo largado sobre a trilha, com a cabeça parcialmente sem pele, esparramado sobre seus próprios dejetos. Dificilmente uma alma, ou mesmo um corpo – por que é difícil acreditar que estas pessoas tenham almas – moveu-se para fora da trilha. A maior parte deles apenas passou por cima dos restos.[81]

A imagem intensa para a público inglês, de um corpo em decomposição, com a cabeça com uma parte sem pele, é reforçada com a descrição da suposta indiferença dos africanos que acompanhavam a comitiva, que nem mesmo desviavam do caminho, simplesmente passando por cima dos restos do cadáver.

São inúmeras as passagens nas quais o narrador descreve restos de sacrifícios humanos em cores bastantes vivas. Segundo ele, "sinas de restos humanos estavam em toda a parte". As descrições destas cenas, por sua vez, contavam com detalhes bastante mórbidos. Note-se este excerto por exemplo, no qual o narrador menciona que ao passar por um grupo de árvores ao lado da estrada:

> voos de urubus chamaram nossa atenção para a forma de uma jovem mulher, sentada e amarrada pelas mãos e pés à uma estrutura (cadafalso) de galhos irregulares, que a levantava entre 9 e 11 metros do chão. Os pássaros tinham estado ocupados com seus olhos, parte dos seios haviam sido comidos, e a pele estava começando a branquear – uma visão repelente.[82]

---

80 *Frasers' magazine of Town and Country*, 1863, vol. 57, p. 143-144.

81 *Idem, ibidem*, p. 282.

82 *Frasers' magazine of Town and Country*, 1863, vol 57, p. 407.

A África de Richard Francis Burton   193

Não parecia o bastante anunciar a cena 'repelente' de uma jovem morta e amarrada aos galhos das árvores. Era preciso descrever que seus olhos, bem como parte de seus seios, haviam sido comidos pelos urubus. Este tipo de descrição, como já foi mencionado, não se encontra em nenhum dos outros relatos ou artigos de Burton. Apesar de menções à suposta 'feiúra' dos africanos aparecerem em outros textos, em nenhum deles o tema é tratado com tanta crueza como aqui.

Restos de antigas missões portuguesas de séculos anteriores são apresentados como provas da derrota na luta entre a "cruz" e a "natureza revoltada do lugar". Interessante notar que após a descrição de cenas revoltantes e pitorescamente repulsivas, o autor lamenta a ausência de missões religiosas permanentes no lugar, comentando que nos locais onde estas missões existiam e onde o intercurso comercial com a Europa também era mais desenvolvido, tais cenas eram mais raras.[83]

Na opinião de Burton, a maneira de transformar as condições da região não era apenas uma forma qualquer de relação comercial entre europeus e africanos. Neste texto ele critica diretamente a forma de comércio praticada por mercadores ingleses na costa. Qualifica os mercadores como gananciosos, incitando a desunião e as contendas entre os africanos para lucrarem cada vez mais com seus negócios. De fato, nesta série de artigos, Burton não poupa nenhum dos atores envolvidos no desenrolar dos acontecimentos da Africa Ocidental: nativos, governo inglês, mercadores ingleses e serra-leoneses, enfim, todos merecem severas críticas. A situação era retratada como um erro completo, cuja razão derivava, em grande parte, da Inglaterra "fugir ao seu dever". Embora Burton não torne explícito neste texto, infere-se que era o 'dever' do Estado inglês a regulamentação estrita das relações comerciais na África, impondo uma tutela direta sobre os africanos, através da demonstração de força e do exemplo moral.[84]

---

83 Burton, neste caso, não estava falando da costa africana, mas de regiões um pouco ao interior. A comparação de Burton era com Abeokuta e Ashanti, onde missões inglesas já existiam a algumas décadas. É significativo que estas eram regiões nas quais as ações intervencionistas, como se viu no caso de Abeokuta, eram um pouco mais agressivas.

84 Burton lembrava ao FO a afirmação de um de seus predecessores na região, que dizia: *"A força moral de um cônsul sem um navio de Guerra é uma farsa moral nestas regiões"* PRO, FO 84/1176, 18/12/62.

194 Alexsander Lemos de Almeida Gebara

A crítica à ausência de "exemplo moral" nas atitudes de representantes ingleses na costa africana voltaria a aparecer no despacho enviado ao FO, sobre a escalada da montanha do Elefante. Este relatório foi escrito por Burton também com objetivo de publicação na revista da RGS. O relatório original, infelizmente, não foi encontrado, e apenas a versão publicada pela revista da RGS pôde ser analisada. No entanto, o despacho interno do FO fornece indicações suficientes para inferir o que constava no original e que foi suprimido no artigo final. O funcionário que recebeu a correspondência comunicou-se com Russell nos seguintes termos:

> Este relato [...] é interessante mas eu acho que precisa ser revisado antes de ser enviado à *Geographical Society* para publicação [...]
> Por exemplo, há uma parte da narrativa na qual ele menciona que os marinheiros do "Bloodhound" enganaram os nativos dando-lhes centavos prateados como se fossem dólares, e ele pede à autoridade para remediar este engodo. Eu acho que não devemos publicar isto...[85]

Em outras palavras, os ingleses que deveriam ser exemplos de conduta moral, divertiam-se enganando os "incapazes" africanos ao invés de ajudá-los a agir com retidão. O restante do curto relato da subida da montanha apenas repete em escala reduzida o anterior sobre as montanhas de Camarões.[86] Embora desta vez a montanha fosse bastante fácil de escalar e os detalhes geográficos não tivessem grande valor intrínseco, o relato tinha a vantagem de "provar o quão facilmente um explorador pode penetrar nesta parte da África".[87]

A análise destes textos fornece também indicações de como Burton movia-se dentro de diferentes papéis, durante sua passagem pela costa africana, ora geógrafo ex-

---

85 PRO, FO 84/1203, 06/01/63. Recomendação à qual Russell respondeu: "*Omita qualquer coisa ou assunto não conectado com a subida da montanha*".

86 Inclusive com a pequena história da resistência nativa, facilmente vencida. Burton tenta passar sem pagar o tradicional "pedágio" por uma vila africana, e logo foram barrados por guerreiros brandindo suas armas, "*aqueles não iniciados esperariam um massacre de todos na expedição*", mas o assunto logo foi resolvido perante o pagamento de uma pequena taxa". *Journal of RGS*, vol. 33, p. 241-50.

87 *Journal of RGS* , 1863, vol. 33, p. 244.

A África de Richard Francis Burton   195

plorador, ora cônsul, ora escritor de relatos de viagem. Conforme o papel do qual se investia, sua retórica apresentava claras diferenças, desde os textos mais diretos e objetivos enviados ao FO até a narrativa *passional* enviada à *Fraser's Magazine*, passando por uma redação mais elaborada e um tanto preocupada com a recepção do mercado editorial em seus relatos de viagem.[88] De qualquer forma, o importante é notar que ao investir-se nestes diferentes papéis, Burton criava possibilidades de dirigir-se a diferentes audiências para expor suas visões e opiniões políticas sobre a África, que parecem propor mudanças significativas nas relações desta com a Inglaterra.

Um dos elementos que orientam as mudanças propostas por Burton são as resistências nativas às imposições comerciais e culturais inglesas. Estas ações de resistência direta transparecem nos documentos de Burton para o FO. Mais do que as atitudes nativas, entretanto, o que parecia incomodar Burton era a impossibilidade de reprimi-las com medidas de força que julgava necessárias, dada a política inglesa, em teoria, não intervencionista e as especificidades de sua posição consular que não lhe permitiam atuar de forma executiva conforme desejava. Entretanto, ainda há outras formas de resistência ou estratégias de adaptação à conjuntura local por parte dos africanos, que ainda não foram discutidas aqui. A apresentação de um outro caso específico merece atenção.

O caso Pepple

Um dos principais centros comerciais do Delta do Níger era a cidade de Bonny, localizada na parte leste da região. Por volta da década de 1830, esta localidade respondia por aproximadamente um terço do volume total de óleo de palma exportado por toda a costa ocidental africana.[89] Como se viu, a organização política do Del-

---

88 Utilizo o advérbio *relativamente* por que mesmo sendo mais cuidadoso nos textos de seus relatos, dificilmente pode-se afirmar que suas representações da África não causavam certo desconforto no público leitor inglês.

89 Lynn, Martin. "Change and Continuity in the British Palm Oil Trade with West Africa, 1830-1855". *The Journal of African History*, vol. 22, n. 3, 1981, p. 331-348. Tabela na p. 341. Em outro artigo deste mesmo autor pode-se inferir que por volta da década de 1850 Bonny continuava como o maior porto exportador de óleo da África, com cerca de 15% do total. Lynn, M. "From Sail to Steam: the Impact of the Steamship Services on the British Palm Oil Trade with West Africa, 1850-1890. *The Journal of African History*. Vol. 30, n. 2, 1989, p. 227-245.

196 Alexsander Lemos de Almeida Gebara

ta vinha se transformando ao longo dos séculos de desenvolvimento do comércio atlântico, em especial com a ampliação dos poderes do rei e com a "abertura" cada vez maior do sistema de linhagens (*House sistem*) à penetração de membros exteriores ao grupo familiar original. Uma das consequências destas transformações foi o domínio econômico da linhagem principal sobre as demais, e a ocupação de lugares administrativos importantes por elementos externos à linhagem consanguínea, juntamente com um grande afluxo populacional composto de "escravos" que, agregados às diferentes linhagens fortaleciam a posição destas na hierarquia interna.[90]

Mais especialmente em Bonny, de acordo com a interpretação de Lovejoy e Richardson, o poder centralizado tinha atingido outro patamar, desde a guerra com Andoni quase um século e meio antes. Tal centralização, inclusive, teria ampliado as garantias de crédito na localidade tendo como consequência a ascenção da cidade à condição de principal exportadora de escravos para o Atlântico ainda antes da metade do século XVIII. Ou seja, no século XIX, proeminência econômica e política eram praticamente sinônimos em Bonny, uma vez que uma das prerrogativas do rei era o controle dos interesses econômicos do Estado.[91]

Desta forma, a despeito das divergências interpretativas na historiografia, no início da década de 1830, a linhagem Pepple estava fortemente vinculada ao controle do poder central, conseguindo desta forma uma grande ascendência sobre as demais linhagens no pequeno Estado costeiro. Até então, a cidade mantinha-se senhora da situação comercial, vendendo tanto óleo de palma como escravos, respondendo às vicissitudes da demanda atlântica e das condições políticas e comerciais regionais. Mas este também foi um período bastante conturbado para a política e o comércio em Bonny por dois motivos principais que tornaram-se interligados: uma crise na sucessão ao trono e a interferência do esquadrão naval britânico.

Para analisar e compreender melhor a presença e atuação de Burton em Bonny, faz-se necessário retomar brevemente algumas descrições já expostas no segundo capítulo, em especial sobre a crise sucessória na cidade e a pressão do esquadrão naval inglês neste episódio.

---

90 Ver o tópico *Delta do Níger* neste mesmo texto.

91 Alagoa, E. J. *The Development of Institutions...*, p. 270-273.

A África de Richard Francis Burton   197

Em 1830, com a morte do rei Opobo teve início um período de indefinição quanto à sua sucessão. Em seu lugar um ex-escravo chamado Madu, que já desempenhava um papel importante na linhagem Pepple, assumiu como regente. Entretanto, quando Madu morreu em 1833, foi seu filho, Alali, que assumiu. Uma oposição então organizou-se em torno de William Pepple, buscando retomar o controle da cidade.

A interferência do esquadrão naval britânico, por sua vez, teve início no ano de 1836 quando um cruzador inglês invadiu o porto de Bonny para aprisionar um navio escravista espanhol que estava sendo carregado. O então regente Alali desafiou a autoridade naval britânica, apreendendo mercadores ingleses e exigindo explicações. Como resultado deste "desafio", o esquadrão naval bloqueou o comércio da cidade com vários navios. William Pepple parece ter percebido a possibilidade de ascender ao trono através de uma aproximação com a Inglaterra. De fato, no início de 1837 a Inglaterra forçou a deposição de Alali alçando Pepple ao poder. O preço cobrado pela intervenção britânica em favor de Pepple foi a assinatura de um tratado contra o tráfico escravo em 1839 em troca de uma recompensa anual de 2 mil dólares.[92]

Apesar da aproximação de Pepple com a Inglaterra ter resultado na retomada do poder na cidade, ele não parecia estar em total acordo com as exigências inglesas, sendo que o comércio de escravos continuou a existir ainda que em volume bastante diminuído. A Inglaterra, por sua vez, não cumpriu a sua parte do acordo – o pagamento anual de compensação em dinheiro – o que tornava a situação política de Pepple delicada, desenvolvendo uma oposição à aproximação com a Inglaterra, cada vez mais forte também entre os aliados do novo rei. Ao longo da década de 1840, iníciou-se uma verdadeira operação de guerrilha na rede de rios próximas a Bonny, com constantes ataques a mercadores ingleses.[93]

Finalmente, a nomeação de John Beecroft como primeiro cônsul inglês para as baías de Benim e Biafra tornou a situação de tentativa de resistência direta em Bonny insustentável, pois o esquadrão passou a atuar de forma bem mais incisiva a partir

---

92 Segundo Dike, K. *Trade and Politics...*, este foi o primeiro tratado nestes termos entre a Inglaterra e um estado da África Ocidental.

93 Nesta década, o esquadrão africano voltou a intervir, aprisionando e deportando o chefe religioso que comandava as ações de guerrilha no interior.

198   Alexsander Lemos de Almeida Gebara

deste momento. Em 1854, Beecroft acabou depondo o rei que a própria Inglaterra tinha levado ao poder, mandando-o para o exílio, parte do qual Pepple passou na Inglaterra. A situação política em Bonny ficou bastante desorganizada e as dificuldades para os comerciantes continuavam a aumentar, sendo que nos anos seguintes, apesar do aumento do comércio, os próprios representantes comerciais britânicos começaram a solicitar a volta do rei, como forma de tornar a situação comercial mais segura.[94] Cerca de sete anos depois, William Pepple seria reempossado, pouco antes de Burton chegar à costa africana e iniciar seu trabalho como cônsul.

A primeira visita de Burton à cidade ocorreu ainda em dezembro de 1861, entre as viagens que realizou para Abeokuta e para as montanhas de Camarões. Nesta circunstância segundo o despacho de 14 de janeiro de 1862, o cônsul relatou ao FO que Pepple estava vivendo com uma pequena corte – a qual contava inclusive com duas mulheres inglesas, para desgosto de Burton – e que para sustentar esta situação, gastava cerca de 5 mil libras por ano "na esperança de cobrir os gastos com precárias taxas de comércio".[95]

A série de correspondências sobre a situação de Bonny serve para exemplificar as dificuldades de comunicação entre o cônsul e o FO, geradas pela demora no trânsito destes despachos entre África e Europa, mesmo com a existência da linha de vapores que ligava a África Ocidental e a Inglaterra. Antes mesmo de receber o primeiro despacho de Burton, mencionado acima, Russell já havia encaminhado ao cônsul, em fevereiro de 1862, as reclamações da *African Steamship Company* sobre uma cobrança supostamente irregular de tarifas comerciais em Bonny, que estavam incidindo sobre um navio da companhia encarregado apenas do reabastecimento dos demais vapores que faziam o trajeto Inglaterra-África Ocidental.[96]

Burton, no entanto, só acusou o recebimento desta correspondência que ordenava que procedesse imediatamente para Bonny, em 22 de maio de 1862, cerca de cinco me-

---

94 Como foi possível perceber, a existência de um poder centralizado em Bonny funcionava como um elemento importante na garantia do crédito, de acordo com a interpretação de Lovejoy e Richardson. Desta forma, não parece ser mero acaso os problemas comerciais enfrentados neste momento de desorganização do poder.

95 PRO, FO 84/1176, 14/01/62. Além destas condições, o que chamou a atenção de Burton foram as marcas de sacrifícios humanos, através da exposição de crânios e ossos na fachada da cidade.

96 PRO, FO, 84/1176, 26/02/62. A companhia, por sua vez, escrevera em 12 de fevereiro para Russell.

A África de Richard Francis Burton   199

ses depois do motivo da queixa ter se originado.[97] A resposta do cônsul para Russell, que por sua vez só chegou ao FO no dia 10 de julho, dizia ser impossível o deslocamento para Bonny naquele momento, pois não havia nenhum cruzador disponível, além do fato de que estavam no período mais crítico com relação a febre amarela.[98]

Aparentemente, Pepple iníciou a demanda da tarifa sobre o navio da *African Steamship* entre dezembro e janeiro de 1862, logo após a passagem de Burton pela cidade, pois, caso contrário, a reclamação da companhia poderia ter sido feita para o cônsul em pessoa. Assim, pode ter sido uma estratégia do rei esperar a passagem do cônsul antes de iniciar a cobrança. Ele havia estado exilado na Inglaterra e provavelmente sabia da demora necessária para a circulação de correspondências.

De fato, Burton só retornou a Bonny no final de outubro de 1862, depois de receber outras correspondências relativas a questões comerciais e políticas na localidade. O FO encaminhou para seu cônsul na baía de Biafra uma série de solicitações feitas em nome de Pepple por um certo Mr. Thwaites, que reclamava neste documento o seu reconhecimento oficial como representante consular de Bonny na Inglaterra.[99] Nestas solicitações, Thwaites além de enfatizar o direito de cobrança da tarifa sobre o mencionado navio da *African Steamship Company,* solicitava ajuda ao esquadrão africano na contenção de sacrifícios humanos e, por fim, avisava que Pepple pretendia aumentar ainda mais as tarifas comerciais para incrementar a arrecadação de seu reino. Esta última informação aparecia com a seguinte justificativa:

> No que diz respeito às novas tarifas, o rei desistiu de ser comerciante; e os pesados encargos sobre ele para pagar os presentes que envia mais acima no país, as melhorias na cidade e na beira do rio, o compelem a aumentar a comey; ele também está ansioso para construir escolas, as quais não podem

---

97 Contando cerca de um mês de viagem entre a costa africana e Inglaterra, a comunicação deve ter saído de Bonny no início de janeiro, chegado a Liverpool no início de fevereiro, uma vez que chegou a Londres no dia 12 daquele mês. No dia 26 de fevereiro Russell escreveu à Burton, que por sua vez só acusa o recebimento em 22 de maio. Não fica claro o motivo da demora de três meses entre o envio de Russell e o recebimento de Burton.

98 PRO, FO. 84/1176, 22/05/62.

99 Segundo Dike, Thwaites era um Quaker, parte de um grupo que tinha se encarregado de tutelar Pepple durante sua estada na Inglaterra. Dike, K. *Trade and Politics...*

200　Alexsander Lemos de Almeida Gebara

ser feitas sem dinheiro, e é claro que quando ele mesmo era comerciante isto era uma grande fonte de lucro para ele.[100]

É provável que justificativas, tais como, "melhoramentos na cidade e na margem do rio" e "construção de escolas", não tivessem sido utilizadas não fosse o contato que Pepple havia tido com a Inglaterra durante seu tempo de exílio. De fato, são motivações que se encaixam com perfeição no discurso missionário e humanitário. Por outro lado, Pepple encontrava-se em situação pouco favorável, pois embora fosse nominalmente regente de Bonny, não possuía grandes fontes de arrecadação, o que deixava sua suposta posição de poder enfraquecida. A não participação no comércio, antes de ser uma opção do próprio rei, parecia dever-se muito mais a limitações conjunturais. Afastado durante mais de seis anos da costa africana, perdera suas relações comerciais com o interior que garantia o fornecimento de óleo para vender aos ingleses, ao mesmo tempo em que enfraquecera suas ligações com os próprios comerciantes ingleses. Como se viu, sem suporte econômico era muito difícil exercer de fato o poder em Bonny.

O pedido de ajuda para acabar com "sacrifícios humanos" que consta da mesma correspondência de Thwaites fornece uma indicação da situação de Pepple. É possível que houvesse uma razão por trás de uma eventual vontade do regente de realmente acabar com estes costumes, qual seja: ao trazer novamente o esquadrão africano para secundar uma de suas propostas, Pepple tentava associar-se ao poderio britânico e de certa forma criar condições de exercer a autoridade perdida durante sua ausência.[101]

Infelizmente para Pepple o cônsul inglês na região não era nem um pouco permeável à argumentação filantrópica e humanitária de Thwaites. A resposta de Burton após sua passagem por Bonny foi, em sua totalidade, contrária às demandas do regente africano. O cônsul não concordava com a legalidade do pagamento da tarifa pelo navio da companhia, nem com qualquer aumento na cobrança de taxas

---

100 FO 84/1176, 23/07/62, anexo 1.

101 O FO por outro lado, parece ter feito leitura semelhante das solicitações de Pepple. Apesar de considerar legítima e digna de suporte a intenção de acabar com os sacrifícios humanos, Russell fez uma ressalva a Burton, que deveria informar ao regente de Bonny que "*O governo de sua majestade não tem intenção ou desejo de lhe dar suporte político.*" PRO, FO 84/1176, 23/10/62.

A África de Richard Francis Burton   201

comerciais. Para Burton, a situação em Bonny estava degenerando por culpa de seu regente. Segundo ele:

> Durante os últimos sete ou oito meses o comércio tem estado quase parado no rio, principalmente devido às inconstâncias do rei, o qual, totalmente desmoralizado por uma longa residência na Inglaterra, ameaça em todas as ocasiões contratar um advogado, ou abrir um processo, ou com uma escola ou missionário.[102]

Como é possível perceber, Burton considerava a estadia de Pepple na Inglaterra como algo desmoralizante. Suas críticas à postura do regente africano estão associadas em geral a suas referências a instituições inglesas que deveriam ser aplicadas em Bonny, tais como advogados, processos civis e escolas.[103]

Quanto a demanda de Thwaites por um representante consular de Bonny na Inglaterra, sob argumento de que Pepple sempre havia permitido a entrada do cônsul inglês em seus domínios, Burton respondeu de maneira ainda mais radical:

> Isto pode soar bonito em Higbury Terrace; em Bonny entretanto, é tão arrogante quanto absurdo. O rei Pepple é um pequeno chefe comerciante, filho de um pequeno chefe comerciante, rei de uma cidade suja que guarda as mesmas proporções para Benim e Biafra que a Ilha de Man para o Reino Unido. As "melhorias na cidade e na beira do rio etc" são meras invenções. Bonny ainda é o lugar mais sujo e bárbaro nesta costa.[104]

Há um claro exagero por parte de Burton, pois Bonny era o principal porto exportador de óleo de palma de toda a costa africana ocidental, e o capital britânico comprometido com a localidade beirava um milhão de libras. Além disso, embora

---

102 PRO, FO, 84/1176, 18/12/62.

103 Como já se notou, Burton tinha profunda aversão à demanda por igualdade na África. Uma demanda sustentada por argumentos humanitários e missionários, em geral associados a Serra Leoa. Pepple, além disto, para piorar sua imagem frente à Burton, vestia-se à europeia, e em sua corte havia mesmo algumas mulheres inglesas.

104 FO, 84/1176, 18/12/62.

202 Alexsander Lemos de Almeida Gebara

Pepple estivesse com sua autoridade de fato comprometida, a casa dinástica a qual pertencia havia sido bastante forte ao menos até a geração anterior.

A utilização de argumentos humanitários e o pedido de auxílio ao esquadrão naval britânico por parte do regente de Bonny podem ser vistos como reflexos de uma conjuntura de profunda transformação na estrutura política da localidade, resultante de mais de duas décadas de constante intervenção inglesa. Pepple manejava no interior de um padrão intervencionista ao qual esteve submetido, para assegurar sua proeminência pessoal sobre o estado de Bonny, mas o FO parecia disposto a intervir apenas para garantir o fluxo comercial. Ao mesmo tempo, a disposição negativa de Burton com os argumentos utilizados tornaram esta estratégia um tanto ineficaz.

Burton parecia estar profundamente irritado com a sua situação de representante consular na África Ocidental naquele momento. Cerca de um ano antes, quando de sua indicação para o cargo, ele escrevera a Milnes, como se viu, sugerindo que enfim largaria das "migalhas" que caíam da mesa do governo, e que "morderia com os molares o pão governamental". Entretanto, o "pão" não lhe parecia agora muito grande. O salário não era grande coisa, a região era bastante insalubre, e mesmo gastos que julgava serem responsabilidade governamental, como a reforma da casa do consulado em Fernando Pó, acabavam recaindo sobre seu próprio bolso.[105] Ao mesmo tempo, Burton não estava satisfeito com a sua relação com os oficiais do esquadrão inglês na África, cujos navios eram importantes instrumentos, em seu ponto de vista, para tornar possível a realização de seu trabalho. Na última visita que fez a Pepple, por exemplo, a qual resultou no parecer acima, ele esteve a bordo de um vapor comercial, pois o esquadrão não pôde lhe oferecer um navio a tempo. No final de 1862 Burton percebia de maneira mais clara que a posição consular não lhe garantia na prática nenhum status no corpo diplomático inglês e, consequentemente, nenhum respeito por parte dos oficiais da marinha. No início de 1863, Burton escreveu para Russell solicitando uma patente militar, pois descobrira, via imprensa, que havia sido desligado da Companhia das Índias Orientais, o que lhe rebaixava ainda mais frente aos outros ingleses em cargos oficiais na costa. Num texto pouco característico para o

---

105 Assim que chegou em Fernando Pó, Burton começa a corresponder-se com o FO sobre a reforma da casa, na qual segundo ele tinha gasto em torno de 400 libras. A troca de correspondências duraria mais de quatro anos até que Burton fosse reembolsado, mesmo assim, sob condições especiais, e somente depois que Lord Stanley, praticamente um amigo pessoal de Isabel, assumiu o FO.

A África de Richard Francis Burton   203

orgulhoso Burton, no qual ele resumiu suas atividades desde 1842, quando entrou
para o exército da Companhia das Índias Orientais, passando pelas explorações no
Oriente Médio e na África Oriental, pela participação na guerra da Crimeia, e enfim,
pelo primeiro ano de atividade consular, ele concluia:

> Então meu senhor, depois de 19 anos no serviço do governo de Vossa Ma-
> jestade eu encontro meu nome na Gazzete como "exonerado" [...] Eu ficaria
> profundamente agradecido se vossa senhoria me permitisse obter o título
> local ou honorário de Tenente Coronel a serviço de Vossa Majestade baseado
> numa colônia espanhola com um governador militar e elevar-me bastante
> entre os Oficiais navais britânicos alguns dos quais estão na mesma titulação
> que eu e são muito mais jovens.[106]

Esta correspondência foi escrita em Londres, local onde Burton esteve entre
dezembro de 1862 e janeiro de 1863. Neste curto período, ele adiantou os assuntos
para a publicação de seus dois livros já escritos e presidiu a reunião de fundação da
Anthropological Society of London.

A sua curta presença em Londres sugere que a sua participação na fundação
da sociedade teria sido como um convidado, não havendo tempo hábil para participar de quaisquer atividades anteriores de preparação de programa ou coisas
semelhantes. Hunt entretanto, conhecia Burton ao menos através de correspondências. Como se sabe, ele havia sido era secretário da *Ethnological Society of
London* antes de coordenar o cisma que gerou a ASL e graças à sugestão de Hunt,
Burton publicou em 1861 na revista da primeira delas um artigo comparando
africanos orientais com a representação de Du Chaillu dos africanos ocidentais.
Neste texto, a representação do negro ainda não aparecia com a ênfase quase
raivosa de Burton em seu período na África Ocidental. As tribos do leste eram
apresentadas como mais degeneradas provavelmente devido à antiguidade do
tráfico escravo e não devido à sua natureza. A civilização da África passava pelo
comércio lícito – isto sem grandes ressalvas e inclusive algumas tribos ocidentais
eram descritas como praticantes do comércio com honestidade. O canibalismo
por sua vez era explicado por causas naturais e não culturais – desta forma, onde

---

106 FO 84/1203, 06/01/63.

204   Alexsander Lemos de Almeida Gebara

o clima requeria uma dieta carnívora e havia escassez de caça, o canibalismo era praticado. Mas parece claro que Burton tomou certo cuidado pelo fato de estar escrevendo para a ESL. Ao defender o fetichismo como primeiro passo "no alvorecer" das religiões, ele julgou necessário reconhecer que "ortodoxamente [...] o fetichismo é tido como uma degradação da parcela primitiva e pura de Adão, mesmo quando o supõe-se que o negro represente os amaldiçoados e degradados descendentes de Ham e Canaan", fazendo uma clara menção à etnologia de cunho prichardiano assentada nas suposições do relato bíblico.[107]

Ainda neste mês de janeiro de 1862, Burton enviou ao FO um despacho com suas opiniões sobre as possibilidades comerciais do Níger, o qual apresenta significativas diferenças com relação à versão apresentada por Russell ao parlamento, em especial a passagem que reconhece um embate de interesses anglo-franceses sobre a África. Segundo Burton:

> é evidente que há neste presente momento uma luta entre os interesses britânicos e franceses na África Ocidental. O principal objeto é, claramente, a rica produção das regiões centrais...[108]

Percebe-se como Burton tratava um embate de interesses entre Inglaterra e França como se isto fosse "evidente" e claro para qualquer observador. Mesmo assim, esta parte do texto foi suprimida da versão apresentada ao Parlamento. O restante do despacho reafirmava a necessidade de tratar a questão da África Ocidental e do possível acesso da Inglaterra aos mercados no interior de maneira estritamente comercial. A forma para vencer as resistências nativas a este acesso seria o estabelecimento de tarifas de comércio a serem pagas aos estados africanos costeiros pois "esta era uma reclamação tão legítima quanto a de qualquer alfândega europeia".

No início de 1863, os assuntos africanos pareciam ganhar um cunho cada vez mais comercial nos despachos de Burton. Em resposta à uma pergunta de Russell sobre qual seria a forma adequada de punir os africanos de Benim, ainda sobre o

---

107 *"Orthodoxically [...] fetissism is held to be a degradation of the pure and primitive Adamical dispensation, even as the negro is supposed to represent the accursed and degraded descendants of Ham and Canaan."* Transactions of the Ethnological Society of London, 1861, vol. 1, new series, 316-26.

108 PRO, FO 84/1203, 10/01/63.

A África de Richard Francis Burton   205

caso do ataque ao estabelecimento comercial de Mr. Henry, Burton respondeu que apenas um bloqueio comercial traria os resultados esperados.[109] Em outro despacho, comentando a crescente falta de cooperação do esquadrão inglês na África para fornecer cruzadores quando requisitados pelo cônsul, Burton sugeria que:

> O principal objetivo do esquadrão africano ocidental, qual seja, a abolição do tráfico escravo, será garantida mais rápida e efetivamente voltando-se do comércio ilícito para o lícito do que através da mera captura de navios escravistas, o que mais amplia o mal tornando mais carregamentos necessários.[110]

Além disso, como justificativa, Burton manifestava a certeza de que o tráfico de escravos, embora estivesse quase extinto, poderia ressurgir a qualquer momento, sendo a visita constante dos rios pelo esquadrão uma forma de evitar este acontecimento. Desta forma, a defesa de que o comércio "lícito" era a forma de acabar com o tráfico escravo só seria possível para o autor com uma regulamentação e fiscalização direta da Inglaterra. Embora a punição sugerida para o caso do ataque ao estabelecimento comercial de Mr. Henry em Benim tenha sido apenas o bloqueio comercial, em suas correspondências pessoais Burton parecia muito menos disposto a aceitar este tipo de afronta à autoridade britânica na costa africana. Em uma carta pessoal que foi interceptada pelo FO, depois de dizer que Henry estava voltando para seu estabelecimento comercial, e que o esquadrão bloquearia o rio, o autor sugeria que outra punição era necessária:

> O chefe ____ permanence completamente impune e pode fazer o que quizer com sua impunidade – que o peguemos como se ele próprio estivesse se entregando para ser preso! O tempo irá mostrar a prudência destes passos.[111]

---

109 PRO, FO, 84/1203, 02/02/63

110 PRO, FO, 84/1203, 02/02/63

111 PRO, FO 84/1203, *Extract of a Letter from Cap. Burton to Mr. Wylde dated Lagos, May, 05, 1863.*

206   Alexsander Lemos de Almeida Gebara

O fato de não comunicar nesta circunstância esta opinião em sua correspondência para o FO mostra que Burton estava com o interesse bastante diminuído em permanecer atuando como cônsul. Em 1863, suas comunicações com o governo inglês foram bem menos intensas, bem como a sua permanência em seu posto. Ele chegou em Fernando Pó apenas em abril. Em maio, partiu para uma visita secreta e extraoficial a Daomé, onde esteve entre fins de maio e começo de junho. Depois disso, alegando problemas de saúde, viajou para o rio Congo em 29 de julho, de onde retornou apenas em 23 de outubro.[112] Em um livro publicado em 1876, *Two Trips to Gorilla Land*, Burton revelou de forma mais clara o sentimento que o levara a viajar para o Congo. Sem as restrições do momento, quando justificou ao FO sua viagem por razões de saúde, a explicação no prefácio do livro é bem mais direta:

> Durante a estação quente de 1863, [...] tinha se tornado um sepulcro, uma "tumba escura para europeus." [...] A terra era toda água, a vegetação coberta de musgo, e o ar metade vapor [...] Profundamente triste pela primeira vez, eu estava meditando como escapar, quando[...] comandante Smith ofereceu-me hospitaleiramente uma passagem para o sul. Ouvir foi aceitar.[113]

Ao mesmo tempo em que Burton parecia desinteressar-se do trabalho consular, o FO mostrava também uma crescente insatisfação com as suas perspectivas e constantes viagens, como fica claro na resposta negativa ao requerimento do cônsul para ser reembolsado do dinheiro gasto durante a viagem ao Congo. As intenções de Burton pareciam ao *FO* cada vez mais distantes do cumprimento das funções oficiais do consulado. O encaminhamento do pedido de reembolso de Burton para Russell deixa clara esta perspectiva:

> A *desculpa* dada para realizar a expedição foi o estado de saúde prejudicado e a tradição de que os planaltos do alto Congo são representados como um sanitário. Eu acredito de qualquer forma que enquanto existir

---

112 Desta forma, durante todo o ano Burton permaneceu menos de seis meses em seu posto.

113 Burton, Richard, *Two Trips to Gorilla Land and the Cataracts of Congo*. 2 vols. Londres: Sampson Low, Marston, Low and Searle, 1876.O despacho informando o FO de sua viagem por motivos de saúde é PRO, FO, 84/1203, 30/11/63.

A África de Richard Francis Burton   207

um rio não explorado, uma montanha não escalada ao alcance do Capitão Burton, sua saúde estará sempre prejudicada até que ele explore ou escale um e outra, apesar de que possa ser em detrimento de seu serviço consular.[114]

O relatório enviado por Burton sobre a visita ao rio Congo foi apresentado ao parlamento tal como remetido para o FO, diferentemente daquele sobre Abeokuta, como se viu, e também do relatório sobre Daomé, que apresentam significativas omissões na versão apresentada aos parlamentares. Ora, neste despacho sobre o Congo, Burton se atém à descrição geográfica e ao levantamento da situação comercial do rio, furtando-se de qualquer comentário ou opinião que implicasse numa agência mais direta em busca de controle sobre a região. Como se viu, essas sugestões de agência direta eram as partes sempre sumariamente suprimidas dos seus outros relatórios nas edições do FO, para apresentação ao parlamento. De fato, neste texto há passagens que parecem conceder aos nativos o direito sobre as terras, tais como: "*os nativos da floresta nos fizeram o grande favor de nos permitir ver suas cachoeiras*". Mas não apenas isso, os nativos também parecem fornecer inclusive de informações "geográficas" válidas sobre estas terras, como pode-se inferir desta passagem:

> Um destes Mundongos disse-me que perto da nascente do congo, ou melhor, seu ramo nordeste, há uma "água que homens de canoa não veem terra"; e isto concorda com a tradição geral.[115]

Desta forma, neste relatório, Burton não propôs nenhuma mudança de atitude ou grandes planos para o aumento da "influência" britânica, apenas apresentou dados comerciais e geográficos sem nem mesmo questionar a propriedade da terra. Sua esperança manifestas ao final do texto era poder voltar à região para conseguir resultados importantes "não apenas geográficos, mas

---

114 PRO, FO 84/1221, 02/09/64.

115 PRO, FO 84/1221, 30/11/63 e __/12/63.

208 Alexsander Lemos de Almeida Gebara

etnológicos e comerciais". Também de forma diferente de seus outros textos, o esquadrão africano foi apresentado como importante para a contenção do tráfico escravo, devendo continuar a patrulha da costa, sem a qual, "o tráfico voltaria a aparecer um dia".

As diferenças entre esse texto e os outros analisados até agora sugerem que neste Burton procurava corresponder exatamente às expectativas do FO, quanto à linha de atuação para a África Ocidental, de modo a não ferir ainda mais os ânimos do governo inglês para consigo. Incentivo ao comércio lícito, patrulha do esquadrão africano contra o tráfico e não interferência em assuntos políticos locais sempre que possível, esta parecia ser a receita para agradar os seus superiores na diplomacia britânica.[116]

---

116 É significativo que assuntos relativos à caracterização da população, que de forma geral aparecem ligados à necessidade de intervenção britânica, também estejam fora das considerações de Burton no texto.

Daomé

Em agosto de 1863, quando já estava a caminho do rio Congo, Burton recebeu um despacho de Russell indicando-o para uma missão diplomática em Daomé. Esta indicação deve ter sido recebida por Burton com certo prazer pois, como se viu, desde sua nomeação como cônsul inglês para a baía de Biafra ele havia se oferecido várias vezes para visitar a região. Seu interesse em viajar para Daomé parecia estar mais ligado à curiosidade pessoal do que em razão da vontade de participar das relações diplomáticas entre a Inglaterra e este estado africano. Daomé vinha sendo objeto de vários relatos de viagem na Europa recheados de descrições da selvageria e dos costumes bárbaros dos africanos que reforçavam a ideia de um estado guerreiro e poderoso no interior da África. Descrições do "rei numa canoa em uma piscina cheia de sangue" completavam quase pictoricamente a imagem de crueldade exacerbada que gerava certo temor na Europa.

Os relatos de Forbes e Duncan[1] apresentam algumas passagens que dão a ideia de um exército daomeano forte e temerário. Forbes por exemplo sugere que:

> O reino de Daomé [...] agora aparece como a maior monarquia militar na África Ocidental. Ashanti envia-lhes tributo, e Ioruba treme quando Gezo proclama suas caçadas de escravos.[2]

Duncan também representava a selvageria e "sede de sangue" daomeana de forma bastante clara em seu relato e às vezes até de forma literal. Seu texto conta com uma descrição bastante pictórica dos sacrifícios humanos em Abomé du-

---

1 Forbes, *Dahomey and the Dahomans...* e Duncan, John. *Travels in West Africa in 1845-1846, comprising a journey from whydah to the kingdom of Dahomey, to Adofoodia*. Londres: Richard Bentley, 1847.

2 Forbes, *Dahomey and the Dahomans...*, p. 14. Duncan também refere-se à Abeokuta como "*O lugar santificado, com tantos convertidos.*", Duncan, John, *Travels in West Africa...*, p. 186.

rante sua visita, com detalhes de como eram cortadas as cabeças, com "sangue espirrando" para todos os lados e de como algumas pessoas bebiam o sangue recolhido na mesma hora em que escorria do tronco decapitado.[3] Da mesma forma que Forbes, Duncan também sugere que o reino do Daomé era o mais poderoso da África Ocidental.[4]

Estes são apenas exemplos de imagens diferentes das presentes no livro de Burton. É claro que não são suficientes para apresentar os relatos destes autores em sua complexidade. De fato, é preciso inclusive não levar muito longe a afirmação de que Daomé era um "reino poderoso". Tanto Duncan quanto Forbes nunca chegaram a colocar em questão a relação de forças entre Daomé e a Inglaterra, apenas estavam representando o estado frente a outros estados africanos.

Apesar disto, segundo os padrões de Burton, Duncan parece ter agido com demasiada condescendência para com o rei Gezo. Duncan tratava Gezo da mesma forma que trataria um monarca europeu. Mesmo em uma situação na qual o rei de Daomé ofereceu-se para brindar primeiramente à rainha Victoria, Duncan recusou, dizendo que como estava em terras daomeanas, deveria beber primeiro aGezo.[5]

De qualquer forma, Burton parecia curioso para presenciar cenas "selvagens" *in loco* – tais como o banho de sangue descrito por Duncan – desde sua primeira viagem à África. Em suas cartas pessoais a Milnes, carregadas de ironia, as referências a essas vontades são frequentes. Quando ainda estava em Zanzibar, em 1857, durante os preparativos da expedição visando descobrir as fontes do Nilo, Burton escreveu sobre uma das tribos pelas quais havia passado:

> Eu me delicio em dizer que são *bona fide* canibais. *É uma de minhas pequenas ambições ver um homem ser comido*: perto desta tribo, uma outra de bona fide nus. A comilança vamos ver; a nudez eu não temo.[6]

---

3 Duncan, *Travels in West Africa...*, p. 250-252.

4 *Idem, ibidem*, p 238.

5 *Idem, ibidem*, p. 222.

6 *Houghton Papers*, Burton to Milnes, 27/04/57.

A África de Richard Francis Burton   211

Apesar de manifestar, para seu amigo Milnes, esta vontade "de ver um homem ser comido", em nenhum de seus textos ou cartas Burton revelou ter presenciado tal acontecimento. Em outras cartas, a curiosidade por presenciar cenas "selvagens" volta a aparecer, como na enviada também para Milnes, durante sua primeira estadia em Daomé. Sem autorização do FO Burton revelava ao seu amigo estar frustrado com a 'bárbara' Daomé.

> Eu estou aqui por três dias agora e muito desapontado, nem um homem foi morto, a canoa flutuando numa piscina de sangue é o mito dos mitos. Em Benin [...] eles crucificaram um homem em honra a minha vinda – aqui nada! E esta é a terra sanguinolenta de Daomé!![7]

É muito difícil conjecturar quais as motivações dos desejos de Burton em presenciar cenas como as descritas acima. De qualquer forma, ele parecia nutrir esta curiosidade mórbida a respeito de costumes "selvagens" como estes. O importante é notar que Burton e Milnes eram membros do chamado *Cannibal Club*, e compartilhar temas que eram considerados tabus na Inglaterra foi, segundo Sigel, um instrumento importante para a construção de uma identidade frente a "Outros" internos e a própria Inglaterra, como a classe trabalhadora e as mulheres por exemplo.[8]

A indicação de Burton para uma missão do FO em Daomé foi a oportunidade que ele estava esperando desde seus primeiros dias na costa ocidental africana. Em seu despacho, Russell explicou de forma detalhada quais eram os objetivos da via-

---

7 *Houghton Papers,* Burton to Milnes, 31/05/63. Esta é talvez a mais famosa carta de Burton, citada por quase todos os seus biógrafos. Entretanto, é cheia de ironia como se pode ver, e talvez a asserção de que o texto representasse *verdadeiramente* seus desejos não seja a mais exata. Por outro lado, nesta mesma carta, diz "pobre Hankey, ainda deverá esperar por sua *peau de famme*" pois supostamente tinha prometido a ele a pele de uma negra esfolada viva para encapar suas edições do Marquês de Sade. Ainda na mesma correspondência, faz comentários muito sarcásticos sobre as Amazonas, dizendo por exemplo que as oficiais eram "certamente escolhidas pelo tamanho de sua bunda", dando o tom geral de humor contido neste escrito.

8 Sigel, Lisa S. *Governing pleasures, pornography and social changes in England, 1815-1914.* Londres: Rutgers University Press, 2002. Ver capítulo 3. Interessante notar que na primeira vez que esteve em Daomé, Burton presenteou Gelele com fotos de mulheres europeias nuas, para "grande maravilha" do africano. A pornografia era outro dos interesses comuns do *Cannibal Club.*

212 Alexsander Lemos de Almeida Gebara

gem, e como Burton deveria agir frente ao rei de Daomé. As instruções de Burton eram: informar a Gelele que a Inglaterra estava fazendo o máximo para acabar com o tráfico escravo; fazer todo o possível para diminuir o número de sacrifícios humanos, embora o próprio Russell reconhecesse a dificuldade em acabar totalmente com eles; enfatizar que se o rei quiser mercadores ingleses em Uidá ele deverá incentivar o comércio "lícito", ou seja, de óleo de palma; entregar os presentes encomendados por Gelele ao comandante Wilmot no ano anterior; e pedir a libertação de alguns prisioneiros cristãos que estavam em Daomé.

Aparentemente, Burton não era a primeira opção de Russell para chefiar a missão, e só foi indicado por causa da indisponibilidade de oficiais do esquadrão naval naquele momento.[9] Porém, o FO havia interceptado uma carta particular de Burton durante sua primeira estadia em Daomé e o fato de já conhecer a região pode ter influenciado na escolha de Russel que, no entanto, escreveu um segundo despacho com instruções nas quais recomendava expressamente a Burton que:

> E você vai sob qualquer circunstância declinar sancionar com sua presença estes sacrifícios [humanos] se eles desafortunadamente tiverem lugar durante sua estadia no país.[10]

Estas instruções explícitas para evitar presenciar sacrifícios humanos podem não ser exclusivas para Burton, mas certamente o FO já apresentava neste momento cuidados especiais com ele, visto que inclusive interceptava algumas de suas correspondências pessoais.[11]

---

9 Havia neste momento, como se sabe, a guerra no interior da região Ioruba, a qual a Inglaterra prestava muita atenção, e também embates entre Ashanti e Fantis, estes últimos sob protetorado inglês (Costa do Ouro), na qual a marinha britânica estava ainda mais diretamente envolvida.

10 FO 84/ 1203, 20/08/63, grifos no original.

11 Somente no ano de 1863, três extratos de cartas pessoais de Burton aparecem no livro FO 84\1203 contendo a documentação do consulado no PRO. Uma delas, escrita de Abomé em maio, continha a seguinte passagem: *"Durante meus poucos dias aqui, eu não vi uma única morte, nem mesmo restos humanos..."*. Certamente não é a mesma liberdade que Burton mostra nas cartas para Milnes já mencionadas, mas talvez tenha sido o suficiente para o FO julgar necessário um aviso.

A África de Richard Francis Burton   213

Como já foi possível notar, a relação de Daomé com a Inglaterra era um tanto diferente daquela existente entre esta última e Abeokuta. Apesar de repetidos esforços diplomáticos ingleses ao menos desde o início da década de 1850, Daomé recusava-se a assinar definitivamente um tratado para o fim do tráfico escravo. Segundo Robin Law, durante a primeira metade da década de 1850 houve uma melhoria nas relações anglo-daometanas, em razão de uma política reformista do rei Gezo, que diminuíra de forma sensível os sacrifícios humanos e o tráfico de escravos. Mas já no final da década, uma reação "conservadora" passou a influenciar as decisões políticas, e Daomé retomou boa parte das excursões guerreiras de captura de escravos nas regiões ao redor.[12] Também de forma diferente de Abeokuta, a influência missionária inglesa quase não se fazia sentir em Daomé. Ao contrário, a parcela "branca" com maior penetração na configuração política do estado era a de mercadores de escravos que, estabelecidos no porto de Uidá, financiavam boa parte do estado daometano até ao menos o início da década de 1850.

A missão de Burton foi continuar as negociações, já em um período no qual o tráfico atlântico de escravos estava em seus momentos finais. Esta viagem do cônsul inglês para Daomé durou mais de dois meses – período no qual ele permaneceu como um convidado "forçado" em Abomé, pois Gelele esperava o final dos costumes anuais (*Xwetanu*) para receber de forma oficial a mensagem inglesa. Esta estadia resultou numa nova série de escritos, quais sejam, o relatório para o FO e sua versão apresentada ao parlamento, um relato de viagem, um artigo para a *Anthropological Society* e outro para a *London Ethnological Society*.[13]

As diferenças entre o relatório de Burton e a versão apresentada ao parlamento começam a aparecer logo no início, quando o cônsul informou Russell sobre a demora do rei em recebê-lo, o que segundo ele devia-se ao fato de que ele não portava todos os presentes solicitados por Gelele a Wilmot no ano anterior, e em especial

---

12 Law, Robin. "The Politics of Commercial Transition: Factional Conflict in Dahomey in the Context of the Ending of the Atlantic Slave Trade. *Journal of African History*, n. 38, 1997, p. 213-233.

13 O relato é: *A mission to Gelele, King of Dahome, with notices of the so called "amazonas" the grand customs, the yearly customs the human sacrifices, the present state of the slave trade and the Negro's place in nature*. 2 vols., Londres, Tinsley Brothers, 1864. O artigo para a ASL é "Notes of matters connected with dahomans", *Memoirs read before Anthropological Society of London*, vol. 1, 1863-4, p. 308-21 e o artigo para a LES é "The present state of Dahome", *Transactions of Royal ethnological Society*, vol. III, 1865. p. 400-408.

214 Alexsander Lemos de Almeida Gebara

uma carruagem com cavalos ingleses.[14] Esta suposição de Burton foi suprimida da versão enviada ao parlamento.

Este documento é muito mais longo que os demais despachos apresentados até agora, com quase sessenta folhas manuscritas, e pode ser interpretado como a fonte a partir da qual Burton mais tarde escreveu o livro sobre esta viagem. As semelhanças existem, inclusive na proporção do texto, Burton dedicou a maior parte do relatório, bem como do relato publicado, à descrição dos "costumes anuais" (*Xwetanu*). Mas a concepção que o autor faz destes costumes é bem diferente daquela que circulava na Inglaterra. Segundo ele:

> A imprensa e o público da Inglaterra erram completamente sobre a natureza dos "costumes" daomeanos e das particularidades dos sacrifícios humanos que desgraçam o país. Eles são de fato as execuções anuais, como se todos os assassinos na Grã-Bretanha fossem guardados para serem enforcados num certo dia em Londres.[15]

Burton procurou tratar os costumes anuais, e por conseguinte os sacrifícios humanos, como manifestações legítimas da cultura daomeana, embora julgasse que seus resultados fossem prejudiciais ao próprio Estado. Segundo ele, impedir Gelele de realizar os sacrifícios seria o mesmo que impedir que um "rei europeu rezasse pelos seus mortos". Apesar disto, criticava os sacrifícios humanos que tinham lugar ao longo do ano, por outros propósitos, e que eram "secretos e temivelmente frequentes".

No texto do relatório, bem como do relato publicado, não se encontram descrições detalhadas dos corpos sacrificados, como as que apareceram um ano antes na *Fraser's Magazine* sobre a região do Benim. As únicas menções próximas disso surgem quando, após uma das noites de sacrifícios dos "costumes", Burton avistou os corpos mortos presos na praça central. Mesmo assim, não há detalhes do estado físico destes corpos, com exceção da menção aos órgãos sexuais cortados, segundo o autor, para não ofender as mulheres nativas.

---

14 Segundo Burton ele acreditava que a demora devia-se *"Pincipalmente, eu acredito,* [por causa de] *seu desapontamento com os presentes enviados pelo Governo de Sua Majestade ao invés daqueles mencionados ao Capitão Wilmot."*

15 *PRO, FO, 1221, 23/03/64.*

A África de Richard Francis Burton   215

Entretanto, a aparente isenção com a qual o autor descreve os costumes – de forma diversa do que fizera John Duncan por exemplo – parece servir ao objetivo de desfazer a fama que Daomé desfrutava na Europa de ser uma região cruel e temível. O povo daomeano, que, segundo Burton, fora "um dia corajoso", surgia como totalmente covarde, como os "africanos da costa ocidental em geral".

> a razão é que o antigo sangue foi extinto, exceto na família real, e a raça presente é uma mistura "vira-lata" de cativos e servos.[16]

É significativo que asserção venha em seguida de uma outra parte retirada do documento que foi encaminhado ao parlamento, na qual Burton afirmava que haveria poucas dificuldades para um avanço militar entre Uidá e Abomé, enumerando inclusive qual a melhor rota, e como conseguir suprimentos para um eventual exército em marcha. Desta forma, o lugar da consideração de Burton sobre a "raça" daomeana parece ser a continuação do argumento de que era não apenas possível, mas relativamente fácil tomar o reino de Daomé por meio de uma invasão terrestre.[17]

O estado do reino aparece, por sua vez, como o outro lado da moeda desta "raça mestiça e acovardada". Elementos que supostamente deveriam ser vistos como símbolos da magnificência de Daomé – tal como o desfile das "riquezas" do rei durante um dos dias dos costumes por exemplo – são tratados como resultado da "mistura negrótica de miséria e ostentação".[18]

A suposta situação miserável de Daomé fornecia também a explicação para quando não era permitida a presença de Burton em determinadas passagens das cerimônias, revelando outra vez a impossibilidade de compreensão do autor de

---

16 PRO, FO, 1221, 23/03/64.

17 Uma comparação detalhada entre o relatório original e aquele enviado ao parlamento mostra que as passagens suprimidas do último são exatamente aquelas que se referem a possíveis intervenções militares terrestres em Daomé, bem como todas as críticas à missão do ano anterior, e outras que Burton considerava fracassadas, por conferirem exagerada importância ao reino africano, e falharem em mostrar a grandeza da Inglaterra frente a "miserável" Daomé.

18 No texto de Forbes, por exemplo, o autor informa que apesar de não haver comparação possível entre as riquezas de Daomé e da Inglaterra, ainda assim, "num país como Daomé, era uma quantidade imensa". Forbes, *Dahomey and Dahomans...*, p. 40.

216 Alexsander Lemos de Almeida Gebara

momentos nos quais os nativos selecionam de forma clara o que é dado a conhecer aos seus visitantes europeus. De fato, Burton chega a admitir que os nativos estavam escondendo alguma coisa dele, mas sua explicação retorna ao motivo aparente da representação nesse texto, qual seja, argumentar a decadência e a miséria de Daomé em contraposição a relatos de grandeza e poderio que circularam em anos anteriores na Inglaterra. Como exemplo, tome-se a passagem na qual Burton descreve a visita cerimonial de Gelele aos mausoléus de seus antepassados:

> O rei visita as seis casas reais, ou antes ruínas, e realiza um segundo rito. Não fomos convidados a presenciar, o rei provavelmente estando pouco desejoso de que víssemos as condições miseráveis da habitação de seus ancestrais.[19]

Frente a expressão da miséria e pequenez de Daomé, Burton reafirmava com constância no texto a sua própria posição de importância, enfatizando seu papel de representante da Inglaterra para Gelele, desde o momento de sua chegada a Abomé.[20] Ao longo do texto, aparecem ressaltados momentos nos quais a condição de representante oficial da Inglaterra parecia estar sendo desrespeitada, ou ao menos não recebendo a consideração devida. Em determinada passagem, Burton reclamava da espera de quatro horas sob um forte sol, devido a um atraso de Gelele, dizendo que:

> ...certamente não era uma posição dignificante para um oficial inglês, em uniforme completo, sentar ao lado de uma muralha de barro arruinada de um pequeno chefe africano."[21]

---

19 *PRO, FO*, 84/1221, 23/03/64.

20 Na salva de tiros que marcou a recepção da comitiva de Burton em Abomé, a rainha da Inglaterra foi homenageada com 21, Capt. Wilmot, que havia estado lá no ano anterior, 11, e Burton apenas 9. No mesmo momento, o cônsul exigiu mais dois tiros, o que acabou sendo feito. Entretanto, para valorizar-se também frente ao FO, nesse mesmo episódio, informa que houve desentendimento entre os intérpretes, e que desta forma ele julgou ser necessário aprender a língua nativa, o que fez em seis semanas segundo ele.

21 PRO, FO, 1221, 23/03/64.

A África de Richard Francis Burton   217

Fatos como este servem para legitimar a forma pouco amigável com a qual Burton parlamentou com Gelele, quando este enfim o recebeu para cumprir as formalidades da visita, quais sejam, a entrega dos presentes e a discussão das mensagens enviadas pelo FO a respeito do tráfico escravo, comércio lícito e sacrifícios humanos. Burton reclamou abertamente ao rei da forma como havia sido tratado, mais como um prisioneiro do que como um convidado. Segundo ele:

> O rei nunca ouviu tanta verdade em sua vida. Minha fala sem volteios não foi bem recebida, nem eu poderia esperar que fosse.[22]

Em outro momento, voltou a reclamar a Gelele, dessa vez não sobre a forma de tratamento recebido, mas da falta de concessões de Daomé nas negociações com a Inglaterra:

> Nem uma sombra de concessão foi feita para o governo de Vossa Majestade; avisei seus dois confidentes que desta forma – por culpa deles – a amizade não perduraria...[23]

Segundo Newbury, a visita de Burton foi um "desastre nas relações anglo-fon", devido à ausência de paciência e tato diplomático.[24] Ainda segundo o mesmo autor, o reverendo Bernasko, que acompanhou Burton durante parte da visita, escreveu para a *Church Missionary Society* dizendo que Gelele ficou mal impressionado com a postura de Burton, tendo lhe falado particularmente que se a rainha da Inglaterra mandasse outro representante como este, "estragaria tudo e acabaria com a amizade entre a Inglaterra e Daomé".[25]

Ao que tudo indica, por um lado Burton vislumbrava um Estado fraco, pobre e pouco merecedor da fama de temível da qual desfrutava na Europa. Por outro, ele se

---

22 PRO, FO, 1221, 23/03/64.

23 PRO, FO, 1221, 23/03/64.

24 Newbury, C.W. "Introduction" in Burton, Richard. *A Mission to* Gelele, *King of Dahome*. Londres: Routledge, 1966. p. 23.

25 *Apud* Newbury, C.W. *Introduction...* p. 23

218 Alexsander Lemos de Almeida Gebara

ressentia de ter sido colocado em uma posição indigna à qual, como representante oficial da Inglaterra, foi submetido durante o período no qual esteve em Daomé. Esta situação, segundo sua interpretação, era derivada da falha de representantes anteriores em mostrar a verdadeira grandeza da Inglaterra frente ao rei africano.

A parte final do relatório, também suprimida do texto apresentado ao parlamento, apresenta justamente um conjunto de medidas para que esta situação não mais se repetisse. Trata-se de uma crítica às missões anteriores, que permitiram e concederam todos os desejos do rei de Daomé. Uma das sugestões de Burton era que em futuras missões fosse mantido um refém importante enquanto o comissionado inglês estivesse na capital.[26]

Os planos de Burton pareciam mais uma vez agressivos demais para o FO e de certa forma ofensivos ao próprio governo, que financiara as missões anteriores, consideradas fracassos totais no relatório. Quando Burton esteve na Inglaterra, a partir da metade de 1864, pediu permissão a Russell para publicar os despachos contendo as instruções para a missão em Daomé, pois estava prestes a publicar um livro sobre a sua viagem. A resposta recebida por Burton foi bastante enfática. Ao mesmo tempo em que permitia a inclusão dos despachos, o FO pedia o livro "antes" da publicação:

> Devo de qualquer forma acrescentar que será necessário que você submeta seu livro para o estudo deste departamento antes da publicação e seja guiado pela decisão de Lorde Russell de forma que seja excluído de qualquer (artigo) que ele achar desejável não seja publicado.[27]

As instruções do FO, adicionam algumas restrições ao texto do relato, que por certo já estava submetido a alguns cuidados discursivos por tratar-se de um texto voltado para um público mais amplo, que poderia mostrar-se suscetível e refratá-

---

26 Burton, a despeito de suas sugestões intervencionistas, parecia já vislumbrar que nenhuma atitude de interferência militar direta teria lugar em anos próximos, e a ideia do refém servia como paliativo uma vez que a verdadeira força da Inglaterra não seria demonstrada da forma como ele julgava adequada.

27 PRO, FO, 84/1221, 06/09/64.

A África de Richard Francis Burton   219

rio às suas opiniões mais radicais sobre a África.[28] Apesar disso, o texto continua contendo não apenas algumas críticas à estrutura do estado britânico na costa africana – em especial ao esquadrão africano, apelidado neste texto de "*Sentimental squadron*"[29] – mas também representações da África e dos africanos bastante agressivas a ouvidos missionários, filantrópicos e antiescravistas.

A narrativa do livro começa no espaço da sede de seu consulado em Fernando Pó, num capítulo intitulado "*I Fell in Love with Fernando Po*". A estranha jura de amor à ilha da costa africana fica um pouco mais clara quando se nota como Burton se sentia naquele momento em relação à sua posição de comando. Com um grupo de negros trabalhando para ele, embora livres, sua situação é descrita à semelhança de um senhor de escravos no sul dos EUA. Segundo ele,

> Nada os impedirá de chamarem a si mesmos de minhas "crianças" o que quer dizer, meus escravos. E de fato, nenhum homem branco que viveu bastante tempo nos trópicos pode impedir o sentimento de que ele é *pro tempore* o senhor, o mestre, e o proprietário da humanidade negra *colocada sob ele*.[30]

"Senhor, mestre e proprietário" dos negros que trabalhavam para ele. Esse era o sentimento expresso por Burton sobre os serviçais do consulado. Estão implícitas no parágrafo citado, tanto as expectativas de Burton sobre a organização do trabalho na África, quanto sua crença numa suposta tendência natural de brancos e negros em disporem-se desta forma na estrutura social. Os negros chamavam a si mesmos de escravos, e Burton sentia-se *proprietário* deles. Claro está que estes africanos não estavam submetidos à disciplina do chicote como na América, continuava o autor,

---

28 Apesar disso, como se verá, Burton vislumbrava uma mudança em curso na Inglaterra quanto à representação do negro, com o fim anunciado da imagem filantrópica e o início da difusão de uma opinião bastante radical sobre a inferioridade do africano.

29 Em outros textos, Burton foi ainda mais contundente. Em seu relato sobre o Brasil, alguns anos depois, o esquadrão ganhou a alcunha de "*coffin squadron*".

30 Burton, *A mission to* Gelele..., vol. 1, p. 18. negritos meus.

220 Alexsander Lemos de Almeida Gebara

mas a "influência moral" era necessária para livrá-los de sua existência de preguiça e inutilidade, que causa "tanto desconforto à eles próprios quanto ao seus *donos*".[31]

O segundo capítulo é sobre Lagos, então colônia inglesa, que é retratada como um lugar absolutamente degenerado em razão da penetração de "ideias filantrópicas" sobre a igualdade das raças, o que tornava, para Burton, a convivência entre brancos e negros insuportável.[32]

Neste relato, não há uma descrição da população estruturada como era costume Burton apresentar nos seus livros da década anterior. Entretanto, ao longo do texto, sempre que algum indivíduo merece uma descrição mais detida, a imagem do africano que aflora não é nada positiva. De fato, mesmo quando algum deles merece menções favoráveis, elas são cuidadosamente classificadas como exceção.[33]

A razão para a ausência destas descrições estruturadas pode ser creditada ao fato do livro encartar uma peça de Burton sobre o famoso artigo de James Hunt, *The Negroe's Place in Nature*.[34] O capítulo no qual Burton comenta o artigo de Hunt serve como um resumo de suas concepções raciais neste momento, bem como um índice de suas dúvidas e ambiguidades. A própria epígrafe do capítulo já fornece elementos para a reflexão. Retirada do verbete *"negro"* da Enciclopédia Britânica de 1797.

---

31 *Idem, ibidem*, p. 19. A ideia da imposição moral e de trabalho ao africano volta a aparecer quando Burton fala de Daomé, mencionando que *"muito pode ser esperado da disciplina militar do despotismo daomeano, se compulsoriamente aplicada ao trabalho honesto."* p. 75.

32 Burton, *A mission to Gelele...*, capítulo 2.

33 Por exemplo, a descrição do "segundo" vice rei de Uidá – *"alto, bem feito"*, '"onhecedor de costumes *europeus"* – aparece em contraste com o seu superior, cuja aparência "revolta", *"uma mistura de cerebelo bovino, uma testa profundamente enrugada e maléficamente baixa, duplamente prognato, lábios massivos, etc..."* (Segue o texto original em inglês, dadas as dificuldades de tradução – *"compound of bovine cerebelum, a deeply wrinkled brow villainously low, a doublé prognathousness, massive lips, etc..."* Burton, *A mission to Gelele...*, vol. 1, p. 209-211.

34 Hunt, J. "The negroe's place in nature" *Memoirs Read Before the Anthropological society of London*, 1863-4, vol. 1. Neste texto, Hunt realiza uma análise comparativa de características anatômicas entre negros e brancos, para concluir pela diferença intrínseca entre eles. Mais do que isto, utilizando testemunhos de outros europeus, em especial de Burton sobre a África, conclui da mesma forma que ele: o lugar do negro é como escravo, para seu próprio bem e da raça branca.

A África de Richard Francis Burton   221

Os vícios mais notórios parecem ser a porção desta raça infeliz – preguiça, perfídia, crueldade, insolência, roubo, mentira, irreverência na fala, intemperança, dizem ter extinguido os princípios da lei natural e silenciado as reprovações da consciência. Eles são estranhos a todos os sentimentos de compaixão, e são um exemplo horrível de corrupção do homem quando deixados para si mesmos"[35]

Apesar de a definição da Enciclopédia Britânica parecer estar baseada em conceitos degeneracionistas, uma vez que as características negativas são derivadas da "extinção dos princípios da lei natural", e mostrando a "corrupção" do ser humano, Burton não se furtou de utilizá-la, talvez como forma de garantir a autoridade do juízo negativo sobre o negro por meio da citação de uma obra reconhecida e antiga. Mas o artigo de Hunt estava baseado em concepções bastante diferentes. Ele sugeria que o negro era uma "espécie" diferente, e procurava argumentar por meio de um exercício de comparação anatômica. De acordo com o próprio Burton, Hunt tinha sido vaiado na apresentação do texto frente à *British Association*, em razão de "sentimentos filantrópicos" terem sido feridos.[36]

O capítulo de Burton começa com uma carta à Hunt, agradecendo-o por ter "tão graficamente mostrado o grande golfo, moral e físico, separando as raças branca e negra, e por ter colocado em luz tão brilhante a causa da diferença – nomeadamente, o fato do negro parar de se desenvolver em certo momento da vida".[37] Ao congratular Hunt por sua "demonstração", Burton também fazia considerações sobre a representação do negro na Inglaterra, notando que uma mudança estava em curso naquele momento. Segundo ele, a ideologia filantrópica que representava o negro como "um homem e um irmão", havia chegado ao máximo do exagero, e o pêndulo começava a mover-se para o outro lado. De

---

35 Burton, *A Mission to Gelele...*, vol. 2, 177.

36 Burton, ao comentar as vaias, afirma que: *"Verdade – especialmente a nova verdade – sempre encontrará alguns comprimentos irônicos (left handed cumpliments), o que é, de qualquer forma, a mais sincera homenagem. Estas vaias teriam soado em minhas orelhas bem mais doces do que quaisquer aplausos".* Burton, *A mission to Gelele...*, vol. 2, p. 178.

37 Burton, *A Mission to Gelele...*, vol. 2, p. 179.

222   Alexsander Lemos de Almeida Gebara

fato, ele previa um movimento reflexo de exagero para o lado oposto, ou seja, a representação do negro como absolutamente inferiorizado e diferente.[38] Mas ele mesmo parecia manifestar cuidado com as opiniões mais radicais, como se pode notar na passagem:

> Há já um amanhecer de crença numa diferença específica entre as raças, a qual, levada a cabo, leva a conclusões estranhas. Talvez, nossa sociedade não poderia fazer nada mais útil do que determinar qual significação a debatida palavra "espécie" deve carregar para o antropólogo inglês.[39]

Embora não seja possível precisar com exatidão, nesta carta a Hunt, Burton parecia colocar em dúvida as concepções poligênicas.[40] De qualquer forma, a questão entre poligenia e monogenia não parecia ser tão importante para Burton, bastando comprovar, como Hunt havia feito, o grande "golfo" entre as raças humanas.[41]

---

38 Segundo o autor, *"Filhos deverão vingar a credulidade de seus pais, correndo para o extremo contrário, e o não natural 'homem e irmão' de hoje, deverá regredir ao 'nigger' e 'selvagem', ou no 'semigorila' de amanhã"* Burton, *A mission to* Gelele...,vol. 2, p. 180.

39 Burton, *A mission to* Gelele..., vol. 2, p. 180-181.

40 Ao discutir a possível esterilidade de mulatos, Burton cita trabalhos de Geoffrey e Nott, Dr. Seemann, entre outros, que apontavam para a inviabilidade de uma "raça mulata" apresentando dados sobre a infertilidade de mulatos a partir da segunda ou terceira gerações. Na mesma nota, Burton recupera a definição de espécie de Buffon, segundo a qual o termo significava "uma sucessão constante de indivíduos semelhantes e capazes de se reproduzir", e também de Cuvier e Prichard, que segundo ele definiam espécie através da "origem separada, e transmissão constante de peculiaridades orgânicas", embora critique esta última, justamente pela impossibilidade de provar qualquer origem separada. A conclusão é que, se levar em conta os dados de Nott, e a definição de Buffon, "o negro é uma subespécie ou variedade permanente do Gênero *Homo*". Burton, *A Mission to* Gelele..., vol. 2, p. 197.

41 Mesmo o próprio Hunt em seu texto, apesar de considerar um erro agrupar "*as diferentes raças da humanidade em apenas um grupo*" faz questão de lembrar que "*Se puder se provar que o negro é uma espécie diferente do europeu, disto não se seguiria que eles não teriam a mesma origem – apenas se inferiria que a identidade de origem seria menos provável*" Hunt, J. "*On the Negroe's Place in Nature*....

A África de Richard Francis Burton 223

Afora a carta a Hunt, o texto em si é um argumento claro em favor da escravidão, que se baseia na assunção do negro como ser inferior. As principais instâncias legitimadoras do argumento são duas: a primeira delas a observação empírica e comparativa do negro com outros "povos", da qual Burton podia se arvorar,[42] e a segunda, a utilização da frenologia como instrumento de compreensão e demonstração da inferioridade relativa do negro.[43] A descrição do negro assume tons bastante agressivos, ele é "cruel", "preguiçoso", "covarde", "feroz", incapaz de produzir qualquer tipo de civilização, sendo apenas capaz de imitá-la imperfeitamente.[44]

As conclusões tiradas destas generalizações apontam para a necessidade de *forçar* o negro africano ao trabalho, pois:

> O negro, em seu estado selvagem, faz sua mulher trabalhar; ele não trabalha, ou melhor, não consegue trabalhar, exceto por compulsão individual, como nos estados confederados; ou por necessidade, como em Barbados; quando compelido desta forma, ele trabalha bem, e torna-se civilizado e humanizado nos limites de seus pequenos poderes. Quando não compelido, como Serra Leoa e Jamaica provam, ele torna-se degradado, moralmente corrompido e depravado.[45]

---

42 Em suas palavras, "*Quando médicos estão diferindo, e os sábios profissionais estão disputando, sobre a existência ou não de um grande golfo estrutural entre as raças brancas e negras, torna-se necessário que o estudante empírico, em outras palavras, o viajante, grave suas experiências, e ofereça sua opinião sobre o funcionamento do maquinário mental africano*". Burton, A mission to Gelele..., vol. 2, p. 182.

43 Ao falar sobre o Negro africano, Burton afirma que: "*sua face é um índice para sua mente*". Considerações sobre a relação entre as formações faciais e cranianas e o desenvolvimento mental e moral encontram-se nas páginas 198 e 199 do segundo volume do relato.

44 As generalizações estão bastante difusas no texto a partir da página 196, na qual Burton indica que a partir de então: irá "*oferecer ao leitor o resultado de minha experiência real sobre o caráter do negro*". Esta afirmação mostra mais uma vez a valorização da observação empírica como instrumento legitimador de sua argumentação.

45 Burton, A mission to Gelele..., vol. 2, p. 204.

224   Alexsander Lemos de Almeida Gebara

Embora o argumento da inferioridade do negro fosse o ponto básico da defesa da escravidão, este não era o único. Segundo Burton, a própria natureza havia traçado uma faixa dentro da qual o trabalho livre era impossível, tratava-se de *"um trópico moral, uma fronteira entre trabalho livre e escravo, colocada pela própria natureza".*[46] Finalmente, havia ainda o caráter "educativo" da escravidão, que seria para ele a única forma de trazer alguma melhoria à existência *miserável* levada pelos africanos, em geral. Para Burton, retirar um negro da África e posicioná-lo como escravo sob senhores brancos na América era similar a *"enviar um garoto à escola".* Depois deste aprendizado forçado, segundo o autor, o africano talvez pudesse levar à sua terra natal as possibilidades de melhoria para seus desafortunados conterrâneos, que não tinham tido a opção redentora de serem escravos em terras mais civilizadas.[47]

O texto do capítulo que havia começado com certas ambiguidades sobre a questão da poligenia, não deixa dúvidas quanto à crença do autor na inferioridade total do negro. A questão da origem apenas não parecia ser mais importante para o argumento de Burton, sendo objetivo do "estudante empírico" da antropologia narrar os fatos que comprovassem a condição de inferior do africano e seu lugar como escravo dentro do processo de desenvolvimento da humanidade.

É neste contexto que se coloca a exaustiva descrição dos "costumes anuais" da cultura daomeana, um estudo "empírico" de uma cultura africana, que ocupa mais da metade dos dois volumes do relato. Esta descrição minuciosa, que em alguns pontos contém comparações entre africanos e europeus,[48] abre espaço para uma leitura enviesada do texto de Burton como um precursor do relativismo cultural do final

---

46 Burton, *A mission to* Gelele..., vol. 2, p. 185. O texto está recheado de afirmações sobre a necessidade da escravidão para o trabalho nos trópicos. Em nota na página seguinte, a afirmação mencionada acima, Burton afirma que o trabalho branco não seria possível, por exemplo em nenhum dos Estados algodoeiros do Sul dos Estados Unidos.

47 Burton, *A mission to* Gelele..., vol. 2, p. 204-205. Segundo Burton, ser escravo na América era *"sua única chance de melhoria, de aprender que há algo mais na vida do que batucar e dançar, falar e cantar, beber e matar. Depois de algum tempo, colonos retornados à África podem exercer sobre o continente um efeito pelo qual ate agora procuramos em vão".*

48 Como se viu no texto do relatório enviado ao FO, Burton comparou os sacrifícios humanos em Daomé às execuções anuais na Europa, afirmando mesmo que os sacrifícios eram para o rei de Daomé a mesma coisa que um rei europeu rezando para seus mortos. Esta passagem volta a aparecer no texto do relato.

A África de Richard Francis Burton 225

do século xix. Segundo Dane Kennedy, a compreensão de "raça" como um espaço fechado definido pela diferença, serviria a um duplo propósito para Burton:

> ... ela suporta o argumento racista de que biologia é destino, mas também incita a visão de que as raças tem seus próprios sistemas de crenças e comportamentos, cada uma incompatível com as outras e implicitamente colocando-se contra qualquer padrão universalista de valores, colocado de outra forma, abre a porta para uma concepção relativista de cultura.[49]

Trata-se de um interessante argumento, pois sugere que o racismo "científico" ao tratar as "raças" como indiscutivelmente diferentes, abria espaço para a análise do sistema cultural que caracterizaria cada uma delas dentro de sua própria lógica de funcionamento, lançando as bases da possibilidade de avaliações relativistas sobre elas. Kennedy continua, no entanto, sugerindo que Burton abraçara a causa do poligenismo de forma completa neste momento – o que difere da interpretação apresentada aqui – pois:

> uma compreensão poligênica de raça era motivada não apenas por sua crença na gênese separada dos Africanos, mas por seu desejo de defender suas práticas sociais distintivas e seu senso de identidade cultural contra a extinção[...]
>
> O racismo liberou Burton da obrigação de avaliar os africanos pelos padrões de sua própria sociedade. Ironicamente, assim, tornou possível para ele mover-se em direção ao relativismo cultural.[50]

Como se viu, no entanto, Burton de forma alguma avaliava a África de fora dos padrões europeus. Muito pelo contrário, colocava as diferentes *raças* dentro de uma escala de evolução na qual a *raça* branca europeia era o ponto mais adiantado, embora não necessariamente o último. Este posicionamento "exterior" de Burton, no qual ele parecia colocar-se fora tanto da sociedade africana quanto

---

49 Kennedy, Dane. *The Highly Civilized Man, Richard Burton and the Victorian World*. Cambridge, Massachusetts: Harvard University Press, 2005, p. 156.

50 Kennedy, D. *The Highly Civilized Man...*, p. 159.

226 Alexsander Lemos de Almeida Gebara

da europeia, foi analisado aqui como uma estratégia retórica que lhe permitia tecer considerações supostamente isentas sobre a forma de atuação europeia na África, criticando em especial a ideologia filantrópico-missionária de igualdade entre negros e brancos.[51] O capítulo no qual Burton comenta o artigo de Hunt, tem uma função bastante específica, qual seja, apresentar sua opinião sobre *o lugar do negro na natureza*.

As conclusões de Burton no livro não são diferentes das apresentadas nos dois artigos oriundos da mesma viagem, escritos para a *London Anthropological Society* e para a *Ethnological Society of London*,[52] isto apesar de ambos os textos só possuírem em comum uma breve história de Daomé como introdução e a previsão de uma futura islamização da África ao final. No artigo para a ESL, Burton se ateve, de novo, a questões relativas aos "costumes anuais", enquanto para a ASL a ênfase se deu, em geral, nas descrições de circuncisões e de cultos fálicos, assuntos os quais ele parecia não ter espaço para apresentar em nenhum outro fórum de discussão institucional, nem mesmo em seus relatos. Mesmo assim, Burton não se furtou de considerações a respeito das opiniões sobre o negro na Inglaterra.

> Antes da era Wilberforceana, ele era simplesmente um negro. A contra reação do tratado do Asiento e de outros pequenos trabalhos, que fundaram Liverpool, e que encheu com 5 milhões de libras o bolso nacional marcou-o como para uma classe como um homem e um irmão, e para outra como um *nigger*. Mas na luz do aumento da experiência, as duas opiniões extremas devem finalmente desaparecer. [...] Nossa jovem e forte sociedade ajudará a estabelecer, pelas discussões e diferenças, o significado dourado, e assim, pelo esforço individual e combinado deveremos ter sucesso em restaurar o Negro ao seu próprio lugar na natureza, – qualquer que seja ele.[53]

---

51 Além desta estratégia retórica, o argumento apresentado aqui é que este "deslocamento" do autor pode ser derivado da experiência de vida de Burton, que permaneceu fora das fronteiras continentais europeias por grande parte de sua vida adulta.

52 Publicados respectivamente em 1864 e 1865.

53 "Notes of matters connected with dahomans", *Memoirs read before Anthropological Society of London*, vol. 1, 1863-4, p.321.

A África de Richard Francis Burton   227

Ora, frente a leitura dos textos realizada até aqui, o "lugar do negro na natureza", para Burton, parecia ser o de escravo, trabalhando para seus "mestres naturais brancos", e possivelmente aniquilados no futuro. Cabe lembrar também que no início da década de 1860 ocoria a Guerra da Secessão nos Estados Unidos e, consequentemente, havia um amplo debate sobre a questão da legitimidade da escravidão na América, que voltou a espalhar-se pela sociedade inglesa, como lembra o próprio Dane Kennedy. A ASL era um fórum no qual advogados da causa sulista conseguiam significativo espaço, tal como Henry Hotz, o agente comercial da confederação em Londres.[54] É preciso compreender desta forma, o argumento escravista de Burton dentro deste contexto complexo, considerando o texto frente à exposição de seus projetos intervencionistas suprimidos dos relatórios oficiais enviados ao Parlamento, pela construção retórica do narrador "externo" de Burton, passando por seu diálogo com os demais membros da ASL e outros discursos sobre "raça", e pela crise no fornecimento de algodão derivada da guerra da secessão americana.

Restam ainda outros enunciados de Burton produzidos durante a primeira metade da década de 1860 a ser analisados. Estes podem auxiliar na compreensão da construção tanto das imagens constituídas sobre o continente africano pelo autor, como do jogo de representações que envolvia as suas múltiplas posições naquele momento, como cônsul, escritor de relatos de viagem, antropólogo, e explorador decadente.

---

54 Kennedy, D. *The Highly Civilized Man...*, p. 139. Como se viu, outros autores também notam a importância da Guerra da Secessão no debate sobre o negro na Inglaterra, tal como Bolt, Christine. *Victorian Attitudes to Race*, Londres, Routledge and Kegan Paul, 1971. Bolt inclusive sugere que a posição simpática aos confederados não se restringia à fóruns tais como a ASL, sendo, de fato, a opinião expressa em grande parte dos jornais ingleses. Alfredo Cordiviola também nota a participação de Hotz em reuniões da ASL, e a defesa desta última da causa confederada.

Delta do Níger e Comitê para a África Ocidental

Uma das últimas correspondências enviadas por Burton da costa ocidental africana foi uma análise geral da situação do comércio nos limites de seu consulado. Um relatório relativamente longo e bem detalhado, referindo-se a uma por uma das casas de comércio, em cada uma das cidades do Delta do Níger. Em primeiro lugar, fica claro que no início da década de 1860 o comércio da região era na prática um monopólio britânico, com raros casos de comerciantes de outras nacionalidades com alguma participação. O relatório apresenta em linhas gerais as opiniões de Burton sobre os agentes envolvidos nas relações comerciais e políticas do Delta do Níger que, em grande parte, refletem as posições já assumidas por ele anteriormente.

Os serra-leoneses por exemplo, voltam a ser retratados como prejudiciais ao bom andamento das relações comerciais. Em Camarões, eles "lucram promovendo desacordo entre brancos e negros, e preservam a peculiar independência de maneiras que os distingue em sua colônia". Em Old Calabar, surgem de novo como más influências "fazendo todo o mal que podem, ao fazerem pequenos comércios e possuindo escravos, um mal exemplo ao povo do lugar". E de forma reversa, onde eles não estão presentes, isto é um bem para a localidade.[1]

Os missionários, embora não fossem sempre prejudiciais, raramente mereciam algum crédito. De fato, Burton afirma sobre a missão da *United Presbiterian Mission of the Church of Scotland*, que:

> É impossível admirar demais a fé e energia de sua missão ou deixar de ter compaixão por sua falha completa. [...] A doutrina da monogamia é unanimemente rejeitada pelo povo...[2]

---

1 Como no caso de Brass River, por exemplo. Segundo Burton, nesta localidade, uma união dos comerciantes ingleses, juntamente com "*a ausência total de homens de Serra Leoa realizou maravilhas neste rio*" PRO, FO, 84/1221, 15/04/64.

2 PRO, FO, 84/1221, 15/04/64.

230 Alexsander Lemos de Almeida Gebara

E, neste caso ainda, um "mal maior" resultara da ação missionária, uma vez que eles pregavam aos negros noções de igualdade entre as raças. Embora estas noções fossem, para Burton, algo que de início causasse completa "surpresa" às mentes "africanas", tinham como consequência o fato de:

> Os negros atualmente aprenderam a agir sobre, *se não a acreditar,* numa ideia inicialmente tão ofensiva ao seu senso comum, e um levante geral do estrato mais baixo da sociedade foi o resultado.[1]

Quanto a organização do comércio e a atuação consular, Burton coloca-se de maneira dúbia. Em alguns momentos valoriza a demonstração de força, citando inclusive o caso anteriormente apresentado de "Dick Merchant" como uma ação de sucesso. Em outros momentos sugere que, em determinados lugares, o cônsul deveria se abster de qualquer procedimento de interferência, pois seria melhor, tanto para os nativos, quanto para os comerciantes ingleses.

Aparentemente, Burton estava consciente da política oficial de não intervenção do FO para a região evitando entrar em confronto com estas. De certa forma a condição do Delta do Níger era diferente daquelas em Abeokuta e Daomé. A primeira estava em guerra, o que resultava numa diminuição do fluxo comercial por Lagos, e ao mesmo tempo num aumento do tráfico escravo. Esta situação levou à intervenção e anexação inglesa de Lagos e, desta forma uma interferência muito mais direta na política regional. Embora o tráfico estivesse de fato em seus estertores, Daomé, por seu lado, carregava ainda a fama de ser uma região exportadora de escravos. Além disso, ambas as regiões eram interioranas, dificultando a eficiência da atuação do esquadrão naval britânico na visão de Burton. Desta forma, a hipótese de uma intervenção mais direta parecia-lhe uma solução mais eficiente para a questão, do que a patrulha na costa, supostamente mais efetiva no caso dos "Rios do óleo".

No Delta do Níger, apesar de problemas localizados e da resistência nativa em permitir a penetração inglesa no interior via navegação do rio, o comércio continuava existindo. Embora em números relativos este fosse de pequena importância para a Inglaterra, como um todo, em números absolutos, era de um volume consi-

---

1 PRO, FO, 84/1221, 15/04/64

A África de Richard Francis Burton   231

derável. É certo que a situação não era a melhor na concepção de Burton, que vislumbrava um grande aumento do fluxo comercial através da imposição do poder inglês frente aos pequenos estados nativos da costa e a consequente liberdade para comerciar de forma direta com as zonas do interior, produtoras das mercadorias de interesse da Inglaterra.

Desta forma, embora o tom geral do relatório seja de uma apresentação da situação geral sob luzes favoráveis, o ressentimento de Burton quanto a limitação do poder de ação consular aparece na sua conclusão. De forma resignada ele afirmava que:

> Eu não vou mais incomodar sua senhoria [*your lordship*] com as dificuldades que a necessidade de um cruzador estacionado na Baía de Biafra e a ausência de controles de magistrado sobre os rios, lançaram sobre mim. É com alguma tristeza que eu me encontro num local onde tanto pode ser feito por ambos, a reforma e o progresso, mas numa condição na qual pouco ou nada pode ser efetuado.[2]

A situação na Inglaterra caminhava para a elaboração de um discurso político cada vez menos intervencionista, o que se depreendia da correspondência entre Burton e o FO. Mais claro ainda isto se tornaria no começo de 1865, quando da instalação de um comitê especial no Parlamento para discutir a situação da África Ocidental.[3]

O comitê tem sua origem mais imediata em razão do fracasso da campanha militar inglesa em Ashanti, que redundara em grandes gastos e na morte de

---

2 PRO, FO, 84/1221, 15/04/64.

3 Segundo Hargreaves, entretanto, o próprio Russell era, a despeito da maioria do governo, favorável a certas demonstrações de força para controlar o comércio da região. Talvez por isto, passagens como as mencionadas acima, não tivessem sido excluídas dos relatórios apresentados ao parlamento, muito embora as sugestões mais radicais fossem cortadas de forma sumária. Entretanto, mesmo cortadas das apresentações ao parlamento, a política de relativa intervenção continuou de fato enquanto Russell esteve no *FO* e Palmerston como primeiro-ministro. Desta forma, opiniões como as de Burton não deviam parecer pouco importantes ou fora de lugar para Russell, embora fossem significativamente excluídas do discurso "oficial" frente ao parlamento. Hargreaves, John. *Prelude to Partition of West Africa.* Londres: Macmillan, 1966.

232 Alexsander Lemos de Almeida Gebara

muitos ingleses, antes mesmo de qualquer batalha. A ação militar era uma represáliaaà agressões de Ashanti sobre os Fanti na Costa do Ouro, que estavam sob regime de protetorado britânico. Este fracasso levou certos membros do parlamento a proporem uma discussão mais detida do papel da Inglaterra na costa ocidental da África, tendendo claramente para a defesa de uma política de não intervenção.[4]

Segundo o próprio Hargreaves, C. B. Adderley que havia proposto o comitê era manifestamente contra as políticas de "colonização sentimental", que por motivos filantrópicos sustentavam a anexação e o governo de regiões africanas. Ainda assim, como foi possível perceber, os resultados do comitê foram ambíguos, restando brechas importantes no relatório final, que continuariam a possibilitar a ação mais agressiva em momentos no qual a conjuntura local parecesse "demandar" repressão por parte dos agentes britânicos na África.

O depoimento de Burton ao comitê revela, por um lado, uma certa heterogeneidade na composição e nas perspectivas por parte de seus membros e, por outro, uma postura cuidadosa por parte do depoente, ao mesmo tempo em que aponta para a elaboração, por sua parte, de um projeto aparentemente pouco ortodoxo para solucionar os problemas na África Ocidental.

A maior parte das questões, esperavam de Burton respostas que sugerissem que o comércio puderia ser levado a cabo sem interferência governamental, em especial as que partem do presidente do comitê, C.B. Adderley. O cônsul, por sua vez, realmente opinou que a melhor perspectiva comercial seria a possibilidade de estabelecer uma rota para o interior via rio Níger, pois assim, "*esta região enorme estaria sob nossas mãos como propriedade comercial*".[5] Entretanto, não menciona o que deveria ser feito para efetivar tal perspectiva, afirmando apenas que um vapor mensal subindo o rio seria suficiente, deixando de relatar as experiências que ele mesmo tivera com as resistências nativas em permitir a navegação desta forma. Ao contrário, afirmava que a presença do cônsul nos "Rios do Óleo" era quase sempre prejudicial à situação comercial, pois:

---

4 Hargreaves sugere uma discordância entre o FO e o *Colonial Office*, sendo que o primeiro apesar do discurso de não intervenção, continuava mantendo ações agressivas, enquanto o último, fazia todo o esforço possível para evitar qualquer anexação ou envolvimento maior. Hargreaves, John. *Prelude to Partition*....

5 *Parliamentary Papers*, 1865, vol. v, p. 89.

A África de Richard Francis Burton   233

O cônsul era obrigado a ir num navio de guerra; não tinha nenhuma utilidade seguir num vapor mercador; no momento que um navio de guerra aparecia no rio, havia uma perturbação geral e uma parada no comércio; aqueles que imaginavam que mereciam punição fugiam para a floresta, e havia uma confusão geral.[6]

De forma geral, as questões demonstravam as preocupações dos parlamentares com questões tais como: o final do tráfico escravo, o aumento do comércio, a relação entre estes fatores e a presença ou ausência de assentamentos britânicos e de estruturas militares. Boa parte das perguntas indicam uma preocupação com a forma de governo utilizada por outras nações na costa africana.[7]

Sobre a situação do tráfico escravo, Burton testemunhava que este estava em seu final devido à uma combinação de várias circunstâncias, quais sejam, "a presença dos cruzadores e dos missionários, e a facilidade dos nativos participarem de um comércio mais lucrativo". A menção de Burton ao esquadrão de combate ao tráfico e aos missionários como elementos que ajudaram no final do comércio escravo soa relativamente estranha frente as suas opiniões já conhecidas sobre estas instituições, apresentadas nos relatórios ao FO.[8] No que diz respeito à "facilidade" de participar de um comércio mais lucrativo, Burton explicava citando o exemplo de Bonny, onde a população costeira não trabalhava, limitando-se a comprar escravos e enviá-los ao interior para que trouxessem o óleo de palma. Desta forma, a estrutura de geração de renda continuava dependente da escravidão.

Por sua vez, esta dependência continuada da escravidão apresentava outros problemas, em especial o aumento do número de escravos na própria cos-

---

6 *Parliamentary Papers*, 1865, vol. v, p. 89. Por outro lado, ele reconhece que frequentemente precisou interferir no comércio, mas que precisava tomar cuidado, pois muitas das vezes, o causador do problema não era o nativo, mas sim o europeu.

7 O início do interrogatório de Burton tem várias questões sobre a administração espanhola em Fernando Pó e a portuguesa em Luanda, por exemplo.

8 Mas de fato, ele ressalva um pouco mais a frente no interrogatório, que o final do tráfico escravo tinha tido lugar por estas circunstâncias apenas no Delta do Níger, e que em outros lugares, como Daomé, por exemplo, apesar de um longo bloqueio da costa pelo esquadrão africano, ainda havia escravos sendo exportados. *Parliamentary Papers*, 1865, vol. v, p. 92

234 Alexsander Lemos de Almeida Gebara

ta africana. Segundo o autor, os escravos antes direcionados para o comércio atlântico eram então comprados a baixo preço pelos comerciantes africanos, que os empregavam no transporte do óleo das regiões produtoras do interior para a costa. O resultado da relação entre baixo preço do escravo e alto custo de manutenção, associados ao caráter "cruel" dos africanos era uma condição absolutamente degradada do escravo, que estaria melhor se fosse exportado para a América, pois "nada pode ser pior do que a condição dos escravos hoje [...] nos Rios do Óleo em geral.[9]

Como não estava em questão a possibilidade de retomada do tráfico escravo, Burton propôs então um esquema de "imigração livre".

> Minha ideia sempre foi que a emigração [para as Índias Ocidentais] destas regiões baseadas em princípios de boa-fé, distinta do comércio escravo, faria rapidamente um grande bem. Em primeiro lugar, há uma grande população de criminosos, que são passíveis de serem mortos com crueldade. Os chefes dizem, "Por que vocês não levam estes homens, nós devemos matá-los, não queremos dinheiro por eles, levem-nos embora."[10]

Ou seja, não era necessário nem mesmo forçar os chefes a entregarem este "excedente populacional". Em caso contrário, se eles começassem a procurar alguma forma de lucro com esta situação, bastava entrar no texto dos tratados que vinham sendo assinados com estes pequenos estados costeiros. Segundo ele, deveria ser dito aos chefes africanos:

> Vocês fizeram tratados conosco para prevenir o fato de colocar homens à morte, e se vocês não colocarem estes homens em nossas mãos, nós então agiremos sobre os termos dos tratados.[11]

---

9 *Parliamentary Papers*, 1865, vol. v, p.91.

10 *Idem, ibidem.*

11 *Idem, ibidem.*

A África de Richard Francis Burton   235

Desta forma, parece claro que a 'imigração livre' proposta por Burton seria uma forma de forçar os chefes a liberarem os escravos, antes destinados ao tráfico atlântico sem nenhuma remuneração. E, se fosse necessário, forçá-los a fazer isto, voltando assim ao emprego da força, que tanto reclamara anteriormente a Russell não dispor para realizar seu trabalho consular. Mais do que uma questão sobre se a Inglaterra deveria ou não anexar territórios, estabelecer protetorados ou colônias, tratava-se, na visão de Burton, de uma imposição da vontade britânica aos africanos, qualquer que fosse esta vontade, e em qualquer circunstância.[12]

Em suas respostas ao comitê, ele se aproximava de uma explicação "moral" para a expansão da influência britânica na África, inclusive afirmando que o comércio contemporâneo, embora não computasse mais escravos, continuava "desmoralizando" os africanos, por ser composto, em sua maioria de bebidas, armas e munição. Embora este tipo de comércio tendesse a diminuir o tráfico escravo, dizia Burton, "o fazia com os seus próprios malefícios". Para isto era necessário em primeiro lugar uma melhora "moral" do próprio comerciante europeu, já que a melhora do africano "tomaria um período incalculável de tempo" para ter lugar.

Enfim, dadas as afirmações sobre a dificuldade de melhoramento moral do africano, uma série de questões foram feitas sobre a condição de Serra Leoa. Stanley, por exemplo pergunta sobre se o "experimento de tentar a civilização das raças africanas" havia tido sucesso ali, ao que Burton respondeu:

> A voz geral da costa é contra os homens de Serra Leoa; eles são vistos como homens que tem educação suficiente para enganar os outros, mas não suficiente para manterem-se na linha.[13]

---

12 Muito embora Burton tenha sido obrigado a concordar que esta forma de atuação não tem nada a ver com 'livre comércio', em especial no caso das anexações territoriais ao redor de Lagos, e da interferência na guerra entre Abeokuta e Ibadan. Burton considerava que as ações do governo de Lagos tinham como único objetivo permitir que Ibadan também negociasse diretamente com a costa, sem pagar tarifas à Abeokuta, e que estava em seu direito ao agir desta forma.

13 *Parliamentary Papers*, 1865, vol. v, p. 105.

Com muita relutância, entretanto, ele concedeu que havia pessoas inteligentes na colônia – alguns mulatos e negros – mas que, via de regra, apesar de aprenderem a tirar proveito da situação comercial, em seus hábitos íntimos eles continuavam não civilizados. Segundo Burton,

> Ele se delicia com carruagens e cavalos e um grande casaco com gola de veludo, mas em sua casa, tudo isto é removido e ele coloca um trapo em sua cintura [...] e com o seu casaco ele também tira suas boas maneiras.[14]

---

14 *Parliamentary Papers*, 1865, vol. v, p. 105.

Considerações finais

Ao longo das reflexões neste texto foi possível observar uma série de elementos que colaboram na constituição da representação de Burton sobre as regiões da África Ocidental durante seu período consular entre 1861 e 1865. As tendências aristocráticas e a posição social do autor, bem como suas filiações conservadoras, sugerem uma classificação *a priori* do negro como inferiorizado. Através de uma concepção da sociedade como naturalmente dividida em "castas" o autor procurava apresentar o negro cada vez mais dentro de uma estrutura na qual sua posição estava definitivamente atrelada à condição de trabalhador sob a tutela e influência das camadas superiores da humanidade, da mesma forma que a classe trabalhadora inglesa deveria estar sujeita à condição de inferioridade frente aos *gentlemen*.[1]

Uma vez na África, as propostas de Burton foram, desde seus primeiros textos, bastante intervencionistas, negando a possibilidade de igualdade entre africanos e europeus, em especial no que se referia à colônia de Serra Leoa. Estas posturas intervencionistas, que aparecem muito mais em discurso do que na prática, estabelecem ao longo do tempo um diálogo complexo com as instituições do governo inglês, voltadas para a administração das regiões africanas.

Como se viu, tratava-se de um governo com práticas intervencionistas apesar de um discurso contrário à intervenção e anexações de novas regiões na costa africana. Durante os primeiros anos, Burton sugeriu interferências militares diretas em Abeokuta e manifestou, em diversas oportunidades, o desejo de dispor de meios de coerção para intervir na região do Delta do Níger. Os relatórios e relatos que se restringiam mais a assuntos "geográficos" apresentavam-se como tradicionais narrativas de "tomada de posse", ao passo em que as representações das populações coadunavam com estas possibilidades.

---

1 De fato, como se viu, o autor chega a associar diretamente estratificação social rígida com grau de civilização.

O "negro" era representado pelo autor como incapaz de civilizar-se por si próprio, legitimando suas propostas intervencionistas. Movimentando-se bastante livremente dentro das possibilidades de conceituação das populações africanas desenvolvidas na Inglaterra na metade do século XIX, Burton utilizava-se de elementos que pareciam contraditórios na construção das suas próprias representações, ora defendendo ideias evolucionistas ainda bastante confusas, referindo-se à unidade original da humanidade, ora aproximando-se de forma mais direta de concepções que apregoavam a diferença intrínseca entre as "raças" humanas.

Burton nunca chegou a abraçar em definitivo nenhum dos dois "modelos" rivais, supostamente suportados pela ESL e ASL.[1] Suas posições permaneceram sempre relativamente idiossincráticas, mencionando Darwin dentro da Sociedade Antropológica, considerada antievolucionista por excelência, e por outro lado criticando as supostas limitações "filantrópicas" que impediam a representação adequada do "negro" na sociedade etnológica e até mesmo na RGS.

A sua postura frente à etnografia e antropologia era a de legitimar as considerações sempre através da observação direta. Desta forma, sua "autoridade" emanava da própria experiência da viagem e do contato com as diferentes sociedades que descrevia, mascarando sob a "empiria" destas observações as afirmações sobre a inferioridade das populações não europeias, em especial a dos "africanos puros", ou "ignóbeis".

Esta atitude empírica entretanto, não era apenas uma máscara ideológica que sustentava a representação de inferioridade. Os resultados de suas observações são descrições muito detalhadas e minuciosas destas sociedades. Desta forma, esta postura tornava possível observar os costumes africanos como social e culturalmente enraizados, levando a considerações que buscavam compreender, por exemplo, a funcionalidade dos sacrifícios humanos, muito embora as reflexões sobre eles fossem, de forma inevitável e invariável, eurocêntricas.

De fato, apesar da ideia de relativismo que possa minimamente transparecer desta postura, a imagem resultante é sempre a de "selvagens" irrecuperáveis ou quase impossíveis de "civilizar". Apesar disto talvez seja esta posição empiricista

---

1 Claramente é preciso dizer que na prática não haviam estes "modelos", e que intelectuais em ambas as sociedades apresentavam graus variados de divisão interna.

A África de Richard Francis Burton   239

que torne difícil para o autor aceitar as hipóteses antropológicas mais controversas sobre o grau de infertilidade das populações híbridas por exemplo.[2] Enfim, a despeito das diferentes correntes "científicas" sobre raça, a representação de Burton permaneceu relativamente constante durante seu período como cônsul na África Ocidental, afirmando que o negro, por suas características naturais – se fosse capaz de civilização – o seria somente sob tutela europeia, e em posição social dependente, nunca de igualdade.

Estas considerações tornavam bastante difícil a sua compreensão da, e mesmo a convivência com, a resistência por parte dos nativos à interferência europeia. Como foi possível notar, a resistência nativa, mais do que casos de exceção, eram a regra no comércio anglo-africano. As crítica agudas de Burton à atuação 'pacífica' da Inglaterra em relação as sociedades costeiras torna clara a insatisfação do autor perante sua posição 'impotente' em Fernando Pó.[3] Não se pode deixar de notar que no final de seu período consular na África Ocidental, talvez por experienciar esta resistência de forma efetiva, ou talvez por perceber que o discurso intervencionista encontrava-se em baixa no parlamento, as sugestões de Burton neste sentido passam a rarear cada vez mais.[4]

É um tanto clara a preocupação de Burton com os diferentes veículos nos quais suas opiniões eram emitidas. Nas suas cartas particulares, a crítica à 'passividade'

---

2 A hipótese, de que mulatos e híbridos em geral eram em algum grau inférteis, o que impossibilitava o crescimento natural de uma população mestiça era um argumento poligenista, que defendia a diferença intrínseca entre as 'raças' humanas. Burton quando questionado diretamente sobre o assunto durante o depoimento ao comitê parlamentar em 1865, informa que isto "ainda é objeto de discussão dentro da Sociedade Antropológica de Londres", levando o leitor a inferir que suas ligações institucionais com esta sociedade talvez tornassem bastante difícil a negação categórica de tal postulado. Ele manifestou também frente ao comitê parlamentar que acreditava na possibilidade de autossustentação em termos populacionais da "miscigenada Serra Leoa".

3 De fato, a atuação inglesa não foi propriamente "pacífica", entretanto, Russell cuidadosamente evitava conceder poderes e condições a Burton, talvez com receio da forma de atuação extremamente agressiva que o último frequentemente propunha ao FO.

4 Em seus papéis pessoais, Burton parecia considerar cada vez mais difícil a possibilidade de estabelecimento de governo inglês na região, passando a apregoar que a única possibilidade de incrementar o comércio era a expansão da influência do Islã, chegando a defender esta possibilidade mesmo frente ao comitê de 65, ao qual sabia não poder advogar a política mais agressiva que lhe era peculiar.

240 Alexsander Lemos de Almeida Gebara

da Inglaterra era evidente, bem como em artigos não assinados. Estes são textos nos quais se encontram as caracterizações mais negativas do 'negro', ficando clara a ligação entre a inferioridade do africano e o 'direito' de domínio inglês.

Por outro lado, em seus relatos, embora o negro continuasse surgindo sob ângulos pouco favoráveis, e os objetivos manifestos continuassem a ser a 'expansão da influência inglesa', a razão desta expansão coadunava com as opiniões de filantropos e missionários, de que era um 'dever' da Inglaterra levar a 'civilização' à África, embora os meios fossem bem diferentes.

A caracterização da 'miséria' e da fraqueza dos africanos serviam, ao mesmo tempo, para justificar a legitimidade da interferência e demonstrar a facilidade com que esse objetivo poderia ser atingido, isto a despeito, como se viu, da resistência nativa bastante forte encontrada na relação inglesa com a África Ocidental.

Enfim, parece bastante claro que a posição de Burton e sua construções discursivas refletem vários elementos, entre eles alguns pareceram importantes: a) as considerações teóricas sobre "raças" produzidas pela etnologia/antropologia inglesa e europeia no período e as conexões institucionais do autor; b) a relação de Burton com o FO e com o esquadrão naval britânico na costa ocidental; e c) a própria experiência de residência na costa africana.

Sobre as teorias e discursos raciais em desenvolvimento na Europa e a conexão de Burton com a *Anthropological Society*, é importante ressaltar alguns elementos. A ligação próxima de Burton com esta sociedade e com seu presidente, James Hunt, rotulou de certa forma o discurso de Burton. A própria sociedade, entretanto, não era unívoca. Havia expressões internas de dúvidas sobre questões que são consideradas parte do "modelo" defendido por ela. Havia dúvidas mesmo quanto à validade "científica" de postulados que parecem cruciais para a reflexão sobre "raças", como a origem múltipla da humanidade ou sobre a ausência da influência climática na configuração fenotípica e moral das "diferentes raças" do globo.

A sociedade parecia servir a Burton como um espaço de legitimação e configuração de identidade, como se viu mais especificamente no caso do grupo interno denominado *Cannibal Club*. Burton identificava-se com a condição aristocrática de boa parte de seus membros e com sua posição conservadora que reforçava as rígidas divisões da estratificada sociedade vitoriana, mais do que com um suposto "modelo" científico de reflexão sobre as questões raciais. Aliás, o autor não parece encaixar-se num "modelo", longe disto, manifestou opiniões um tanto 'heréticas'

A África de Richard Francis Burton 241

frente às concepções majoritárias da ASL. Influências climáticas sempre foram importantes para ele, que parece também adotar bastante cedo um evolucionismo social darwinista, ao passo que mesmo assim, nunca colocou em dúvida a necessidade de explicar as profundas diferenças que para ele caracterizam brancos e negros. Entretanto, as conexões institucionais e a relevância de seu nome dentro da própria ASL pareciam, por um lado, impedir uma crítica mais direta de Burton aos postulados com os quais parecia não concordar, e por outro, fazer com que a sociedade aceitasse de um de seus mais proeminentes membros, opiniões que fugiam de sua ortodoxia.

Já a relação de Burton com o FO parece ter sido marcada, pelo menos em seu período como cônsul na África Ocidental, por um erro de avaliação do autor em relação as suas perspectivas sobre esta posição na estrutura diplomática britânica. Em primeiro lugar, fica claro que o status da posição consular era inferior ao que Burton supunha antes de ingressar no serviço. Na parte financeira, a posição não era recompensadora e a fatia do "pão governamental" que ele imaginava estar compartilhando logo revelou-se pouco mais do que as "migalhas" das quais reclamava em textos anteriores. Ao mesmo tempo Burton, na prática, não dispunha de autoridade nenhuma frente aos outros participantes da burocracia inglesa na região, tendo solicitado a Russell uma patente militar, possivelmente para remediar esta situação.

Em segundo lugar, Burton logo se desiludiu com esta situação de impotência que limitava a imposição de políticas mais intervencionistas que julgava adequadas nas relações entre Inglaterra e África Ocidental. Seu discurso cada vez mais se tornava menos agressivo. De certa forma, em seu discurso "oficial" – aquele que aparece nos documentos consulares – ele se adaptou às demandas do FO, embora não sem uma parcela de rancor. Ao mesmo tempo, no entanto, a negatividade de sua representação sobre a população africana permanecia como um recurso para – sutilmente em alguns textos e não tão sutilmente em outros – criticar as posições britânicas e sua atuação na costa africana.

Enfim, a experiência de residência na costa africana também mostra-se como elemento importante na configuração de suas representações. Por um lado, Burton vivenciou, de forma bastante próxima, diferentes mecanismos de resistência e adaptação empregados pelas sociedades nativas africanas frente ao constante aumento da interferência inglesa, desde o enfrentamento direto contra as imposições comerciais e culturais europeias, até as construções discursivas como as

242   Alexsander Lemos de Almeida Gebara

do rei Pepple, que buscava utilizar-se de uma retórica filantrópica para garantir sua proeminência dentro de seu próprio Estado africano. Essa vivência do autor, frente à impossibilidade prática de implementar seus projetos pessoais de dominação, pareceram exacerbar seus sentimentos aristocráticos tornando cada vez mais a "igualdade" uma condição insuportável para ele.

Por outro lado, estas mesmas condições fizeram com que fosse possível para o autor assumir um suposto empiricismo como principal objetivo e instrumento legitimador de sua "antropologia", ao mesmo tempo em que permitia-lhe constituir para si um lugar de "isenção" do qual emanava sua autoridade sobre estes temas, que por sua vez tornava viável desafiar os conceitos teóricos mais "estáticos" que emanavam dos antropólogos de gabinete na Europa e na América do Norte.

A relação entre estes fatores, torna as representações de Burton mais complexas do que a simples redução de seus textos à determinada corrente teórica "racial", qualquer que seja ela. É preciso tomar bastante cuidado com quaisquer afirmações sobre pequenas passagens de seus textos, e somente uma avaliação mais global permite compreender de maneira mais efetiva, através das diferenças entre várias de suas enunciações, algumas das circunstâncias contextuais que fazem parte da construção de seu discurso. Um discurso bastante intervencionista, tal como aquele que viria a legitimar as ações britânicas e europeias cerca de duas décadas depois, quando da colonização efetiva da África.

Assim, nos contextos tais como recuperados neste trabalho, a obra de Burton coloca-se como um elemento importante na compreensão da dinâmica que constitui a história da relação entre Inglaterra e África Ocidental. Apesar de sua aparente idiossincrasia, o autor foi participante da constituição de um discurso mais amplo sobre a "raça negra" que se formulava na Inglaterra na segunda metade do século XIX. Sua obra reflete a postura de uma classe social, com a qual ele se identificava. Postura esta que por diversas razões tornou-se cada vez mais difundida no corpo social inglês. Além disto, também reflete a sua experiência na costa africana, as resistências africanas, as dificuldades que enfrentou em seu trabalho, e a impotência de sua função dentro da estrutura burocrática imperial para atuar de acordo com suas concepções pessoais. A frustração de suas expectativas transparecem nas críticas à postura oficial de não intervencionismo na década de 1860. Postura esta que se trasnformaria num imperialismo agressivo cerca de duas décadas depois.

A África de Richard Francis Burton   243

Não se trata de procurar estabelecer relações causais para o avanço imperialista no final do século XIX, diversos outros fatores precisam ser levados em consideração para a compreensão deste fenômeno. Entretanto, entre estes fatores não é mais possível desconsiderar a constituição de um discurso sobre a África que viria a legitimar essa nova postura política. Mais importante ainda é notar que o discurso é fruto justamente de uma dinâmica relacional, que traz a África e os africanos para o campo da agência histórica, mesmo que neste momento suas ações pareçam ter sido, paradoxalmente, um fator que contribuiu para o acirramento de uma visão negativista da "raça negra" na Inglaterra. Desta forma, a análise dos documentos de Burton frente ao contexto no qual ele esteve inserido na costa ocidental africana torna possível vislumbrar esta dinâmica complexa da relação entre Inglaterra e África Ocidental, tanto na esfera discursiva, quanto nas relações materiais. A resistência local dos africanos, experienciada pelos representantes britânicos, bem como suas estratégias de adaptação, surgem assim como elementos importantes para comprender o contexto. Mais do que a um projeto imperial unicamente inglês, a dinâmica histórica local responde à interação material entre ingleses e africanos. De fato, mesmo as construções discursivas racialistas "eurocêntricas" podem ser remetidas a esta interação, como formas de expressar os desejos dos diferentes ingleses que estiveram nesta zona de contato cultural, e que por sua vez, foram reelaboradas para comportar expressões ideológicas de "cientistas de gabinete" na própria Inglaterra.

Mapa

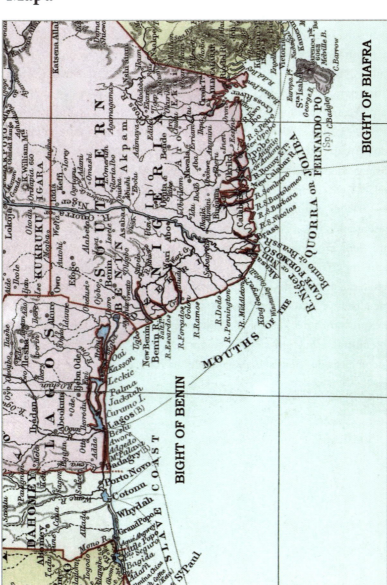

Imagem ilustrativa modificada a partir de mapa das possessões britânicas de 1885, disponível originalmente em <http://catalog.afriterra.org/zoomMap.cmd?number=531>

Fontes e Bibliografia

Fontes

Public Record Office, Londres:

As séries de correspondências entre Burton e o *Foreign Office* no período entre 1861 e 1865, que dividem-se em:

Tráfico escravo:
PRO, FO, 84/1147
            84/1176
            84/1203
            84/1221

Correspondências gerais:
PRO, FO, 02/40
            02/42
            02/45

Além disto, há um livro especificamente sobre as questões judiciais a respeito da intermediação de Burton sobre a venda de uma embarcação de um mercador de Serra Leoa:

PRO, FO, 97/438

Artigos

Burton speech when receiving the gold medal of the society, *Journal of the Royal Geographical Society,* vol. 29, 1859, p. XCVI-XCVII.

246   Alexsander Lemos de Almeida Gebara

Ethnological notes on M Du Chaillu's "explorations…", *Transactions of Ethnological society of London*, 1861, vol. 1, new series, p. 316-26.

Ascent of the ogun or abeokuta river, *Proceedings of the Royal Geographical society (PRGS)*, vol. VI, 1861-62, p. 64-66.

Ascent to Cameroon mountains, *Proceedings of the Royal Geographical society (PRGS)*, vol. VI, 1861-62, p. 238-48.

Explorations of Elephant Mountains, *PRGS*, 1863, vol. VII, p. 104-5.

A Day amongst the fans, *Anthropological Review*, 1863, vol. 1, p. 43-54

Elephant mountains, *Journal of Royal Geographical society*, 1863, vol. XXXIII, p. 241-50.

Wanderings in West Africa, Fraser's *magazine of Town and country*, 1863, vol. 57, p. 135-57, 273-89, 407-22.

Notes on scalping, *Antropological Review*, 1864, p. 49-52.

Notes on Waitz's anthropology, *Anthropological Review*, vol. II, 1864, p. 233-250.

Notes of matters connected with dahomans, *Memoirs read before Anthropological Society of London*, vol. 1, 1863-4, p. 308-21.

A day amongst the fans, *Transactions of Royal ethnological Society*, 1865, vol. III p. 36-47.

The present state of Dahome, *Transactions of Royal ethnological Society*, 1865, vol. III, p. 400-408.

Notes on a paper of Reade, on "missionary efforts amongst savages", *Journal of Anthropological society of London*, 1865, vol. 3, p. CLXIII-CLXXXIII.

Relatos

Goa and the Blue Mountains, or Six Months of Sick Leave. Londres: Richard Bentley, 1851.

The lake regions of Central equatorial Africa, with notices of the lunar mountains and the sources of the white Nile; being the results of an expedition undertaken under patronage of His Majesty's Government and the Royal Geographical Society of London. Londres: W. Clowes and Sons, 1860.

A África de Richard Francis Burton   247

Abeokuta and the Cameroon Mountains: an exploration. 2 vols. Londres: Tinsley Brothers 1863.

Wanderings in West Africa from Liverpool to Fernando Pó. 2 vols. Londres: Tinsley Brothers, 1863.

A mission to Gelele, *King of Dahome, with notices of the so called "amazonas" the grand customs, the yearly customs the human sacrifices, the present state of the slave trade and the Negro's place in nature.* 2 vols. Londres: Tinsley Brothers, 1864.

Two trips to gorilla land and the cataracts of the Congo. 2 vols. Londres: Sampson Low, Marston, Low and Searle, 1876.

Outros documentos

Cartas de Burton à Lord Houghton (Richard Molckton Milnes), na Biblioteca do Trinity college em Cambridge (cerca de 35 cartas compreendidas entre os anos de 1857 e 1880).

The Papers of Sir Richard Burton (1821-1890), from the Wiltshire and Swindon Record Office (microfilmados).

Correspondência entre Burton e a Royal Geographical Society (cerca de 15 cartas compreendidas entre os anos de 1852- 1870.)

Bibliografia

ADEYINKA, A. "King Gezo of Dahomey: A Reassessment of a West African Monarch in the Nineteenth Century" *African Studies Review*, vol. 17, n. 3, 1974, p. 541-548.

ALAGOA, E.J. "The Development of Institutions in the States of the Eastern Níger Delta" *The Journal of African History*, vol. 12, n. 2, 1971, p. 269-278.

ALTER, Stephen G., *Darwinism and the Linguistic Image: Language, Race and Natural Theology.* Londres: The John Hopkins University Press, 1999.

ARGYLE, W.J. *The Fon of Dahomey: a History and Ethnography of the Old Kingdom.* Oxford: Clarendon Press, 1966.

ASHCROFT, B. e Griffins, G., Tiffin, H. *The Empire Writes Back, Theory and Practice in Post Colonial Literature*. Londres: Routledge, 1989.

ATANDA, J. A. "Government of Yorubaland in Pre-colonial Period" *Tarik*, vol. 4, n. 2, 1973. p. 1-9.

BARNETT, Clive. "Impure and Worldly Geography: the Africanist Discourse of the Royal Geographical Society" *Transactions of the Institute of British Geographers*, New Series, vol. 23, n. 2 (1998), p. 239-251.

BAY, Edna. "On the Trail of the Bush King: a Dohomean Lesson in the Use of Evidence". *History in Africa*, vol. 6, 1979, p. 1-15.

BIOBAKU, S. *The Egba and Their Neighborhood*. 1842-72. Oxford: Clarendon Press, 1857.

BIVONA, Daniel. *Desire and Contradiction. Imperial Visions and Domestic Debates in Victorian Literature*. Manchester: Manchester University Press, 1990.

BOLT, Christine. *Victorians Attitudes to Race*. Londres: Routledge and Kegan Paul, 1971.

BRANTLINGER, Patrick. *Rule of Darkness. British Literature and Imperialism, 1830-1914*. Ithaca: Cornell University Press, 1988.

"*Victorians and Africans, the Genealogy of the Myth of the Dark Continent*", in: GATES, Henry Louis Jr., *Race, Writing and Difference*, Chicago: University of Chicago Press, 1986, p. 185–222.

BROADIE, Fawn. *The Devil Drives*. Nova York: Norton, 1984.

BURNETT, D. Graham. *Master of All They Surveyed*. Chicago: University of Chicago Press, 2000.

BURROW, J. W. *Evolution and Society, a Study in Victorian Social Theory*, Cambridge: Cambridge University Press, 1968.

"Evolution and Anthropology in the 60s: The Anthropological Society of London", *Victorian Studies*, vol. 7, dezembro de 1963.

CAIRNS, H.A. *Prelude to Imperialism, British Reactions to Central African Societies*. Londres: Routledge and Kegan Paul, 1965.

CAMERON, Ian. *To the Farthest End of the Earth: the History of the Royal Geographical Society*. Londres: Macdonald and Jane's, 1980.

A África de Richard Francis Burton   249

COMBERS, Annie. *Reinventing Africa, Museusmms Material Culture, and Popular Imagination.* New Haven: Yale University Press, 1994.

CORDIVIOLA, Afredo. *Richard Burton, a Traveller in Brazil.* Nova York: Edwin Mellen Press, 2000.

CURTIN, Phillip (ed.). *Africa and the West: Intelectual Responses to European Culture.* Wisconsin: University of Wisconsin Press, 1972.

_____. *The image of Africa. British Ideas and Action, 1780 1850.* Londres: MacMillan & Co., 1965.

DICKENSON, John. "The Naturalist on the River Amazon and a Wider World: Reflections on the Centenary of Henry Walter Bates". *The Geographical Journal,* vol. 158, n. 2, julho de 1992, p. 207-214.

DIKE, K. Onwuka. *Trade and Politics in the Níger Delta 1830-1885.* Oxford: Clarendon Press, 1956.

DRIVER, Felix. *Geography Militant.* Oxford: Blackwell Publishers, 2001.

FALOLA, Toyin. "The End of Slavery among the Yoruba", Miers, Suzane e Klein, Martin. *Slavery and Colonial Rule in Africa,* Londres: Frank Class 1999.

FARNSWORTH, Susan H. *The Evolution of British Imperial Policy During the Mid Nineteenth Century, a Study of the Peelite Contribution, 1846-1874.* Londres: Garland Publishing, 1992.

FYFE, Christopher. *"Freed Slave colonies in West Africa",* in: Flint, J. (ed.) *The Cambridge History of Africa,* Cambridge: Cambridge University Press, 1976.

GAILEY, Harry. *Lugard and the Abeokuta Uprising, the Demise of* Egba *Independence.* Londres: Frank Cass, 1982.

GALLAGHER, J. e Robinson, R. "Imperialism of Free Trade", *The Economic Historic Review,* Sec. Series, vol. VI, n. 1, 1953.

GEBARA, Alexsander L. A. *A Experiência do Contato, as Descrições Populacionais de Richard Francis Burton.* Dissertação de mestrado, FFLCH, USP, 1999.

Gilroy, Paul. *The Black Atlantic, Modernity and double consciousness.* Londres: Verso, 1993.

GUIMARÃES, M. Salgado. "Nação e Civilização nos Trópicos" *Estudos Históricos* n. 1, 1988.

GREEN, William. "The West Indies and British West African policy in the Nineteenth Century – A corrective Comment" *The Journal of African History,* vol. 15, n. 2, 1974, p. 247-259.

HARGREAVES, John D. *Prelude to the Partition of West Africa.* Londres: Macmillan, 1966.

HERSKOVITS, Jean. "The Sierra Leoneans of Yorubaland" In: Curtin, Phillip. *Africa and the West,* Madison: University of Wisconsin Press, 1972.

HEUMAN, Gad. *The Killing time: the Morant Bay rebelion in Jamaica.* Londres: McMillan, 1994.

JACK, Sibil. *Imperial Pawns: the Role of the British Consul,* in Scheuder, Derick M. (ed.). *Imperialisms,* Canberra: Highland Press, 1991.

KEARNS, Gerry. "The imperial subject: geography and travel in the work of Mary Kingsley and Halford Mackinder" *Transactions of the Institute of British Geographers,* new series, vol. 22, n. 4, 1997, p. 450-472.

KOLAPO, Femi. "CMS Missionaries of African Origin and Extra Religious Encounters at the Níger-Benue Confluence, 1858-1880. *African Studies Review,* vol. 43, n. 2, 2000. p. 87-115.

LAW, Robin. "The Politics of Commercial Transition: Factional Conflict in Dahomey in the Context of the Ending of the Atlantic Slave Trade" *Journal of African History,* n. 38, 1997, p. 213-233.

From slave trade to 'legitimate' commerce, the commercial transition in nineteenth century West Africa, Cambridge: Cambridge University Press, 1995.

"My Head Belongs to the King: On the Political and Ritual Significance of Decapitation in Pre Colonial Dahomey". *The Journal of African History,* vol. 30, n. 3, 1989, p. 399-415.

"Dahomey and the Slave Trade: reflections on the historiography of the rise of Dahomey". *Journal of African History,* 27, 1986.

LEITE, Dante Moreira. *O caráter Nacional Brasileiro: História de uma Ideologia.* São Paulo: Pioneira, 1976.

Loomba, Ania. *Colonialism and Postcolonialism.* Londres: Routledge, 1998.

A África de Richard Francis Burton   251

LORIMER, Douglas. *Colour, Class and the Victorians, English Attitudes to the Negro in the Mid Nineteenth Century.* Londres: Leicester University Press, 1978.

LOVEJOY, P. and Richardson, D. *The Initial 'Crisis of Adaptation: the Impact of British Abolition on the Atlantic Slave Trade in West Africa.* Law, R. *From Slave Trade to 'Legitimate' Commerce, the Commercial Transition in Nineteenth Century West Africa,* Cambridge: Cambridge University Press, 1995, p. 32-56.

Lovejoy, P. And Richardson, D. "'This Horrid Hole': royal authority, commerce and credit at Bonny, 1690-1840" *Journal of African History,* 45, (2004), p. 363-92.

LYNN, Martin. "The West African Palm Oil trade in the Nineteenth Century and the 'Crisis of Adaptation'". Law, R. *From Slave Trade to "Legitimate"' Commerce, the Commercial Transition in Nineteenth Century West Africa,* Cambridge: Cambridge University Press, 1995.

"From Sail to Steam: the Impact of the Steamship Services on the British Palm Oil Trade with West Africa, 1850-1890" *The Journal of African History.* vol. 30, n. 2, 1989, p. 227-245.

"Technology, Trade and a 'Race of Native Capitalists': The Krio Diaspora of West Africa and the Steamship, 1852-95" *The Journal of African History,* vol. 33, n. 3, 1992, p. 421-440.

MANNING, Patrick. *Slavery, Colonialism and Economic Growth in Dahomey, 1640-1960.* Cambridge: Cambridge University Press, 1982.

"Slaves, Palm Oil, and Political Power on the West African Coast" *African Historical Studies,* vol. 2, n. 2, 1969, p. 279-288.

MBAEYI, Paul Mmega. *British Military and Naval forces in West African History 1807-1874.* Londres: KOK Publishers, 1978.

McKAY, Brenda. *George Eliot and Victorian Attitude to Racial Diversity, Colonialism, Darwinism, Class, Gender and the Jewish Culture and Prophecy.* Lewiston, Nova York, Lampeter: the Edwin Mellen Press, 2003.

McYNTIRE, W. David. *The Imperial Frontier in the Tropics, 1865-75, a Study of British Colonial Policy in West Africa, Malaya and the South Pacific in the Age of Gladstone and Disraeli.* Londres: Macmillan 1967.

"Commander Glover and the Colony of Lagos, 1861-73" *The Journal of African History,* vol. 4, n. 1, 1963, p. 57-79.

MILL, Hough Robert. *The Record of the Royal Geographical Society, 1830-1939*. The Royal Geographical Society: Londres, 1930.

MOORE-GILBERT, Bart. *Postcolonial Theory, Contexts, Practices, Politics*. Londres: Verso, 1998.

NEWBURY, C.W. *The Western Slave Coast and Its Rulers, European Trade and Administration Among the Yoruba and Adja Speaking Peoples of South Western Nigeria Southern Dahomey and Togo*. Oxford: Clarendon Press, 1961.

British Policy Towards West Africa, Selected Documents, 1786-1874. Oxford: Clarendon Press, 1865.

Introduction. In: BURTON, Richard. *A mission to* Gelele *King of Dahomey*. Londres: Routledge, 1966.

NWAUBANI, E. "Kenneth Onwuka Dike 'Trade and Politics', and the Restoration of the African in History" *History in Africa*, vol. 27, 2000, p. 229-248.

NZEMEKE, Alexander. *British Imperialism and African Response, the Niger Valley, 1851-1905*. Paderborn: Schöning, 1982.

OGUNTOMISIN, G. O. "Political Change and Adaptation in Yorubaland in the Nineteenth Century" *The Canadian Journal of African History*, vol. 15, n 2, 1981, p. 223-237.

OLANDER, Maurice. *The Languages of Paradise, Race, Religion and Philology in the Nineteenth Century*. Cambridge: Harvard University Press, 1992.

Ortiz, Renato. *Cultura Brasileira e Identidade Nacional*. São Paulo: Brasiliense, 1985.

PALLINDER-LAW, Agneta. *Government in Abeokuta, 1830-1914, With Special Reference to the* Egba *United Government 1898-1914*. Tese de Doutorado, Universidade de Götemborg, 1973.

PARRY, Benita. *Post Colonial Studies, a Materialist Critique*. Londres: Routledge, 2004.

PARSONS, Timothy. *The British Imperial Century, 1815-1914*. Oxford: ROWMAN AND LITTLEFIELD PUBLISHERS, 1999.

PHILLIPS, Earl. "The Egba at Abeokuta: Acculturation and Political Change, 1830-1870" *Journal of African History*, vol. 10, n. 1, 1969, p. 117-131. p. 121.

PLATT, D.C.M. *The Cinderella Service*. Londres: Longman Group Ltd, 1971.

A África de Richard Francis Burton   253

PRATT, Mary L. *Os Olhos do Império, Relatos de Viagem e Transculturação.* Bauru: Edusc, 1999.

RAINGER, Ronald. "Race, Politics and Science, the Anthropological Society of London in the 1860s" *Victorian Studies,* vol. 22, 1978, p. 51-70.

RICE, Edward. *Sir Richard Francis Burton, o Agente Secreto que Fez a Peregrinação a Meca, Descobriu o Kama Sutra e Trouxe as Mil e Uma Noites para o Ocidente.* São Paulo: Companhia das Letras, 1991.

RICHARDS, Thomas. *The Imperial Archive, Knowledge and Fantasy of Empire.* Londres: Verso, 1993.

SAID, Edward. *Orientalismo.* São Paulo: Companhia das Letras, 1990.

_____. *Cultura e Imperialismo.* São Paulo: Companhia das Letras, 1995.

SCHWARCZ, Lilia. *O Espetáculo das Raças.* São Paulo: Companhia das Letras, 1995.

SIGEL, Lisa S. *Governing Pleasures, Pornography and Social Changes in England, 1815 – 1914.* Londres: Rutgers University Press, 2002.

SMITH, Robert. "The Lagos Consulate, 1851-1861: An Outline." *The Journal of African History,* vol. 15, n. 3, 1974, p. 393-416.

SPURR, David. *The Rhetoric of Empire. Colonial Discourse in Journalism, Travel Writing and Imperial Administration.* Londres: Duke University Press, 1993.

STAFFORD, Robert. *Scientific Exploration and Empire, The Oxford History of British Empire,* vol. 3, Andrew Porter (ed.). Oxford e Nova York: Oxford University Press, 1989.

Scientist of empire: Sir Roderick Murchinson, Scientific exploration and victorian imperialism. Cambridge: Cambridge University Press, 1989.

Stepan Nancy. *The Idea of Race in Science.* Oxford: MacMillan, 1987.

STOCKING, George. *Victorian Anthropology.* Nova York: The Free Press, 1987.

_____. *Race, Culture and Evolution.* Nova York: the Free Press, 1968.

"What's in a Name? The Origins of the Royal Anthropological Institute (1837-71). *Man, the Journal of the Royal Anthropological Institute,* vol. 6, n 3, 1971. p. 369-390.

SOL, Tax. "The settings of the Science of Man". *Horizons of Anthropology.* Chicago: Albine, 1964.

SOUMONNI, E. *Daomé e o Mundo Atlântico.* Dakar/Salvador: Sephis/Ceao, 2001.

TRAUTMAN, Thomas. *Aryans and British India*. Berkeley: University of California Press, 1977.

WILLIAMS, Patrick, and Chrisman, Laura. *Colonial Discourse and Postcolonial Theory*. Nova York: Columbia University Press, 1994.

YODER, John. "Fly and Elephant Parties: Political Polarization in Dahomey, 1840-1870. *The Journal of African History*, vol. 15, n 3, 1974, p. 417-432.

YOUNG, Robert. *Postcolonialism, an Historical Introduction*. Londres: Blakwell, 2001.

Colonial Desire, Hybridity in Theory, Culture and Race, Londres: Routledge, 1995.

Ao professor Colin Lewis, pela hospita dade com que me recebeu na Inglaterra; pela presteza com que atendeu minhas solicitações; pelas conversas que tivemos no Brasil e em Londres que apontaram muitos caminhos possíveis para a pesquisa... obrigado.

À professora Silvia Hunold Lara, por ter dado a oportunidade para que eu iniciasse no caminho da pesquisa, ainda durante a graduação (saiba que esta tese tem raízes nas leituras de relatos de viagem desde aquele tempo), e pelas aulas de introdução e teoria da história que me fizeram ser picado pelo bichinho da pesquisa... obrigado.

Agradeço aqui também aos professores e alunos do grupo de estudos de "História Atlântica", do departamento de História da USP, que enriqueceram este texto com suas questões e sugestões quando lhes apresentei uma versão preliminar. Muito obrigado a vocês.

Ao Codesria (Conselho para o Desenvolvimento de Pesquisa em Ciências Sociais em África) e ao Sephis (South-South Exchange Programme for Research on the History of Development), pela possibilidade oferecida de participar de um workshop internacional; aos seus funcionários que tornaram as três semanas em Dakar muito mais do que um simples curso, mas um momento de fazer amigos; e aos demais participantes do workshop: Radica, Dalea, Anindida, Tanvir, Ntabiseng, Akachi, Oladiti, Adoyi, Anup, Suma, Epsita, Mfon e Obi, e às professoras Samita Sem, Rudo Gaidzawa e Rodah Redock, os nossos debates enriqueceram e refinaram muito o resultado do trabalho. A todos vocês.... obrigado.

À Capes, pela bolsa de doutorado que financiou boa parte da pesquisa, em especial o auxílio para o estágio de seis meses em Londres, sem o qual seria virtualmente impossível ter realizado a tese.

Enfim, às pessoas mais importantes da minha vida, minha família. Maristela, minha mãe, nem seria necessário mencionar o quanto você tem sido importante, apoiando minhas escolhas e acreditando sempre em mim... obrigado.

Marta e Luísa, seria impossível colocar em palavras o quanto agradeço a vocês duas. Já tentei escrever dezenas de vezes, procurando sempre as melhores expressões, porém em vão. Algumas dessas vezes, fui às lágrimas, elas estão aqui. Só nós sabemos como foi difícil, meses de ausência, muitas vezes, a própria presença era ausente. Mas em nenhum momento sequer vocês estiveram fora de minha cabeça ou longe de meus sentimentos. Pelo fato de vocês existirem, e fazerem de minha existência um lugar de felicidade e sentidos... Muito obrigado.

Agradecimentos

Agradecer às pessoas e instituições que foram importantes no processo de desenvolvimento de uma pesquisa parece ser fácil. Parece ser suficiente lembrar seus nomes e dizer-se agradecido... Acho que todos os que passaram pelo processo de escrever uma tese sabem que isto é impossível. Não dá para medir a ajuda e participação de todas elas no resultado final. E elas foram muitas, desde meus colegas de graduação, ainda durante os primeiros contatos e discussões durante o ano de 1994, os funcionários das Universidades nas quais tive o privilégio de estudar, os professores de graduação e pós-graduação, os amigos, a família enfim. Nos estreitos limites do texto escrito, em especial nas exíguas qualidades literárias de meu próprio texto, não cabem os sentimentos que deveriam ser expressos como agradecimento. Todos os que aparecem mencionados aqui, saibam que estas linhas não fazem jus ao quanto vocês foram importantes para mim, mas aceitem-nas como uma forma sincera de dizer obrigado.

À professora Maria Helena Machado, eu agradeço pela orientação precisa e instigante, que durante os sete anos de trabalho incentivou a curiosidade e apresentou sempre novos caminhos bibliográficos que multiplicaram as possibilidades de reflexão; pelas leituras sempre criteriosas dos resultados da pesquisa e por nossas conversas, nas quais sempre soube fazer as críticas pertinentes e os elogios na medida certa; Maria Helena, você sabe que sem sua orientação este trabalho não teria terminado... obrigado.

Ao professor Michael Hall, pelas indicações bibliográficas de valor inestimável; pelo interesse que sempre mostrou sobre meu trabalho; pelas considerações importantes no exame de qualificação; pela ajuda em contatar o professor Lewis na Inglaterra... obrigado.

Ao professor Lynn Mario Menezes de Souza, pela leitura criteriosa e pela arguição instigante na qualificação, e por sua apresentação do trabalho de Homi Bhabha durante um curso da professora Maria Helena Machado (pode parecer pouco, mas marcou o início de um frutuoso percurso de leituras que estão por trás de todo o desenvolvimento desta tese)... obrigado.

Esta obra foi impressa pela Prol Gráfica na primavera de 2010.
No texto foi utilizada a fonte Minion Pro, em corpo 10 e
entrelinha de 15 pontos